Ratgeber

Auslands-
adoption

Herbert Riedle
Barbara Gillig-Riedle

TiVan-Verlag

Inhaltsverzeichnis

Einleitung

Wer sich für das Thema Auslandsadoption interessiert, stößt in der Regel auf eine eher negative Berichterstattung.

Berichte über Probleme des Adoptivkindes und seiner neuen Eltern sind meist angereichert mit Anmerkungen von Adoptionsexperten, die beklagen, dass die Welt früher besser war und dass es im Gegensatz zu heute in der guten alten Zeit noch darum ging, Kinder zu retten. Heutzutage handele es sich meist um selbstsüchtige und hedonistische Paare, die nur die Beseitigung ihrer eigenen Kinderlosigkeit im Blick hätten und zu diesem Zweck hemmungslos die Länder der Dritten Welt nach kleinen Kindern durchsuchten.

Wie meist im Leben wird eine solche Schwarz – Weiß Sicht der Dinge dem Thema nicht gerecht. Sicherlich gibt es auch unter den Adoptiveltern viele, bei denen es besser gewesen wäre, sie hätten die Finger von dem Thema Adoption gelassen. Nicht jeder ist dazu berufen, Kinder zu erziehen. Das gilt für Adoptiveltern – und für alle anderen auch.

Eine Auslandsadoption löst weder auf Dauer die Probleme der Dritten Welt, noch bietet sie eine hundertprozentige Gewähr dafür, dass sich das adoptierte Kind in seiner neuen Heimat wohl fühlen wird. Die ist eine ebenso banale, wie richtige und oft gehörte Feststellung.

Viele Untersuchungen haben jedoch mittlerweile gezeigt, dass die Adoption eines ausländischen Kindes gute Chancen hat, diesem ein zufriedenes und glückliches Leben zu verschaffen.
Sicherlich ist eine Adoption immer eine Hilfe im Einzelfall. Sie ist eine Hilfe für das Kind, das sonst ohne Eltern aufwachsen müsste und es ist auch eine Hilfe für die Adoptiveltern, die sonst ohne Kinder leben müssten.

Das vorliegende Buch soll ein Ratgeber für all diejenigen sein, die sich mit dem Gedanken beschäftigen, ein Kind aus dem Ausland zu adoptieren. Es soll aber auch jenen zur Information dienen, die bereits eine Adoption durchgeführt haben oder als Mitarbeiter von Adoptionsvermittlungsstellen mit dem Thema befasst sind.

Den Autoren ist bewusst, dass es das beste für das Kind ist, wenn es in seinem Heimatland in einer Familie aufwachsen kann, die ihm Liebe und Geborgenheit schenkt. Für zahllose Kinder gibt es diese Möglichkeit jedoch nicht.

Im günstigsten Fall verschafft die Adoption einem Kind ein glückliches Leben und eine Chance, die es in seinem Herkunftsland nicht gehabt hätte. Das ist es, was eine Auslandsadoption leisten kann. Nicht mehr – aber auch nicht weniger.

Vorüberlegungen

Kann man es verantworten, ein Kind aus seiner Kultur herauszureißen?

Diskussionen darüber, ob es verantwortbar ist, ein Kind aus seinem Kulturkreis zu reißen, sind meist ziemlich akademisch und abgehoben.

Es geht aber nicht um die Frage der Kultur, sondern darum, 'dass das Kind zur vollen und harmonischen Entfaltung seiner Persönlichkeit in einer Familie und umgeben von Glück, Liebe und Verständnis aufwachsen sollte' (Haager Übereinkommen über den Schutz von Kindern vom 29.5. 1993). Wenn das Kind diese Lebensbedingungen in seinem Heimatstaat findet, sprechen alle Gründe gegen eine Auslandsadoption. Wenn es diese Bedingungen aber nicht findet und es auch im Herkunftsland keine Möglichkeiten gibt, ihm diese Bedingungen zu verschaffen, so kann eine Auslandsadoption eine sinnvolle Alternative sein.

Kann man sich einfach ein Kind holen?

Die Vorstellung vieler Adoptionsinteressierter, es müsse angesichts von Millionen von Straßenkindern und übervoller Heime in der Dritten Welt doch möglich sein, einfach ins Ausland zu fliegen, um von dort ein Kind mit nach Deutschland zu bringen, entspricht nicht der Realität. Ohne das Beachten zahlreicher Vorschriften und Formalitäten kann heute kein Kind mehr adoptiert werden.

Es ist auch ein großer Irrglaube, in Ländern der Dritten Welt gehe es generell bei der Beachtung von Vorschriften ziemlich lax zu. Viele Länder haben Beamte, die sich ausgesprochen streng an vorgegebene Regeln halten. Die Interpretation von Vorschriften und die Ausübung von Ermessen sind oft völlig unbekannt. Dies führt dazu, dass sich ausländische Beamte oft stur an Behördenvorschriften halten, ohne deren Sinn zu hinterfragen.

Ende der neunziger Jahre sind zahlreiche Bewerber aus einem Land Asiens mit ihren Unterlagen wieder nach Hause geschickt worden, da der Sozialbericht nicht mit einem runden Stempel, sondern einem eckigen Stempel abgestempelt worden war. Die zuständigen Beamten hatten die Vorschrift, nur runde Stempel zu akzeptieren, und diese Vorschrift setzten sie um.

Eine gute Vorbereitung ist sehr wichtig — Es ist deshalb sehr davon abzuraten, ohne ausreichende Vorbereitung zur Adoption eines Kindes ins Ausland reisen. Sicherlich gehört zu jeder Adoption eine große Risikobereitschaft. Wenn dies jedoch dazu führt, dass Bewerber ohne Vorbereitung ins Ausland reisen, um dort ein Kind zu adoptieren, kann dieser Wagemut schnell zu dramatischen Situationen führen. Viele solcher Paare mussten wieder unverrichteter Dinge nach Hause zurückkehren. Manchen war es zwar gelungen, die Adoption im Ausland durchzuführen, sie stellten jedoch nachträglich fest, dass es keine Möglichkeiten gab, mit dem Kind nach Deutschland einzureisen, weil die deutschen Ausländerbehörden die Zustimmung zur Einreise verweigerten. Andere hatten ihre erzieherischen Möglichkeiten überschätzt und mussten nach der Einreise nach Deutschland feststellen, dass das Kind erheblich mehr von ihnen abverlangte, als sie sich das im Vorfeld vorgestellt hatten. Es ist deshalb unverzichtbar, sich so gründlich wie möglich auf die geplante Adoption vorzubereiten.

Auch der, der sich für geeignet hält, ein Kind aus dem Ausland zu adoptieren, sollte die Sache nicht überstürzen. Eine gründliche Vorbereitung kann viele Probleme vermeiden und führt manchmal schneller zum Ziel als überhasteter Aktionismus.

Ist es besser, wenn man sich das Kind selbst aussuchen kann?

In manchen Ländern ist es möglich und üblich, dass sich die Eltern ihr Kind im Kinderheim selbst aussuchen können oder zumindest aus mehreren Vorschlägen ein Kind auswählen dürfen.

Viele Adoptiveltern glauben, die Risiken einer Adoption dadurch mindern zu können, indem sie aus mehreren Vorschlägen das 'beste' Kind aussuchen.

Abgesehen davon, dass es für die Kinder, die nicht das Glück hatten, ausgesucht zu werden, eine herbe Enttäuschung und grobe Zurückweisung ist, stellt sich aber auch die Frage, ob ein solches Verfahren im Interesse der Adoptiveltern ist.

Es ist besser nicht 'auserwählt' zu sein

Ein leibliches Kind kann man sich auch nicht aussuchen.

Entwickelt sich ein adoptiertes Kind später nicht so, wie man sich das vorgestellt hat, ist man zumindest nicht mit dem Selbstzweifel belastet, vielleicht das falsche Kind ausgewählt zu haben.

Die meisten Adoptiveltern, die kein Kind auswählen durften, berichten, es sei ein Wunder, dass sie ausgerechnet das Kind bekommen haben, das am besten zu ihnen passt. Offensichtlich ist es so, dass die ganz überwiegende Anzahl derer, die ihr Kind nicht selbst aussuchen konnten, überaus zufrieden mit ihrem Kind ist. Es gibt keinerlei Anhaltspunkte dafür, dass die Zufriedenheit dann höher ist, wenn sich die Adoptiveltern das Kind selbst aussuchen konnten.

Auch aus Sicht des Kindes kann es Probleme mit der Tatsache geben, von den Adoptiveltern 'auserwählt' worden zu sein. Ausgewählt worden zu sein ist mitunter auch eine Last für das Kind und es kann sich die Frage stellen, ob es den anfänglichen Erwartungen wohl gerecht wird.

Es ist deshalb wohl besser, wenn man sich das Kind nicht selbst aussuchen kann.

Warum wollen Sie ein Kind adoptieren?

Warum wollen Menschen Kinder? In einem Beitrag für die Zeitung 'Die Zeit' (74 /2001) schrieb Ulrich Greiner:

'Warum? Ist es Wahnsinn, hat es Methode? Was spricht dafür, Kinder zu haben? Es beginnt mit schlaflosen Nächten, weil das Kind im Bett schreit, es endet mit schlaflo-

sen, weil das Kind nicht im Bett liegt.

Warum Kinder? Darum. Jedes einzelne Kind erübrigt die Frage. Dass Dumme ist nur, dass heute ein jeder für sich die Frage vorher beantworten muss. Hinterher fragt er nicht mehr, denn das Glück der Kinder und das Glück, Kinder zu haben, ist evident, man kann es schlecht erklären, es ist gebunden an den Augenblick, an die Plötzlichkeit der Empfindung. Man kann nur davon erzählen.`

Bei Adoptionsbewerbern ist die Sache noch etwas komplizierter. Sie müssen die Frage 'Kind - ja oder nein?` nicht nur sich selbst beantworten, sondern auch gegenüber der Stelle, die über ihre Adoptionseignung befindet.

Schon zu Beginn des Gespräches mit der Fachkraft der Adoptionsvermittlungsstelle werden die Bewerber deshalb gefragt werden: 'Warum wollen Sie ein Kind adoptieren?`

In der Regel antworten die Bewerber: 'Weil wir keine Kinder bekommen können`.

Nach Untersuchungen sind 15 – 20 % aller Paare ungewollt kinderlos. Vor allem für diese Paare stellt sich die Frage, ob die Adoption eines Kindes aus dem Ausland eine Möglichkeit ist, eine Familie zu gründen.

Kinderlosigkeit darf nicht die einzige Motivation sein

Es hat sich gezeigt, dass es für die zukünftige Familie nicht vorteilhaft ist, wenn die eigene Kinderlosigkeit die einzige Motivation für eine Adoption ist. Jedes Kind hat eigene Bedürfnisse, die befriedigt werden müssen. Es kann nicht der Sinn der Adoption sein, das Paar über seine Kinderlosigkeit hinwegzutrösten oder der Notnagel für eine Beziehung zu sein, die wegen der ausbleibenden leiblichen Kinder in eine Krise geraten ist und nun über eine Adoption gerettet werden soll.

Auf der anderen Seite ist es aber auch nicht günstig, wenn der Wunsch, ein Kind aus seinem angeblich jämmerlichen und armseligen Dasein zu retten, die einzige Motivation für die Adoption ist. Rettungsphantasien haben bei einer Adoption nichts zu suchen. Die Erziehung eines Kindes ist keine leichte Angelegenheit und oftmals gibt es Situationen, die den Eltern alles abverlangen. In solchen Momenten ist es wichtig, dass das Kind als eigenständige Person wahrgenommen wird und nicht als Objekt der guten Tat.

Was immer auch die Motivation für die Adoption sein mag: Von allen Experten wird einhellig bejaht, dass es unverzichtbar ist, dass das Paar seine Kinderlosigkeit verarbeitet, bevor ein Kind adoptiert wird.

Von manchen Adoptionsvermittlungsstellen werden deshalb keine Bewerber angenommen, die noch versuchen, über eine künstliche Befruchtung ein Kind zu bekommen.

Wer ist für eine Auslandsadoption geeignet?

Wer sich für eine Auslandsadoption eignet, ist schwer zu bestimmen. Letztlich hat jeder Sozialarbeiter, der im Auftrag eins Jugendamtes oder einer sonstigen Adoptionsvermittlungsstelle die Eignung eines Bewerbers überprüfen soll, seine eigenen Vorstellungen davon, wer geeignet ist und wer nicht. Wie bei allen anderen Fällen von

Elternschaft kann niemand im Vorfeld genau sagen, wer ein Kind kompetent und lie-bevoll erziehen kann und wer nicht. Sicherlich gibt es einige objektive Kriterien wie ein ausreichendes Einkommen oder einen stabilen Lebenswandel, die erfüllt sein sollten. Dennoch bietet auch dies keine Gewähr dafür, dass das Kind ausgerechnet in dieser Familie zu einem glücklichen und zufriedenen Menschen heranwächst.

Die meisten Adoptionsbewerber erziehen selbst noch keine Kinder. Sie wissen deshalb meist selbst nicht, ob es ihnen später gelingen wird, für ihre Kinder kompetente Eltern zu sein, ihnen Zuneigung und emotionale Wärme zu schenken und sie mit klaren und verständlichen Regeln und angemessenen Anregungen gut zu erziehen.

Sammeln Sie
Informationen

Möglicherweise schafft der Kontakt mit einer Familie, die bereits Kinder adoptiert hat, Klarheit über die bevorstehenden Anforderungen. Auch das Lesen der einschlägigen Literatur kann wichtige Anregungen liefern.

Am wichtigsten ist jedoch die innere Überzeugung, ein fremdes Kind als eigenes annehmen zu können und es mit all seinen Vor – und Nachteilen zu akzeptieren.

Das oft langwierige und umständliche Bewerbungsverfahren bestärkt manche Eltern in dem Irrglauben, es würden ganz besondere Begabungen und Talente von ihnen ver-langt und sie müssten nach der Adoption Supermütter oder Superväter sein. In erster Linie wird jedoch von den Adoptiveltern das erwartet, was auch von allen anderen Eltern erwartet wird.

Für welches Kind sind wir geeignet?

Nicht jeder Bewerber ist für jedes Kind gleich gut geeignet.

Manche fühlen sich nicht geeignet ein älteres Kind zu akzeptieren, für einige kommen nur Kinder aus bestimmten Ländern in Frage und andere legen sich auf ein bestimm-tes Geschlecht fest. Andere wiederum wollen ausdrücklich ein schon etwas älteres Kind, machen aber keine Einschränkungen hinsichtlich des Landes aus dem das Kind kommen soll.

Um sich selbst Klarheit darüber zu verschaffen, ist es ratsam, sich sowohl als Paar Gedanken zu machen, als auch in Gesprächen mit Freunden und Verwandten die Frage zu besprechen.

Das Alter des Kindes

Die meisten Adoptionsbewerber wünschen sich ein kleines Kind. Sie hoffen, weniger Probleme mit dem Kind zu haben als mit einem größeren und viele wollen auch auf die Erfahrung nicht verzichten, ein kleines Baby aufzuziehen.

In der Tat verläuft die Integration eines Kindes in der Regel umso leichter, je früher es in die Adoptivfamilie kommt. Dies lässt sich jedoch nicht verallgemeinern. Viele Kinder, die erst mit ein paar Jahren adoptiert werden, haben die erste Zeit ihres Lebens in einer relativ stabilen Umgebung verbracht, haben ausreichend Zuwendung und Liebe erfahren und sind erst später durch den Tod ihrer Eltern oder durch sonstige drama-tische Einschnitte in die Situation gekommen, die letztlich zur Adoption führte. Meist gelingt ihre Integration genauso gut, wie die Integration eines kleineren Kindes.

9

Auf der anderen Seite gibt es kleine, sehr junge Kinder, die in ihren ersten Lebensmonaten so viel Ablehnung, Vernachlässigung und Entbehrungen kennen gelernt haben, dass ein großer Schaden entstanden ist.

Nach einer britischen Untersuchung von 1997[1] gelang Kindern, die die ersten Monate und Jahre bei einer stabilen Bezugsperson leben konnten, sogar leichter die Integration in die neue Familie, als Kindern, die als Babys adoptiert worden waren. Auch die Adoptionsvermittlungsstelle 'Zukunft für Kinder' hat festgestellt, dass: *'Kinder die relativ gesund angetroffen wurden, zunehmend älter (d. h. ca. 8 Jahre) waren. Jüngere Kinder leiden vermehrt an Krankheiten, Behinderungen oder anderen Defiziten.'* (http://www.zukunftfuerkinder.de/news.htm)

Nicht immer also ist die Adoption eines Kleinkindes problemloser.

Das Geschlecht des Kindes

In den meisten Fällen wünschen sich die Adoptivbewerber ein Mädchen. Dahinter steht oftmals der Gedanke, ein ausländisches Mädchen sei in der Erziehung weniger problematisch und habe es später bei der Partnersuche leichter als ein ausländischer Junge.

Ob es auf diese Weise gelingt, das Risiko einer Adoption zu minimieren, ist fraglich. Auch bei leiblichen Kindern kann man sich das Geschlecht nicht aussuchen und vermutlich ist es auch hier das Beste, auf das Schicksal zu vertrauen.

Die Hautfarbe des Kindes

Für manche Adoptivbewerber kommt nur die Adoption eines Kindes aus einem bestimmten Land in Betracht, da sie wegen Urlaubsreisen, Freundschaften oder beruflichen Kontakten eine besondere Beziehung zu eben diesem Land aufgebaut haben. Wer etwa schon viele Male beruflich in Peru war und dort Land und Leute kennen und lieben gelernt hat, wird sich die Adoption eines peruanischen Kindes gut vorstellen können.

Farbige Adoptivkinder entwickeln sich nicht schlechter als weiße

Adoptivbewerber, die über solche Erfahrungen nicht verfügen, neigen oft dazu, sich ein weißes Kind zu wünschen. Sie versprechen sich dadurch, nicht auf den ersten Blick als Adoptivfamilie zu erkennen zu sein und hoffen, dass das Kind es später leichter haben wird, als ein farbiges Kind.

Ob sich das Kind später aber gut entwickeln kann, hängt von vielerlei Kriterien ab. So zeigte eine Untersuchung koreanischer Adoptivkinder, die durch eine Adoption in die USA oder nach Europa gekommen waren, dass sie sich besser in die neue Kultur eingelebt hatten als andere farbige Adoptivkinder und sogar besser als weiße Adoptivkinder[2].

Die Hautfarbe entscheidet also nicht darüber, ob sich ein Adoptivkind gut entwickelt oder nicht.

Wie lange dauert es bis zur Adoption?

Die Frage lässt sich nicht pauschal beantworten. Zum einen dauern die Eignungsüberprüfungen bei den Adoptionsvermittlungsstellen unterschiedlich lange, zum anderen hängt dies auch davon ab, wie viele Kinder in dem betreffenden Land zur Adoption freigegeben werden.

Die Zeitspanne bis das Kind adoptiert werden kann, reicht deshalb von einem knappen Jahr bis zu etwa 7 Jahren.

Entscheidend für das zügige Durchlaufen des Verfahrens ist auch die Bereitschaft der Bewerber, notwendige Unterlagen ohne Zeitverzögerung zusammenzustellen und sich durch gelegentliche Anrufe bei den verschiedenen Stellen in Erinnerung zu rufen.

➤ **Beispiel:**

Die Lehmanns sind beide 41 Jahre alt. Sie wissen, dass es in Deutschland keine gesetzliche Altersgrenze gibt, ab der eine Adoption nicht mehr erfolgen kann. Es ist ihnen jedoch klar, dass es mit zunehmendem Alter immer schwieriger wird, eine Vermittlungsstelle von ihrer Eignung zu überzeugen. Ein weiteres mehrjähriges Warten können sie sich deshalb nicht mehr erlauben. Für sie kommt deshalb nur die Adoption aus einem Land in Betracht, in dem in absehbarer Zeit mit der Vermittlung eines Kindes gerechnet werden kann.

Können schwule / lesbische Paare ein Kind adoptieren?

Bei schwulen und lesbischen Paaren kann grundsätzlich nur einer der Partner ein Kind adoptieren. Die gemeinsame Adoption durch das Paar ist auch dann nicht zulässig, wenn es sich um eine eingetragene Lebenspartnerschaft handelt. Das Paar muss deshalb klären, wer von beiden das Kind adoptieren soll.

➤ **Beispiel:**

Klaus und sein Lebensgefährte Harald sind seit vielen Jahren ein glückliches Paar. Da beide ein großes Herz für Kinder haben, möchten sie gerne einen Jungen oder ein Mädchen aus dem Ausland adoptieren.

Eine gemeinsame Adoption ist rechtlich nicht möglich. Das Kind kann nur entweder von Klaus oder von Harald adoptiert werden, nicht aber von beiden zusammen.

Meist stößt jedoch auch die Adoption durch einen der beiden Lebenspartner auf große Schwierigkeiten. Nach einer Entscheidung des Europäischen Gerichtshofes vom 26.02.02[3] können Behörden einem Homosexuellen aus Sorge um das Wohl des Kindes eine Adoption verwehren. Die Weigerung verstoße weder gegen das in der Europäischen Menschenrechtskonvention garantierte Recht auf Achtung des Familien- und Privatlebens noch gegen das Diskriminierungsverbot.

Ein französischer Homosexueller war in mehreren Gerichtsinstanzen mit seinem Wunsch nach Adoption gescheitert. Sein Antrag wurde mit der Begründung abgelehnt, dass sein Lebensstil und seine sexuelle Orientierung ´nur ungenügend die Aufnahme eines adoptierten Kindes in familiärer, erzieherischer und psychologischer Hinsicht` sicherstellten. Der Europäische Gerichtshof billigte die Auffassung der französischen Gerichte, dass die Gesundheit und die Rechte des Kindes geschützt werden müssten. Die Wissenschaft sei sich uneinig, welche Folgen die Adoption durch ein homosexuelles Elternteil oder Paar haben könne.

Unstrittig dürfte sein, dass die Elternschaft Homosexueller besonderen Belastungen ausgesetzt ist. Die Ursachen hierfür liegen in den Vorbehalten, die Homosexuellen noch immer entgegengebracht werden. Schwulen Vätern wird Promiskuität, lesbischen Müttern ein Hass auf Männer unterstellt. Mitunter wird sogar entgegen aller wissenschaftlicher Erkenntnisse unterstellt, die Erziehung durch homosexuelle Eltern führe dazu, dass die Kinder selbst zur Homosexualität verführt werden.

Dennoch ist das Urteil des Europäischen Gerichtshofes nicht einfach zu verstehen. In vielen wissenschaftlichen Untersuchungen wurde deutlich nachgewiesen, dass es für die Entwicklung des Kindes keinen Unterschied macht, welche sexuelle Orientierung die Eltern haben. Nach Aussage der Amerikanischen Akademie der Kinderärzte (AAP) vom 4.2.2002 zeige eine wachsende Zahl von Untersuchungen, dass es *'Kindern, die mit einem oder zwei schwulen oder lesbischen Elternteilen aufwachsen, in emotionaler, kognitiver, sozialer und sexueller Hinsicht genauso gut gehe wie Kinder, deren Eltern heterosexuell sind'*[4]

Studien: Homosexuelle können genauso gut Kinder erziehen wie Heterosexuelle

Eine Auswertung von 21 Studien, die Kinder von homosexuellen Eltern mit Kindern aus 'normalen' Familien verglichen, ergab, dass homosexuelle Paare genauso gut Kinder erziehen können wie heterosexuelle[5]. In keiner der Studien waren Nachteile für die Entwicklung der Kinder beschrieben worden.

Es gibt deshalb keinen Grund, homosexuelle Bewerber bei der Adoptionsbewerbung zu benachteiligen.

Grundsätzlich wird auch von der Politik befürwortet, dass homosexuelle Einzelpersonen Kinder adoptieren dürfen: So sagte die frühere Bundesjustizministerin Däubler – Gmelin in einem Interview mit der Zeitung 'Die Zeit'[6]:
'Schon heute kann ein Einzelner - übrigens ungeachtet der sexuellen Orientierung - ein Kind adoptieren. Beispiele gibt es, und das ist gut so.'

Frau Däubler - Gmelin ist aber dagegen, dass auch eine eingetragene Lebenspartnerschaft als solche zur Adoption berechtigen soll. Die Ministerin hält es also für gut, dass ein einzelner Homosexueller ein Kind adoptieren kann, aber für falsch, wenn zwei Homosexuelle zusammen ein Kind adoptieren. Auch von ihr wird dies damit begründet, dass angeblich ein Kind bei Vater und Mutter besser aufgehoben sei und dort umfassendere Entwicklungschancen habe. Nach Auffassung der Ministerin muss es aber in dem Fall, dass eine Lesbe oder ein Schwuler sein Kind in die Partnerschaft mitbringt und etwa nach einem Unfall stirbt, gesichert sein, dass der Partner das Kind weiter betreuen kann. Dies sei durch Vorrang der Sorge, der Pflege oder auch der Adoption möglich.

Nicht jedem erschließt sich diese Logik auf Anhieb.

➤ **Beispiel:**

Martina und Helga sind seit 15 Jahren ein glückliches Paar und leben seit zwei Jahren in einer eingetragenen Lebenspartnerschaft. Da es nicht möglich ist, dass sie zusammen ein Kind adoptieren, entschließt sich Martina zur Adoption. Bald kommt ein kleines Mädchen aus Vietnam in die Familie.
Als Martina bei einem Verkehrunfall ums Leben kommt, adoptiert Helga das Kind.

Die Ministerin hält es für gut, dass Martina das Kind adoptiert hat, und begrüßt es auch, dass nach ihrem Tod Helga das Kind adoptiert. Sie ist aber gegen die Möglichkeit, dass beide zusammen ein Kind annehmen können.
Warum aber sollen zwei nacheinander stattfindende Adoptionen samt aller Unsicherheiten besser für das Kind sein als eine gemeinsame Adoption?
Die Argumentation zeigt, dass es ein diffuses Unwohlsein bei dem Gedanken gibt, dass zwei Homosexuelle zusammen ein Kind adoptieren, das rational nicht begründbar ist. Wenn Gerichte und Politik überzeugende Argumente hätten, die gegen die Adoption durch Homosexuelle sprächen, müsste dies dazu führen, dass auch homosexuelle Einzelpersonen grundsätzlich nicht adoptieren dürfen. Solche Argumente liegen aber offensichtlich nicht vor.
Adoptionswilligen homosexuellen Paaren bleibt jedoch wenig übrig, als mit diesen Widersprüchen bis zu einer gesetzlichen Neuregelung, die sicherlich noch lange auf sich warten lässt, zu leben.
Mittlerweile ist zahlreichen Schwulen und Lesben die Auslandsadoption gelungen.
Als recht aufgeschlossen hat sich hier die Adoptionsvermittlungsstelle ICCO erwiesen.

Können alleinstehende Personen ein Kind adoptieren?

Nach deutschem Recht können auch alleinstehende Personen ein Kind annehmen. Im Bürgerlichen Gesetzbuch heißt es dazu: *'Wer nicht verheiratet ist, kann ein Kind nur allein annehmen. Ein Ehepaar kann ein Kind nur zusammen annehmen.'*[7]. Das Gesetz regelt also ausdrücklich, dass ein Kind von einer alleinstehenden Person adoptiert werden kann. Wer allerdings verheiratet ist (auch getrenntlebend), kann ein Kind nur zusammen mit seinem Ehepartner adoptieren.

Auch Singles können adoptieren

Wer glaubt, die Adoption durch Singles sei eine Erscheinung der modernen Zeit, irrt. Bereits die französische Revolution von 1789 führte dazu, dass die Adoption ausdrücklich nicht nur Paaren, sondern auch Einzelpersonen erlaubt wurde. Wenn alle Menschen gleich sind vor dem Gesetz, so war die Überlegung, dann darf der Gesetzgeber Einzelpersonen auch bei diesem Thema nicht benachteiligen.

Da bei der Adoption immer auch die Vorschriften des Landes zu beachten sind, aus dem das Kind kommt, ist für das Herkunftsland des Kindes zu prüfen, ob dort die Adoption durch Alleinstehende erlaubt ist.

Es ist auch vorab zu klären, welche Adoptionsvermittlungsstellen zur Zusammenarbeit mit einem unverheirateten Bewerber bereit sind. So vermittelt etwa 'Pro Infante' nur an Bewerber, die seit mindestens 4 Jahren verheiratet sind.

Gute Aussichten auf Erfolg haben unverheiratete Bewerber zur Zeit in den Ländern Nepal, Ukraine und Vietnam.

Überblick über das Verfahren

Die Adoption eines Kindes aus dem Ausland ist auf den ersten Blick eine sehr komplizierte Angelegenheit. Viele Stellen sind damit befasst, es müssen zahlreiche Unterlagen besorgt werden und schwer verständliche Regelungen im In- und Ausland schrecken zahlreiche Interessierte davon ab, sich näher mit dem Gedanken an eine Adoption zu beschäftigen. Vorhandene Unsicherheiten werden noch dadurch gesteigert, dass in den Medien oft und gerne über Kinderhandel und ähnlich kriminelle Praktiken berichtet wird, zufriedene Adoptivfamilien aber weit weniger Sensationscharakter haben und in der Berichterstattung deshalb kaum eine Rolle spielen.

Im Grunde ist es aber nicht besonders schwierig, den Ablauf des Adoptionsverfahrens zu verstehen. Jeder, der sich für das Thema interessiert, sollte folgendes wissen:

- An der Adoption sind zwei Länder beteiligt, deshalb sind auch die Vorschriften von 2 Ländern zu beachten.
- Am Beginn des Verfahrens wenden sich die Bewerber an eine Vermittlungsstelle
- Es wird unterschieden in Länder, die die Haager Adoptionskonvention unterzeichnet haben und Länder, die dies nicht getan haben.
- In manchen Ländern kann man die Adoption auf eigene Faust betreiben, in anderen darf nur über eine anerkannte Vermittlungsstelle adoptiert werden.

Zwei Länder, zwei Verfahren

Die Gesetze im Heimatstaat des Kindes und die Gesetze im Staat der Adoptiveltern müssen beachtet werden

Bei jeder Auslandsadoption müssen sowohl die gesetzlichen Bestimmungen im Heimatstaat des Kindes, als auch die Bestimmungen im Staat der Eltern erfüllt werden. Im Ausland gibt es die unterschiedlichsten Adoptionsformen.

Während in manchen Ländern die Adoptivkinder völlig aus ihrer bisherigen Familie herausgelöst werden, beschränken sich andere Länder darauf, das Kind nur in einzelnen Punkten einem leiblichen Kind der Annehmenden gleichzustellen (etwa elterliche Sorge, Unterhalt, Erbrecht). Man spricht hier von einer sogenannten 'schwachen' Adoption, wie sie etwa in Äthiopien und Ecuador ausgesprochen wird.

Auch das Zustandekommen einer Adoption kann im Ausland sehr unterschiedlich sein.

Während in manchen Staaten das Annahmeverhältnis durch einen Vertrag zwischen Annehmendem und Kind zustande kommt (Vertragsadoption), geschieht in den weit überwiegenden Fällen die Adoption durch Hoheitsakt eines Gerichts oder einer Behörde (Dekretadoption).

Die Vertragsadoption ist ein aussterbendes Modell. Guatemala hat als eines der letzten Länder, diese Adoptionsmöglichkeit abgeschafft.

Gelingt es den Eltern, ein Kind im Ausland zu adoptieren, so folgt daraus noch nicht automatisch, dass die Eltern zusammen mit ihrem Kind auch nach Deutschland einreisen dürfen. Vor der Einreise muss erst ein Visum für das Kind beantragt werden. Stellt die deutsche Auslandsvertretung bei der Bearbeitung des Antrages fest, dass die Adoption im Ausland illegal war, oder die Voraussetzungen für eine Adoption nach deutschem Recht nicht vorliegen, wird sie die Visumserteilung verweigern.

Nur wenn bei der Adoption alles mit rechten Dingen zugegangen ist, erhält das Kind ein Visum

Woher aber weiß die deutsche Botschaft im Ausland, dass die Voraussetzungen für eine deutsche Adoption nicht vorliegen? Schließlich ist sie vielleicht tausende von Kilometern vom Wohnort der Eltern entfernt und kann kaum selbst eine Überprüfung vornehmen. Woher also weiß die Botschaft, die mitten in Afrika Visumsanträge für 2 Kinder zu bearbeiten hat, dass die Adoptiveltern in einer 1 – Zimmerwohnung von der Sozialhilfe leben und ein Alkoholproblem haben?

Da sie selbst keine eigenen Ermittlungen anstellen kann, wird sie sich an die zuständige Ausländerbehörde am Wohnort der Eltern wenden. Dieses nimmt dann Kontakt zum Jugendamt auf. Hier kann sich herausstellen, dass sich das Paar bislang noch gar nicht an das Jugendamt oder eine sonstige Adoptionsvermittlungsstelle gewandt hatte, oder von diesen abgelehnt worden war.

In diesem Fall wird die Botschaft kein Visum für das im Ausland adoptierte Kind erteilen und das Kind kann nicht nach Deutschland einreisen.

➤ **Beispiel:**

Das Ehepaar Lehmann entscheidet sich nach einem Fernsehbericht über hungernde Kinder in Angola spontan dazu, Hilfe zu leisten und 2 Kinder aus einem Heim in der Hauptstadt Luanda zu adoptieren. Kurzentschlossen fliegen sie wenige Tage später nach Afrika, wo es ihnen tatsächlich mit Hilfe eines Rechtsanwaltes gelingt, 2 kleine Mädchen zu adoptieren. Voller Freude beantragen sie bei zuständigen deutschen Auslandsvertretung Visa für die Kinder zur Einreise nach Deutschland. Die Lehmanns stellen entsetzt fest, dass das Adoptionsverfahren in Angola zwar beendet ist, dass sie aber die von der Deutschen Botschaft verlange Vorabzustimmung der Ausländerbehörde zum jetzigen Zeitpunkt nicht vorlegen können, da sie bislang noch keinerlei Kontakt zur Ausländerbehörde ihres Heimatortes aufgenommen hatten. Da sich die Deutsche Botschaft weigert, unter diesen Voraussetzungen Visa auszustellen, müssen sie die Kinder in Angola zurücklassen und allein nach Deutschland zurückfliegen.

Um solche Entwicklungen zu vermeiden, ist deshalb immer gründlich darauf zu achten, dass alle Vorschriften beachtet werden.

Dies ist in Deutschland zu beachten:

• Wer adoptieren will, muss unbeschränkt geschäftsfähig und mindestens 25 Jahre alt sein. Bei gemeinschaftlicher Adoption durch ein Ehepaar muss einer der Ehegatten das Mindestalter von 25 haben, der andere mindestens 21 Jahre alt sein. Ein gesetzlich festgelegtes Höchstalter gibt es nicht. Verheiratete können nur zusammen mit dem Ehegatten gemeinschaftlich adoptieren.

- Die Adoption muss dem Kindeswohl dienen und es muss zu erwarten sein, dass zwischen dem Annehmendem und dem Kind ein Eltern – Kind Verhältnis entsteht.
- Für die Adoption ist die Einwilligung der leiblichen Eltern des Kindes erforderlich. Das gilt dann nicht, wenn sie zur Abgabe der Erklärung dauernd außerstande oder ihr Aufenthalt dauernd unbekannt ist.

Dies ist im Ausland zu beachten:

Adoptionen im Ausland haben oftmals andere Voraussetzungen und Rechtsfolgen als solche nach deutschem Recht.

In vielen Staaten ist die Adoption verboten

- In vielen Staaten ist die Adoption generell verboten. So ist in zahlreichen Staaten mit islamischer Rechtsordnung die Adoption unbekannt. Mitunter ist es zwar möglich, ein Kind zur Pflege aufzunehmen. Dieses Pflegekind behält aber seinen ursprünglichen Namen und übernimmt nicht den Familiennamen der Pflegeeltern, so daß seine Herkunft immer bekannt bleibt. Außerdem hat es z.B. in Erbangelegenheiten nicht die gleichen Rechte wie ein leibliches Kind[8].
- In manchen Staaten können nur solche Ausländer adoptieren, die ihren ständigen Lebensmittelpunkt im Land des Kindes haben oder die der gleichen Glaubensrichtung wie das Kind angehören.
- In zahlreichen Ländern gibt es nur eine Adoption, die die rechtlichen Beziehungen des Kindes zu seinen leiblichen Eltern nicht völlig auflöst. Man spricht hier von einer sog. ´schwachen Adoption`.
- Die jeweiligen Adoptionsbestimmungen im Herkunftsland des Kindes sind genau zu beachten.

Beginn des Verfahrens: Der Kontakt zur Vermittlungsstelle

Das Adoptionsverfahren beginnt mit der Kontaktaufnahme zu einer Adoptionsvermittlungsstelle. Es gibt hier zum einen

- die staatlich anerkannte Vermittlungsstellen freier Träger und
- die Adoptionsvermittlungsstellen der Jugendämter.

Die Vermittlungsstellen der freien Träger haben sich alle auf die Vermittlung von Kindern aus bestimmten Ländern spezialisiert. Keine dieser Vermittlungsstellen ist für alle Länder zuständig.

Ohne den Kontakt zu einer Vermittlungsstelle ist eine Adoption im Ausland nicht durchführbar. Dies liegt daran, dass so gut wie alle Länder einen Adoptionseignungsbericht verlangen, der in den meisten Fällen vom Jugendamt, manchmal aber auch von einer freien Adoptionsvermittlungsstelle angefertigt wird. Darüber hinaus ergeben sich auch bei der Anerkennung der ausländischen Adoption in Deutschland große

Probleme, wenn die Eignung der Bewerber nicht von einer hierfür zuständigen Stelle festgestellt worden ist.

Fast alle Adoptionseignungsberichte werden von den Adoptionsvermittlungsstellen der Jugendämter angefertigt. Dies gilt auch dann, wenn die Dienste einer Adoptionsvermittlungsstelle eines freien Trägers in Anspruch genommen werden. Manche dieser Stellen bieten an, dass sie selbst den Adoptionseignungsbericht erstellen. Für die Bewerber ist es aber kostengünstiger, wenn das Jugendamt diese Aufgabe durchführt.

Das Jugendamt

In der Regel findet der erste Behördenkontakt statt, indem die Bewerber bei der Adoptionsvermittlungsstelle des Jugendamtes anrufen. Manche kleinere Jugendämter haben keine eigenen Adoptionsvermittlungsstellen eingerichtet. Die Bewerber erfahren dann von ihrem Jugendamt, an wen sie sich wenden müssen.

In der Regel beginnt das Verfahren mit einem Anruf beim Jugendamt

Dem ersten Anruf beim Jugendamt sollten die Bewerber nicht allzu viel Bedeutung beimessen. Hier geht es noch um nichts.

Es ist aber sehr sinnvoll, sich bereits im Vorfeld Klarheit darüber zu verschaffen, aus welchem Land das Kind sein soll, wie alt es sein darf, ob und welche Krankheiten es haben darf ...

Das weitere Verfahren unterscheidet sich von Jugendamt zu Jugendamt. Manchmal werden die Bewerber zu Veranstaltungen eingeladen, die regelmäßig stattfinden und in denen eine Gruppe von Bewerbern über das Thema Adoption informiert wird. In anderen Fällen vereinbart die zuständige Sozialarbeiterin einen Termin für einen Besuch im Haus der Bewerber oder lädt sie zu einem persönlichen Gespräch in das Jugendamt ein.

➤ **Beispiel:**

Die Ehe der Schusters ist zu ihrem großen Unglück kinderlos geblieben. Sie entschließen sich deshalb, ein Kind aus der ehemaligen Sowjetunion zu adoptieren. Als erstes rufen sie beim Jugendamt ihrer Heimatstadt an. Dort wird ihnen mitgeteilt, dass das Jugendamt selbst keine Adoptionsvermittlungsstelle unterhält. Sie erhalten allerdings die Adresse des Jugendamtes in der Nachbarstadt, das bei Adoptionsvermittlungen für sie zuständig ist.

In einem Telefonat mit dem zuständigen Sachbearbeiter erfahren sie, dass das Jugendamt regelmäßig alle drei Monte ein Informationswochenende für Adoptionsbewerber veranstaltet. Da der nächste Termin bereits ausgebucht ist, erhalten sie einen Anmeldebogen für das übernächste Treffen, für das sie sich umgehend anmelden.

Nicht immer verläuft der erste Kontakt so unproblematisch wie bei den Schusters.

➤ **Beispiel:**

Franziska Wagner und ihr Mann Klaus wollen ein Kind adoptieren. Als sie bei ihrem

Jugendamt in Musterstadt anrufen, werden sie an das Landesjugendamt verwiesen. Von dort erhalten sie die Mitteilung, es sei nach wie vor Musterstadt zuständig. Etwas verunsichert rufen sie also wieder am Jugendamt an, wo man ihnen mitteilt, eine Überprüfung ihrer Adoptionseignung zum jetzigen Zeitpunkt mache keinen Sinn, da sie ja momentan noch keine Adoption in Aussicht hätten und der Adoptionseignungsbericht bis zum eigentlichen Beginn der Adoption dann schon wieder veraltet sei.

Bereits in diesem Stadium machen manche Adoptionsbewerber die Erfahrung, dass eine Auslandsadoption mitunter kein Spaziergang ist. Bewerber sollten in solchen Fällen darauf drängen, dass ihnen baldmöglichst ein Gesprächstermin genannt wird, in dem Fragen der Auslandsadoption besprochen werden und sie weitere Informationen erhalten. Der Adoptionseignungsbericht muss auch nicht sofort angefertigt werden. In der Tat ist es sinnvoll, den Bericht erst dann zu verfassen, wenn sich eine konkrete Möglichkeit auf eine Adoption ergibt. Bereits jetzt können aber die erforderlichen Gespräche geführt werden und es kann auch der Hausbesuch durch die Mitarbeiter des Jugendamtes erfolgen, sodass später dann nur noch überprüft werden muss, ob die Feststellungen noch aktuell sind.

Bei allem Klagen über die Schwierigkeiten einer Auslandsadoption, über verwirrende Informationen, über Hürden und Probleme ..., sollte jedoch eines nicht vergessen werden – eine Adoption ist nicht einfach, das Leben mit Kindern ist es jedoch auch nicht. Wer bereits verzagt und verzweifelt, weil er am Telefon unfreundlich beraten worden ist, sollte sich überlegen, ob er sich tatsächlich für geeignet hält, die möglicherweise auf ihn zukommenden Schwierigkeiten mit der notwendigen Ausdauer, Zähigkeit und Gelassenheit anzupacken. Wer wirklich davon übererzeugt ist, dass die Auslandsadoption das richtige für ihn ist, wird sicher einen Weg finden, mit einer verwirrenden Information am Telefon zurechtzukommen.

Freie Adoptionsvermittlungsstellen

Bewerber können sich auch direkt mit einer anerkannten freien Adoptionsvermittlungsstelle in Verbindung setzen

Der Beginn des Verfahrens mit der Einschaltung des Jugendamtes ist die Regel – das ist aber nicht zwingend. Die Adoption kann auch damit beginnen, dass sich die Bewerber direkt mit einer anerkannten freien Adoptionsvermittlungsstelle in Verbindung setzen. Dies kann dann sinnvoll sein, wenn die Bewerber ein Kind aus einem bestimmten Land adoptieren wollen und in diesem Land die Adoptionsvermittlungsstelle eines freien Trägers tätig ist.

➤ **Beispiel:**

Das Ehepaar Müller will ein Kind aus Kolumbien adoptieren. Ein anderes Land kommt für die Müllers nicht in Betracht, da sie lange Jahre selbst in Kolumbien gelebt haben und eine starke Verbindung zu diesem Land aufgebaut haben. Bei ihren ersten Recherchen stellen sie nun fest, dass eine Adoption in Kolumbien nur über die Adoptionsvermittlungsstelle AdA durchgeführt werden kann. Kolumbien erlaubt keine Adoptionen ohne die Einschaltung einer Adoptionsvermittlungsstelle und nur AdA ist in diesem Land tätig. Die Müllers setzen sich also direkt mit AdA in Verbindung. Wenn im

Laufe des Verfahrens das zuständige Jugendamt von AdA an der Adoption beteiligt wird, ist bereits klar, dass es sich hier um Bewerber handelt, die schon recht konkrete Vorstellungen von der zukünftigen Adoption haben und wissen was sie wollen. Beim Sozialarbeiter des Jugendamtes hinterlässt dies oft einen besseren Eindruck als Bewerber, die lediglich den Wunsch äußern, irgendwo ein Kind zu adoptieren.

Die freien Adoptionsvermittlungsstellen wenden unterschiedliche Verfahren an, um die Bewerber zu informieren und zu überprüfen.

Manche laden die Bewerber zuerst zu einer Informationsveranstaltung ein, manche schicken die Bewerber am Anfang zu einem Kontaktelternpaar, das sie über die wesentlichen Voraussetzungen der Adoption im jeweiligen Land informiert und bei anderen erfolgt die Erstinformation in einem persönlichen Gespräch.

Teilweise werden auch Psychologen zur Begutachtung herangezogen.

Vertragsstaaten und Nicht- Vertragsstaaten

Sehr wichtig für den Bereich der Auslandsadoptionen ist die Haager Adoptionskonvention von 1993. Die Haager Adoptionskonvention wird auch ´Haager Übereinkommen` oder ´Übereinkommen über den Schutz von Kindern und die Zusammenarbeit auf dem Gebiet der internationalen Adoption` genannt.

Für Adoptionsbewerber ist es wichtig zu wissen, welche Staaten Vertragsstaaten des Übereinkommens sind, bzw. welche ihm später beigetreten sind.

In diesen Staaten gelten besondere Regelungen, die von den Bewerbern eingehalten werden müssen.

Nur bei Adoptionen in Vertragsstaaten bzw. Beitrittsstaaten ist das Haager Übereinkommen und das Adoptionsübereinkommens – Ausführungsgesetz (AdÜbAG) zu beachten. Das ist etwa dann von großer Bedeutung, wenn sich die Bewerber selbst im Ausland bewerben wollen. In Ländern, in denen das Haager Übereinkommen Anwendung findet, ist dies nicht zulässig.

➤ **Beispiel:**

Das Ehepaar Maier möchte ein Kind aus Kambodscha adoptieren. Kambodscha ist weder Vertragsstaat noch Beitrittsstaat. Für die Adoption sind die Vorschriften des Haager Übereinkommens und des Adoptionsübereinkommens – Ausführungsgesetzes deshalb nicht zu beachten.

➤ **Beispiel:**

Das Ehepaar Lehmann möchte ein Kind aus Sri Lanka adoptieren. Sri Lanka ist Vertragsstaat des Haager Übereinkommens. Für die Adoption eines Kindes durch die Lehmanns sind deshalb die Vorschriften des Übereinkommens und das AdÜbAG zu beachten.

In welchen Staaten gilt das Haager Übereinkommen?

Unterschieden wird in Staaten, die das Übereinkommen ratifiziert haben (Vertragsstaaten) und solche, die ihm später nach Art. 44 des Übereinkommens beigetreten sind. Sowohl in Vertragsstaaten als auch in Beitrittsstaaten gilt das Übereinkommen.

Staaten, die das Übereinkommen ratifiziert haben (Stand Januar 2003):

Inkrafttreten:		Inkrafttreten:	
Albanien	1.1.01	Mexiko	1.5.95
Australien	1.12.97	Niederlande	1.10.98
Brasilien	1.7.99	Norwegen	1.1.98
Burkina Faso	1.5.96	Österreich	1.9.99
Chile	1.11.99	Panama	1.1.00
Costa Rica	1.2.96	Peru	1.1.96
Dänemark	1.11.97	Philippinen	1.11.96
Deutschland	1.3.02	Polen	1.10.95
Ecuador	1.1.96	Rumänien	1.5.95
El Salvador	1.3.99	Schweden	1.9.97
Finnland	1.7.97	Slowakei	1.10.01
Frankreich	1.10.98	Spanien	1.11.95
Israel	1.6.99	Sri Lanka	1.5.95
Italien	1.5.00	Tschechien	1.6.00
Kanada	1.4.97	Venezuela	1.5.97
Kolumbien	1.11.98	Zypern	1.6.95

Staaten die dem Abkommen beigetreten sind (Stand Januar 2003):

Inkrafttreten:		Inkrafttreten:	
Andorra	1.5.97	Mauritius	1.1.99
Bolivien	1.7.02	Moldawien	1.8.98
Bulgarien	1.9.02	Monaco	1.10.99
Burundi	1.2.99	Mongolei	1.8.00
Georgien	1.8.99	Neuseeland	1.1.99
Island	1.5.00	Paraguay	1.9.98
Litauen	1.8.98		

Daneben gibt es noch Staaten, die das Abkommen lediglich gezeichnet haben. In diesen Staaten ist das Abkommen nicht anzuwenden.

Belgien	27.1.99	Portugal	26.8.99
China	30.11.00	Schweiz	16.1.95
Großbritannien	12.1.94	Uruguay	1.9.93
Irland	19.6.96	Vereinigte Staaten von Amerika	31.3.94
Luxemburg	6.6.95	Weißrussland	10.12.97
Russische Föderation	7.9.00		

In allen sonstigen Staaten ist das Abkommen ebenfalls nicht anzuwenden. Adoptionen etwa aus Nepal, der Ukraine, Vietnam, Haiti oder Südafrika fallen daher nicht unter die Bestimmungen des Übereinkommens.

Ziele des Haager Übereinkommens:

Das Ziel des Haager Übereinkommens ist es:

- sicherzustellen, dass eine Auslandsadoption nur dann in Betracht kommt, wenn für das Kind weder ein Leben in seiner Heimatfamilie, noch ein Leben in einer anderen Familie seines Heimatstaates möglich ist
- sicherzustellen, dass Auslandsadoptionen nur zum Wohl des Kindes unter Wahrung seiner Grundrechte stattfinden
- Kinderhandel zu unterbinden
- die Zusammenarbeit zwischen den Vertragsstaaten auf dem Gebiet der Auslandsadoption zu verbessern
- die gegenseitige Anerkennung von Adoptionsentscheidungen sicherzustellen.

Die Staaten, in denen das Abkommen Anwendung findet, gehen davon aus, dass jedes Kind zur vollen Entfaltung seiner Persönlichkeit in einer Familie aufwachsen sollte und eine Auslandsadoption den Vorteil bieten kann, einem Kind, für das in seiner Heimat keine geeignete Familie gefunden werden kann, eine Familie zu geben.

Haager Übereinkommen: Jedes Kind sollte in einer Familie aufwachsen

Wörtlich heißt es:

´In der Erkenntnis, dass das Kind zur vollen und harmonischen Entfaltung seiner Persönlichkeit in einer Familie und umgeben von Glück, Liebe und Verständnis aufwachsen sollte,

unter Hinweis darauf, dass jeder Staat vorrangig angemessene Maßnahmen treffen sollte, um es dem Kind zu ermöglichen, in seiner Herkunftsfamilie zu bleiben,

in der Erkenntnis, dass die internationale Adoption den Vorteil bieten kann, einem Kind, für das in seinem Heimatstaat keine geeignete Familie gefunden werden kann, eine dauerhafte Familie zu geben,

überzeugt von der Notwendigkeit, Maßnahmen zu treffen, um sicherzustellen, dass internationale Adoptionen zum Wohl des Kindes und unter Wahrung seiner Grundrechte stattfinden, und die Entführung und den Verkauf von Kindern sowie den Handel mit Kindern zu verhindern,

in dem Wunsch, zu diesem Zweck gemeinsame Bestimmungen festzulegen, die von den Grundsätzen ausgehen, die in internationalen Übereinkünften anerkannt sind, ...´

Anwendungsbereich:

Das Übereinkommen regelt nur die Adoption von Kindern, nicht aber die von Erwachsenen. Es ist auch dann anzuwenden, wenn es sich um eine Verwandten- oder Stiefkindadoption handelt. Für diese Fälle gibt es keine Sondervorschriften.

Das Übereinkommen ist dann anzuwenden, *'wenn ein Kind mit gewöhnlichem Aufenthalt in einem Vertragsstaat ("Heimatstaat") in einen anderen Vertragsstaat ("Aufnahmestaat") gebracht worden ist, wird oder werden soll, entweder nach seiner Adoption im Heimatstaat durch Ehegatten oder eine Person mit gewöhnlichem Aufenthalt im Aufnahmestaat oder im Hinblick auf eine solche Adoption im Aufnahme- oder Heimatstaat'.*

Das Abkommen regelt den Fall, dass ein Kind wegen einer Adoption seinen gewöhnlichen Aufenthalt von einem Vertragsstaat in einen anderen Vertragsstaat verlegt. Nur in diesem Fall findet das Übereinkommen Anwendung. Diese scheinbar einfache und eindeutige Regelung kann in der Praxis zu einigen Unklarheiten führen.

Anwendungsbereich des Übereinkommens: Kind verlegt wegen Adoption seinen gewöhnlichen Aufenthalt von einem Vertragsstaat in einen anderen Vertragsstaat

➤ **Beispiel:**

Das Ehepaar Lehmann, das ein Kind aus Sri Lanka adoptieren will, fällt unstrittig unter die Vorschriften des Haager Übereinkommens. Der einzige Grund, weshalb das Kind nach Deutschland kommt, ist die Adoption.

➤ **Beispiel:**

Das Ehepaar Jürgens lernt bei einer Auslandsreise in Sri Lanka einen Jungen in einem Waisenheim kennen, der an einer Verkrüppelung des Beines leidet. Da Herr Jürgens über gute Kontakte zu einer Universitätsklinik verfügt, wird ein Transport des Jungen nach Deutschland zur Operation des betroffenen Beines organisiert.

Die Behandlung erstreckt sich über viele Monate. Während dieser Zeit wohnt der Junge bei der Familie Jürgens und wächst ihnen sehr ans Herz. Sie beschließen deshalb, ihn zu adoptieren. In diesem Fall wurde das Kind also aus einem ganz anderen Grund als zur Adoption nach Deutschland gebracht. Erst nachträglich haben sich die Pflegeeltern in Deutschland zur Adoption entschlossen. Da der Wortlaut des Übereinkommens diese Fälle nicht erfasst, ist davon auszugehen, dass die Haager Adoptionskonvention hier keine Anwendung findet.

Rechtlich problematisch sind auch Fälle, in denen die Adoption des Kindes nur einer von mehreren bedeutsamen Gründen war. Unklar, ist hier, ob das Abkommen auch in diesem Fall Anwendung findet, oder ob dies nur dann gilt, wenn die spätere Adoption des Kindes die einzige Motivation war, das Kind in den Aufnahmestatt zu bringen. Handelt es sich um die Adoption eines ausländischen Kindes, das seinen gewöhnlichen Aufenthalt in Deutschland hat, oder leben das Kind oder die Annehmenden in einem Nicht – Vertragsstaat, sind die Vorschriften des Haager Übereinkommens nicht anzuwenden.

➤ **Beispiel:**

Der Sohn der Familie Müller hat einen Schulfreund, der mit seinen Eltern vor einem Jahren aus Sri Lanka nach Deutschland gekommen ist und hier lebt. Als die Eltern des Freundes sterben, wollen ihn die Müllers adoptieren.

Zentrale Behörden

Ein Kernstück des Haager Übereinkommens bildet die Verpflichtung der Vertragsstaaten, zentrale Behörden zu bestimmen, die zum Schutz der Kinder zusammenarbeiten und die Zusammenarbeit aller zuständigen Stellen fördern sollen.

Die zentralen Behörden sollen Erfahrungen austauschen, Auskünfte über das autonome Adoptionsrecht ihrer Staaten erteilen und gegen Kinderhandel vorgehen.

Bei jedem Adoptionsfall wirken die zentralen Behörden in Heimat und im Aufnahmestaat zusammen. Die zentrale Behörde im Heimatstaat klärt, ob die Adoption dem Kind eine geeignete Lebensperspektive bieten könnte und holt die erforderlichen Zustimmungen ein. Die zentrale Behörde im Aufnahmestaat prüft die Eignung der Adoptionsbewerber und stellt sicher, dass das Kind in den Aufnahmestaat einreisen und sich dort aufhalten kann. Beide zentrale Behörden entscheiden gemeinsam, ob die Aufnahme eines bestimmten Kindes durch bestimmte Adoptionsbewerber dem Wohl des Kindes dient.

Zentrale Behörden in Deutschland sind der Generalbundesanwalt beim Bundesgerichtshof und die zentralen Adoptionsstellen der Landesjugendämter.

Adoption auf eigene Faust oder Adoption über eine Vermittlungsstelle

In manchen Ländern kann man, nachdem vom Jugendamt ein positiver Adoptionseignungsbericht erstellt wurde und alle vom Ausland vorgeschriebenen Unterlagen zusammengestellt wurden, die Adoption auf eigene Faust betreiben. In anderen Ländern muss die gesamte Adoption über eine vom Ausland zugelassene Adoptionsvermittlungsstelle abgewickelt werden.

Dies gilt grundsätzlich für alle Länder, die die Haager Konvention unterzeichnet haben. In diesen Ländern ist es in keinem Fall möglich, ohne die Vermittlung durch eine Adoptionsvermittlungsstelle zu adoptieren.

Es gibt aber auch Länder, von denen die Adoptionskonvention zwar nicht unterzeichnet wurde, die aber dennoch beschlossen haben, dass bei Ihnen nur Adoptionen über eine Adoptionsvermittlungsstelle möglich sind.

Länder im Geltungsbereich des Haager Übereinkommens erlauben keine Adoption ohne Beteiligung einer Adoptionsvermittlungsstelle

➤ **Beispiel:**

Die alleinstehende Frau Müller möchte ein Kind adoptieren. Da sie vor einigen Jahren bei einer Hilfsorganisation in Vietnam gearbeitet hat, interessiert sie sich besonders für eine Adoption aus diesem Land.

Frau Müller stellt fest, dass Vietnam bis vor wenigen Jahren die Adoption erlaubte, wenn die Bewerber bei den zuständigen Behörden vor Ort einen positiven Adoptionseignungsbericht und alle sonstigen erforderlichen Unterlagen vorlegten. Von den vietnamesischen Behörden wurde dann ein Kind vorgeschlagen, das man akzeptieren konnte oder nicht. Wenn man sich gegen die Adoption dieses Kindes entschied, war das Adoptionsverfahren zu Ende.

Seit einiger Zeit dürfen Adoptionsanträge allerdings nur noch über eine in Vietnam anerkannte Adoptionsvermittlungsstelle eingereicht werden.

Frau Müller wird deshalb eine der beiden anerkannten Vermittlungsstellen AdA oder ICCO aufsuchen, um sich dort für eine Adoption zu bewerben.

In mehreren Ländern bestehen beide Möglichkeiten nebeneinander. Man kann das Verfahren über eine Adoptionsvermittlungsstelle betreiben oder es selbst durchführen.

➤ **Beispiel:**

Die Müllers wollen in der Ukraine adoptieren. Sie können die Adoption über eine Adoptionsvermittlungsstelle durchführen, oder den Antrag selbst in Kiev einreichen.

Bei einer Adoption, die ohne Vermittlung einer Adoptionsvermittlungsstelle durchgeführt wird, spricht man oft auch von einer sog. 'Privatadoption'. Teilweise wird diese Form der Adoption stark angefeindet und in die Nähe krimineller Machenschaften gerückt. Diese Kritik wird jedoch von staatlicher Seite nicht unbedingt geteilt. So führte die Bundesregierung in der Antwort auf eine große Anfrage aus:

'Selbst die „Privatadoptionen" kommen ganz überwiegend durch die Mitwirkung von in diesen Ländern tätigen kirchlichen Institutionen oder humanitären Hilfswerken zustande bzw. durch einzelne, sie unterstützende Personen. Hier besteht die generelle Einschätzung, dass es allen Beteiligten um das Wohl einzelner elternloser Kinder geht, die bei den nicht vorhandenen sozialen Infrastrukturen in diesen Ländern wenig Chancen für eine gedeihliche Entwicklung haben. Es erscheint wichtig, dies vorab zu betonen, nicht zuletzt im Interesse der vielen betroffenen Familien, die von einer einseitig informierten Öffentlichkeit zu Unrecht stigmatisiert werden können.'[9]

Problematisch ist die Privatadoption dann, wenn die Adoption undurchsichtig ist, oder Anwälte und sogenannte Facilitatoren die schnelle Lösung gegen Geldzahlung versprechen. Adoptivkinder wollen später über den Ablauf und die Gründe für die Adoption so viel wie möglich erfahren. Wenn die Adoptiveltern aber über die Hintergründe der Adoption nichts sagen können, da sie selbst nichts darüber wissen oder weil sie in illegale Handlungen verstrickt worden sind, kann dies später zu großen Problemen zwischen Eltern und Kindern führen.

Scheitern Privatadoptionen häufiger als Adoptionen über eine Vermittlungsstelle?

Es gibt keine verlässliche Daten, ob Adoptionen, die ohne eine anerkannte Vermittlungsstelle durchgeführt werden, häufiger scheitern.

Verschiedentlich wird angeführt, Adoptionsbewerber würden oftmals nach dem ersten Gespräch bei einer Adoptionsvermittlungsstelle von ihrem Adoptionswunsch Abstand nehmen[10].

Der evangelische Verein berichtet etwa, dass von 300 konkreten Anfragen, die 1995 gestellt wurden, nach ersten Informationen bzw. Gesprächen mit den Kontakteltern sich dann nur 30 ernsthaft interessierte Paare an den Fachdienst wandten.

Dies ist allerdings kein Beleg dafür, dass die Paare, die sich nicht an den Fachdienst gewandt haben, nun endgültig vom Thema Auslandsadoption verabschiedet haben. Es ist nicht anzunehmen, dass ohne das Gespräch bei der Vermittlungsstelle alle dreihundert Interessierten ein Kind adoptiert hätten.

Dass sich viele Bewerber nach dem ersten Beratungsgespräch gegen eine weitere Zusammenarbeit mit der Adoptionsvermittlungsstelle entscheiden, kann auch damit zu tun haben, dass die Arbeit des Vermittlungsdienstes als ungenügend empfunden wird.

Viele Adoptionsbewerber nehmen nach dem ersten Gespräch nicht Abstand vom ursprünglichen Adoptionswunsch, sondern lediglich Abstand von dieser Adoptionsvermittlungsstelle. Untersuchungen darüber, wie viele nach dem Gespräch ihren Adoptionswunsch über eine andere Vermittlungsstelle oder über eine Privatadoption verwirklichen, gibt es nicht. Es wird auch argumentiert, die Verhältnisse in der Schweiz würden dafür sprechen, dass Adoptionen, die über anerkannte Adoptionsvermittlungsstellen durchgeführt werden, weniger oft scheitern als Privatadoptionen[10].

In der Schweiz erfolgten ca. 90 % der Auslandsadoptionen über den Weg der Privatadoption. Nach einer Untersuchung aus dem Jahr 1991 liegt die Zahl der gescheiterten Adoptionen in der Schweiz bei ungefähr 10 %[11].

In der Untersuchung waren über mehrere Jahre hinweg 57 gescheiterte Adoptionen ermittelt worden.

Es gibt keine zuverlässigen Untersuchungen über die Häufigkeit gescheiterter Privatadoptionen

Es ist allerdings fraglich, ob diese Zahlen tatsächlich für einen Vergleich herangezogen werden können. Dies liegt schon daran, dass die Zahl der untersuchten Adoptionen viel zu gering ist, um daraus allgemeine Feststellungen ableiten zu können.

Nach Schweizer Recht müssen alle im Ausland adoptierten Kinder in der Schweiz nachadoptiert werden. Bis dahin gelten sie als Pflegekinder.

Der Schweizerische Entwurf zum Bundesbeschluss betreffend der Genehmigung des Haager Übereinkommens v. 19.5.1999 führt aus: ´ *Bekannt sind einerseits die pro Jahr erteilten Einreisebewilligungen für Pflegekinder, andererseits die pro Jahr ausgesprochenen Adoptionen. Die Zahl der Einreisebewilligungen liegt beachtlich über der Zahl der Adoptionen, doch sind hierfür verschiedene Erklärungen möglich. In der Literatur wird geschätzt, dass zwischen 1 und 3 Prozent aller Adoptionen scheitern.´*

Der schweizerische Entwurf geht also von 1 bis 3 Prozent gescheiterter Adoptionen aus. Legt man diese Zahlen zugrunde, ist der Prozentsatz der gescheiterten Auslandsadoptionen in der Schweiz genau so hoch wie in Deutschland. Es zeigt sich deshalb auch in Ländern mit einem hohen Anteil an Privatadoptionen kein höherer Anteil an gescheiterten Adoptionen.

Adoption über eine Vermittlungsstelle

Entschließen sich die Bewerber, die Adoption mit einer Vermittlungsstelle durchzuführen, so müssen sie sich an eine Stelle wenden, die hierfür die staatliche Zulassung besitzt.

Zugelassen sind:

- die zentralen Adoptionsvermittlungsstellen der Landesjugendämter
- anerkannte Auslandsadoptionsstellen in freier Trägerschaft
- das örtliche Jugendamt, wenn ihm vom zuständigen Landesjugendamt die Adoptionsvermittlung gestattet worden ist

Die zentralen Adoptionsvermittlungsstellen der Landesjugendämter

➤ **Hamburg, Schleswig-Holstein, Niedersachsen und Bremen:**
Gemeinsame Zentrale Adoptionsstelle (GZA)
Feuerbergstraße 43 B, 22337 Hamburg
Telefon: 040-42841-2204

➤ **Nordrhein-Westfalen:**
Landschaftsverband Westfalen-Lippe
Landesjugendamt, Zentrale Adoptionsstelle
Warendorfer Straße 25
48133 Münster
Telefon: 0251-591-01
sowie
Landschaftsverband Rheinland
Landesjugendamt, Zentrale Adoptionsstelle,
Kennedy-Ufer 2
50679 Köln
Telefon 0221-809-0

➤ **Rheinland-Pfalz:**
Landesamt für Jugend und Soziales,
Landesjugendamt, Zentrale Adoptionsstelle
Rheinallee 97 - 101
55118 Mainz
Telefon 06131-967-368, -378 und -367

➤ **Hessen:**
Landesjugendamt
Zentrale Adoptionsstelle
Wilhelmshöher Allee 157-159
34121 Kassel

Tel. 0561-30850

➤ **Saarland:**
Landesjugendamt
Zentrale Adoptionsstelle
Malstatter Markt 11
66115 Saarbrücken
Telefon 0681-94812-0

➤ **Baden-Württemberg:**
Landeswohlfahrtsverband Württemberg - Hohenzollern
Zentrale Adoptionsstelle
Lindenspürstraße 39
70176 Stuttgart
Telefon 0711-6375-0
sowie
Landeswohlfahrtsverband Baden
Zentrale Adoptionsstelle
Postfach 4109
76026 Karlsruhe
Telefon 0721-8107-0

➤ **Bayern:**
Landesjugendamt
Zentrale Adoptionsstelle
Richelstraße 11
80634 München
Telefon 089-13062-0

➤ **Sachsen:**
Landesjugendamt
Zentrale Adoptionsstelle
Postfach 1048
09120 Chemnitz
Telefon 0371-577-287

➤ **Thüringen:**
Landesjugendamt
Zentrale Adoptionsstelle
Neu-Ulmer-Straße 28
98603 Meiningen
Telefon 03693-41736-39

➤ **Mecklenburg-Vorpommern:**
Landesjugendamt
Zentrale Adoptionsstelle
Neustrelitzer Straße 120 Block E
17033 Neubrandenburg
Telefon 0395-580-2700

➤ **Sachsen-Anhalt:**
Landesjugendamt
Zentrale Adoptionsstelle
Neustädter Passage 15
06122 Halle/Saale
Telefon 0345-6912-462 und -463

➤ **Berlin und Brandenburg:**
Zentrale Adoptionsstelle Berlin-Brandenburg
Schlossplatz 2
16515 Oranienburg
Telefon 03301-5983-50 und -44
Fax 03301-703948

Anerkannte Adoptionsvermittlungsstellen in freier Trägerschaft

➤ **AdA Adoptionsberatung e. V.**
Kapuzinerstr. 25a, 80337 München
Tel.: 089/26949761
Fax: 089/26949759
e-Mail: muellers-stein@t-online.de

➤ **Children and Parents e. V.**
Alt-Haarener-Str. 147, 52080 Aachen
Tel.: 0241/1691439
Fax: 0241/9609202
e-Mail: cap-msc@onlinehome.de
Internet: www.children-and-parents.de

➤ **Deutscher Verein für öffentliche und private Fürsorge**
Am Stockborn 1 - 3, 60439 Frankfurt
Tel.: 069/95807-02
Fax: 069/95807-465

e-Mail: ISSGER@t-online.de
Internet: www.iss-ssi.org

➤ **Eltern für Kinder e. V.**
Burgsdorfstr. 1, 13353 Berlin
Tel.: 030/46507571
Fax: 030/4614520
e-Mail: efk-berlin@t-online.de
Internet: www.eltern-fuer-kinder-ev.de

➤ **Eltern-Kind-Brücke e. V.**
Wormser Str. 13 a, 69123 Heidelberg
Tel.: 06221/833148
Fax: 06221/833138
e-Mail: ekb-hd@t-online.de
Internet: www.ekb-pcb.de

➤ **Evangelischer Verein für Adoptions- und Pflegekinder-vermittlung Rheinland**
Einbrungerstr. 82, 40489 Düsseldorf
Tel.: 0211/4087950
Fax: 0211/40879526
e-Mail: evap@ekir.de
Internet: www.ekir.de/adoption

➤ **Global Adoption Germany**
Adalbert Stifter Straße 22, 65375 Oestrich – Winkel
Tel: 06723/998292
Fax: 06723/998257
E- Mail: info@globaladoptiongermany.org
Internet: www.auslandsadoption.de

➤ **International Child's Care Organisation e. V. (ICCO)**
Postfach 302767
20309 Hamburg
Tel: 040/ 4600760
Fax: 040/ 46007666
e-Mail: hamburg@icco.de
Internet: www.icco.de

➤ **Pro Infante**
Bahnstraße 68, 47906 Kempen – St- Hubert

Tel: 02152 – 6489
Fax: 02152 – 80332
E – Mail: proinfante@aol.com
Internet: www.proinfante.de

➤ Sozialdienst katholischer Frauen
Referat Kinder- und Jugendhilfe
- Auslandsadoption -
Agnes-Neuhaus-Str. 5,
44136 Dortmund
Tel.: 0231/557026-0
Fax: 0231/557036-60
e-Mail: SkF-Zentrale@t-online.de

➤ Zentrum für Adoptionen e. V.
Sophienstr. 12, 76530 Baden-Baden
Tel.: 07221/949206
Fax: 07221/949208
e-Mail: zentadopt@zentadopt.org
Internet: www.zentadopt.org

➤ Zukunft für Kinder e. V.
Benzstr. 6, 68794 Oberhausen-Rheinhausen
Tel.: 07254/77991-12
Fax: 07254/77991-13
e-Mail: vksorg@t-online.de
Internet: www.zukunftfuerkinder.de

Das örtliche Jugendamt

Zur internationalen Adoptionsvermittlung sind auch Jugendämter berechtigt, wenn sie eine Adoptionsvermittlungsstelle eingerichtet haben und die zentrale Adoptionsstelle des Landesjugendamtes ihnen die Tätigkeit im Verhältnis zu einem oder mehreren bestimmten Staaten allgemein oder im Einzelfall gestattet hat.

Nicht alle Jugendämter sind zur Adoptionsvermittlung berechtigt

Nach dem seit 1.1.2002 geltenden Adoptionsvermittlungsgesetz sind Adoptionsvermittlungsstellen mit mindestens zwei Vollzeitfachkräften oder einer entsprechenden Zahl von Teilzeitfachkräften zu besetzen. (Vom Landesjugendamt können hier Ausnahmen zugelassen werden. Dies kommt dann in Frage, wenn es sich um einen integrierten Adoptions- und Pflegekinderdienst handelt, in dem sich die Fachkräfte fachlich austauschen können. Nach dem Bericht des Rechtsausschusses des Bundestages sind die Vermittlung von Kindern in Pflegefamilien und die Adoptionsvermittlung verwandte Tätigkeiten.

Da die Fachkräfte nicht überwiegend mit vermittlungsfremden Aufgaben betraut werden dürfen, kommt eine Ausnahmeregelung nur in Betracht, wenn die Zahl der Adoptionsvermittlungen mehr als 20 % des gesamten Arbeitspensums beträgt).

Falls ein Jugendamt keine Adoptionsvermittlungsstelle unterhält, hat dies für die Bewerber keine Konsequenzen, da dann in jedem Fall ein anderes Jugendamt hierfür zuständig ist.

Ablauf der Adoption eines Kindes aus einem Vertragsstaat des Haager Übereinkommens

Das Haager Übereinkommen und das Adoptionsübereinkommens – Ausführungsgesetz (AdÜbAG) regeln den Ablauf der Adoption eines Kindes aus einem Vertragsstaat.

Übersicht:

1. Die Adoptionsbewerber wenden sich an eine zugelassene Adoptionsvermittlungsstelle.
2. Die Bewerber werden auf ihre Eignung überprüft.
3. Wenn die Eignung bejaht wird, werden die übersetzten Bewerbungsunterlagen ins Ausland weitergeleitet.
4. Die zuständige Behörde im Ausland verfasst nun einen Bericht über das Kind und leitet ihn nach Deutschland weiter.
5. Die Adoptionsvermittlungsstelle prüft, ob das vorgeschlagene Kind zu den Bewerbern passt. Falls dies bejaht wird, werden die Bewerber aufgefordert, gegenüber dem Jugendamt zu erklären, dass sie den Vorschlag annehmen.
6. Das Adoptionsverfahren wird im Ausland durchgeführt und das Kind wird nach Vorliegen der Zustimmung der Ausländerbehörde nach Deutschland gebracht.

In Ländern des Haager Übereinkommens darf man sich nicht direkt an die Behörden im Ausland wenden

1. Schritt

Zunächst wenden sich die Adoptionsbewerber an eine zugelassene Adoptionsvermittlungsstelle im Staat ihres gewöhnlichen Aufenthaltes, um sich dort beraten zu lassen.

Zugelassene Adoptionsvermittlungsstellen:

- Die zentralen Adoptionsstellen der Landesjugendämter
- Die Adoptionsvermittlungsstellen der Jugendämter, soweit ihnen die internationale Adoptionsvermittlung gestattet ist
- Anerkannte Auslandsvermittlungsstellen freier Träger wie etwa ICCO oder 'Eltern für Kinder'. Diese Träger dürfen nur in solchen Ländern tätig werden, für die sie eine Zulassung haben.

Die Bewerber sollen bei der Bewerbung angeben, aus welchem Staat sie ein Kind annehmen möchten und versichern, dass sie sich nicht bei einer weiteren Stelle um die Vermittlung eines Kindes aus dem Ausland beworben haben. Es ist unzulässig, wenn sich die Adoptionsbewerber direkt in einem Vertragsstaat bewerben.

> **Beispiel:**

Das Ehepaar Metzger möchte in Chile adoptieren. Die Adoptionsvorschriften in Deutschland hält Herr Metzger für eine 'einzige Schikane'. Es falle ihm gar nicht ein, sich an Regeln zu halten, die es nur deshalb gebe, um ihm das Leben zu erschweren. Obwohl das Haager Übereinkommen auch in Chile anwendbar ist, versucht er, entgegen der Vorschriften die Adoption direkt in Chile zu beantragen. Was er im Ausland mache, gehe in Deutschland 'schließlich keinen was an'.

Herr Metzger wird mit diesem Vorgehen keinen Erfolg haben. Das Übereinkommen schreibt ausdrücklich vor, dass sich die Bewerber zuerst im Staat ihres gewöhnlichen Aufenthaltes bewerben müssen. Ein Verstoß führt dazu, dass die Adoption nicht rechtmäßig zustande kommen kann und in Deutschland nicht anerkannt wird.

2. Schritt

Es besteht ein Anspruch auf Überprüfung der Adoptionseignung

Die Adoptionsbewerber werden von der Adoptionsvermittlungsstelle des örtlichen Jugendamtes oder von der Adoptionsvermittlungsstelle eines freien Trägers auf ihre Eignung hin überprüft. Auf die Überprüfung der Eignung haben die Adoptionsbewerber einen Rechtsanspruch. Hält die Adoptionsvermittlungsstelle die allgemeine Eignung der Adoptionsbewerber für gegeben, so verfasst sie über das Ergebnis der Prüfung einen Bericht (§7 Abs. 3 AdVermiG).

Falls die Auslandsvermittlungsstelle eines freien Trägers den Eignungsbericht selbst erstellt, beteiligt sie die örtliche Adoptionsvermittlungsstelle des Jugendamtes. Der Eignungsbericht kann aber auch vom Jugendamt erstellt werden und von dort an die Auslandsvermittlungsstelle übermittelt werden.

In dem Bericht stellt die Adoptionsvermittlungsstelle fest, ob und für welche Kinder die Bewerber geeignet sind.

Der Bericht enthält Angaben zur Person der Adoptionsbewerber, ihre persönlichen und familiären Umstände, ihren Gesundheitsstatus, ihr soziales Umfeld und ihre Beweggründe für die Adoption.

3. Schritt

Ist die Adoptionsvermittlungsstelle überzeugt, dass die Bewerber geeignet sind, leitet sie die übersetzten Bewerbungsunterlagen der zentralen Adoptionsbehörde im Heimatstaat des Kindes zu. Hierzu müssen die Bewerber ihre Einwilligung erteilen.

Auf welche Weise die Übermittlung der Unterlagen geschehen kann, ist im Gesetz nicht definiert.

> **Beispiel:**

Das Ehepaar Huber will ein Kind aus den Philippinen, einem Vertragsstaat des Haager Übereinkommens, adoptieren. Bei dem Gedanken daran, dass der Adoptionseignungsbericht auf dem Postweg nach den Philippinen verloren gehen könnte, bekommen beide schlaflose Nächte. Da sie demnächst selbst die Reise in das Land ihres zukünftigen Kindes antreten werden, bieten sie sich an, den Bericht persönlich bei der zuständigen Stelle abzugeben.

Nach dem Wortlaut des Haager Übereinkommens wird der Bericht 'übermittelt'. Nach dem Adoptionsübereinkommens – Ausführungsgesetz sind die Unterlagen der ausländischen Behörde 'zuzuleiten' und nach dem Adoptionsvermittlungsgesetz wird der Bericht einer von den Adoptionsbewerbern benannten Empfangsstelle 'zugeleitet'.

Die Frage, auf welche Art und Weise die Dokumente ins Ausland übermittelt werden, ist vor allem dann relevant, wenn sich die Adoptionsbewerber anbieten, das Dokument selbst der ausländischen Behörde vorzulegen. Gegen ein solches Vorgehen bestehen keine durchgreifenden rechtlichen Bedenken. Das Gesetz äußert sich nicht darüber, auf welche Weise die Übermittlung des Berichtes erfolgen muss.

4. Schritt

Hat sich die zentrale Behörde im Heimatstaat des Kindes davon überzeugt, dass das Kind adoptiert werden kann, so verfasst sie einen Bericht, der Angaben über die Person des Kindes, über sein soziales Umfeld, seine familiäre Entwicklung, seine Krankheitsgeschichte einschließlich derjenigen seiner Familie sowie über seine besonderen Bedürfnisse enthält. Diese Anforderungen an den Bericht sind in Artikel 16 des Haager Übereinkommens festgelegt. In der Praxis ist leider festzustellen, dass die meisten Berichte diesen Anforderungen nicht genügen.

Nach dem Haager Übereinkommen müssen die zuständigen Behörden im Heimatstaat des Kindes weiterhin festgestellt haben, dass die Auslandsadoption dem Wohl des Kindes dient und dass alle Zustimmungs- und Mitwirkungsrecht der beteiligten Personen, Institutionen und Behörden gewahrt sind. Insbesondere ist sicherzustellen, dass Zustimmungen nicht durch Zahlungen oder andere Gegenleistungen herbeigeführt worden sind. Die Zustimmung der Mutter darf erst nach der Geburt des Kindes erteilt werden.

Die zuständigen Behörden müssen feststellen, dass die Adoption dem Wohl des Kindes dient

5. Schritt

Der Vermittlungsvorschlag der Adoptionsbehörde im Ausland muss von der Adoptionsvermittlungsstelle in Deutschland gebilligt werden. Diese prüft daher unter anderem, ob die Vermittlung dem Wohl des Kindes dient und ob mit der Begründung eines Annahmeverhältnisses im Inland zu rechnen ist.

Billigt die Auslandsvermittlungsstelle den Vermittlungsvorschlag, informiert sie die Bewerber und berät sie. Die Bewerber werden aufgefordert, innerhalb einer bestimmten Frist gegenüber dem Jugendamt zu erklären, dass sie bereit sind, das vorgeschlagene Kind anzunehmen. Aufgrund dieser Erklärung sind die Bewerber verpflichtet, öffentliche Mittel zu erstatten, die vom Zeitpunkt der Einreise des Kindes für die Dauer von sechs Jahren für den Lebensunterhalt des Kindes aufgewendet werden. Es werden allerdings solche Mittel nicht erfasst, die aufgewendet wurden, während sich das Kind rechtmäßig in der Obhut der Adoptionsbewerber befand und auch dann aufzuwenden gewesen wären, wenn zu diesem Zeitpunkt ein Annahmeverhältnis zwischen dem Kind und den Adoptionsbewerbern bestanden hätte.

Annahmeerklärung

Stadt Muster		**Urschrift**	
Sozial- und Jugendbehörde Jugendamt	Datum: 2.09.2002	Beurkundungsregister: Jahr: 2002	Nr: I - 10

Erklärung nach § / Abs. 1 Adoptionsübereinkommens – Ausführungsgesetz - AdÜbAG

Gegenwärtig als Urkundsperson: **Stadtoberamtsrat Schmidt**

Es erscheinen heute

1.

Vorname (n) Familienname/ggf. Geburtsname/Geburtsdatum/Geburtsort		
Susanne Kirschner, geb. Schulz, geb. am 14.2.1969 in Stuttgart		
Beruf **Erzieherin**	Familienstand **verheiratet**	Staatsangehörigkeit **deutsch**
Wohnort (PLZ, Ort Straße, Nr.) **97668 Muster, Schneiderweg 35**		
ausgewiesen durch amtlichen Lichtbildausweis und nach Überzeugung der Urkundsperson geschäftsfähig		

2.

Vorname (n) Familienname/ggf. Geburtsname/Geburtsdatum/Geburtsort		
Klaus Kirschner, geb. am 18.11.1966 in München		
Beruf **Maurer**	Familienstand **verheiratet**	Staatsangehörigkeit **deutsch**
Wohnort (PLZ, Ort Straße, Nr.) **97668 Muster, Schneiderweg 35**		
ausgewiesen durch amtlichen Lichtbildausweis und nach Überzeugung der Urkundsperson geschäftsfähig		

Die Erschienenen wurden zunächst über die Bedeutung und die Rechtsfolgen einer Erklärung nach *§ 7 Abs. 1 Adoptionsübereinkommens – Ausführungsgesetz (AdÜbAG)* ausführlich belehrt, insbesondere über die aus dieser Erklärung folgende Verpflichtung (§ 7 Abs. 2 dieses Gesetzes) zur Erstattung öffentlicher Aufwendungen für das Kind. Die Erschienenen erklären daraufhin Folgendes:

Von der Auslandsvermittlungsstelle

Genaue Bezeichnung und Anschrift der Auslandsvermittlungsstelle
Help for children, Auslandsvermittlungsstelle, Klaus – Schneider – Straße 12, 97669 Muster

wurde uns das Kind

Vorname(n) / Familienname / Geb.-Datum / Wohnort (soweit diese Daten nicht bzw. noch nicht bekannt sein sollten, sind hier die von der Auslandsvermittlungsstelle genannten Identifikationsmerkmale anzugeben)
Ana Paula Pessoa, geb. 02.01.1998 in Sao Paulo, Brasilien, lt. Vermittlungs-Nr. 23/2002

Zur Adoption vorgeschlagen.

Wir erklären hiermit gegenüber dem Jugendamt der Stadtverwaltung Muster bereit, dieses Kind anzunehmen.

Wir beantragen, von dieser Urkunde eine Ausfertigung für das oben genannte Jugendamt sowie eine beglaubigte Abschrift für die oben genannte Auslandsvermittlungsstelle und für uns selbst zu erteilen.

Vorgelesen, genehmigt und unterschrieben:

_____	_____	_____
Unterschrift Erklärender/r Ziff. 1 Name: **Susanne Kirschner**	Unterschrift Erklärender/r Ziff. 2 Name: **Klaus Kirschner**	Unterschrift Erklärender/r Ziff. 3 Name: **Stadtoberamtsrat Schmidt**

Vorabzustimmung

Stadt Muster

Ausländeramt
Steinweinstraße 12, 75847 Muster

Briefanschrift: Stadt Muster 75846 Muster

An die Botschaft der Bundesrepublik
Deutschland
Av. Das Nações
70415-900 Brasília DF

per Fax

Auskunft erteilt: Zimmer:
Herr Ettner   116

Telefon – Durchwahl (06543 – 67464)
Sprechzeiten: Montag bis Freitag 8.30 – 13.00 Uhr

Ihre Zeichen, Ihre Nachricht vom	Bei Antwort bitte angeben	
	Unser Zeichen	Datum
	AA 6 l ki – la	06.9.2002

Einreise des brasilianischen Kindes Ana Paula Pessoa geb. 02.01.1998 in Sao Paulo, Brasilien z.Zt. wohnhaft
Av. de Aouza 165, Brasilia ins Bundesgebiet der Bundesrepublik Deutschland

Sehr geehrte Damen und Herren,

hiermit erteilen wir gem. § 11 Abs. 1 Durchführungsverordnung zum Ausländergesetz

(DVAuslG) die Vorabzustimmung zur Einreise der brasilianischen Staatsangehörigen Ana

Paula Pessoa geb. 02.01.1998 z.Zt. wohnhaft Av. de Aouza 165, Brasilia.

Das Kind wird von den deutschen Staatsangehörigen Klaus und Susanne Kirschner wohnhaft

in Schneiderweg 35, 97668 Muster adoptiert. Die Eheleute haben am 2.8.2002 die Erklärung

nach § 7 Adoptionsübereinkommens – Ausführungsgesetz abgegeben. Danach sind sie

gesamtschuldnerisch verpflichtet, öffentliche Mittel zu erstatten, die vom Zeitpunkt der

Einreise des Kindes an für die Dauer von sechs Jahren für den Lebensunterhalt des Kindes

aufgewandt werden.

Die Ausländerbehörde der Stadt Muster befürwortet nach Prüfung der vorgelegten Unterlagen

die Einreise des Kindes und ersucht die Botschaft für Ana Paula Pessoa ein Visum zur

Einreise in das Bundesgebiet auszustellen.

gez. Walter Aumer
Verwaltungsinspektor

6. Schritt

Nach der Abgabe der Erklärung wird das Adoptionsverfahren im Heimatland des Kindes fortgeführt.

7. Schritt

Die Ausländerbehörde am Wohnort der Adoptionsbewerber erteilt auf Ersuchen der Auslandsvermittlungsstelle die Vorabzustimmung zur Einreise des Kindes.

➤ **Beispiel:**

Den Hubers wird ein 4 - jähriger philippinischer Junge zur Adoption vorgeschlagen. Nachdem sie sich die Sache ein paar Tage überlegt haben und noch einmal das Für und Wider abgewogen haben, entscheiden sie sich für die Adoption dieses Jungen. Sie sind überzeugt, dass dies genau das Kind ist, das zu ihnen passt.

Nachdem sie die Annahmeerklärung in der von der Vermittlungsstelle geforderten öffentlich beurkundeten Form abgegeben haben, führt sie der Weg zum Ausländeramt, wo sie einen Antrag auf Vorabzustimmung zur Einreise des Kindes stellen. Nun sind in Deutschland alle Schritte erledigt. Es geht nun darum, einen Flug auf die Philippinen zu organisieren, um dort die Adoption durchzuführen.

Ablauf der Adoption eines Kindes aus einem Nicht -Vertragsstaat des Haager Übereinkommens

Wird ein Kind aus einem Land adoptiert, das kein Vertragsstaat des Haager Übereinkommens ist, sind die Bestimmungen des Haager Übereinkommens nicht anzuwenden. Die Adoption richtet sich dann nach den Anforderungen des deutschen Adoptionsvermittlungsgesetzes (AdVermiG).
Das Gesetz wurde zum 1.1.2002 neu gefasst und in zahlreichen Punkten verändert.

Übersicht:

1. Die Adoptionsbewerber wenden sich an ihr Jugendamt oder die zugelassene Adoptionsvermittlungsstelle eines freien Trägers.
2. Die Bewerber werden auf ihre Eignung überprüft. Wenn die Eignung bejaht wird, wird ein Eignungsbericht erstellt und an eine von den Adoptionsbewerbern benannte Stelle weitergeleitet.
3. Die Bewerber arbeiten entweder weiter mit einer anerkannten Adoptionsvermittlungsstelle zusammen oder sie stellen ihre Unterlagen zusammen und betreiben damit selbst die Adoption im Ausland.
4. Wenn die Eltern einen Kindervorschlag aus dem Ausland erhalten haben und sie sich zur Adoption entschlossen haben, wird das Verfahren im Ausland durchgeführt.

5. Nach Zustimmung der Ausländerbehörde kann das Kind nach Deutschland einreisen.

1.Schritt

Die Bewerber wenden sich an ihr Jugendamt oder die Adoptionsvermittlungsstelle eines freien Trägers. Wenn die Adoption über eine Adoptionsvermittlungsstelle vermitelt wird, muss die Stelle hierzu befugt sein. Befugt sind:

- die zentralen Adoptionsstellen der Landesjugendämter
- die Adoptionsvermittlungsstellen der Jugendämter, soweit die zentrale Adoptionsstelle des Landesjugendamtes ihnen diese Tätigkeit im Verhältnis zu einem oder mehreren bestimmten Staaten allgemein oder im Einzelfall gestattet hat.
- anerkannte Adoptionsvermittlungsstellen freier Träger
- ausländische zugelassene Organisationen, soweit die Bundeszentralstelle ihnen diese Tätigkeit im Einzelfall gestattet hat.

2. Schritt

Die Eignung der Bewerber wird von der Adoptionsvermittlungsstelle geprüft. Nehmen die Adoptionsbewerber die Dienste einer anerkannten Adoptionsvermittlungsstelle eines freien Trägers in Anspruch, so kann diese das Jugendamt ersuchen, die Ermittlungen bei den Adoptionsbewerbern durchzuführen. Das Jugendamt ermittelt dann, ob die Bewerber generell für eine internationale Adoption geeignet sind.

Hält die Adoptionsvermittlungsstelle die allgemeine Eignung der Adoptionsbewerber für gegeben, verfasst sie über die Eignung einen Eignungsbericht.

Der Eignungsbericht wird an eine von den Adoptionsbewerbern benannte Stelle weitergeleitet. Dies kann entweder eine zur internationalen Adoptionsvermittlung berechtigte Stelle oder eine zuständige Stelle mit Sitz im Heimatstaat des Kindes sein.

3. Schritt

Die Adoptionsbewerber können entweder selbst ihre Unterlagen zusammenstellen und damit im Ausland die Adoption weiterbetreiben oder sie arbeiten mit einer Adoptionsvermittlungsstelle zusammen.

➤ **Beispiel:**

Das Ehepaar Lehmann möchte ein Kind aus der Ukraine adoptieren. Die Ukraine ist kein Vertragsstaat des Haager Übereinkommens. Die Lehmanns können sich nun direkt mit ihren Unterlagen bei der zuständigen Stelle in Kiew bewerben oder die Adoption über eine Adoptionsvermittlungsstelle betreiben. In Betracht kommen hier die Einrichtungen 'Zukunft für Kinder' und 'Children and Parents'.

4. Schritt

Nachdem die Adoptiveltern einen Vorschlag im Heimatstaat des Kindes erhalten haben und sie sich zur Adoption des vorgeschlagenen Kindes entschlossen haben, wird das Verfahren vor Ort durchgeführt.

5. Schritt
Um nach erfolgter Adoption im Ausland das Kind nach Deutschland bringen zu können, ist die Vorabzustimmung der Ausländerbehörde erforderlich.

Kriminelle Praktiken

Die Mitwirkung an einer gesetzes - oder sittenwidrigen Vermittlung oder die Beauftragung und Belohnung hierfür wird vom Gesetzgeber nicht geduldet. Nach § 1741 BGB kann das Vormundschaftsgericht die Adoption in solchen Fällen ablehnen.

Dennoch setzen sich immer wieder Adoptionsbewerber über eindeutige Verbote hinweg und bringen damit alle anderen Adoptiveltern in Verruf.

Die Unklarheit darüber, was erlaubt und was verboten ist, hat zum einen dazu geführt, dass oftmals alle Adoptiveltern über einen Kamm geschoren werden und pauschal krimineller Praktiken verdächtigt werden.

Zum anderen wird häufig auch rechtlich einwandfreies Verhalten als illegal bezeichnet und kriminalisiert.

Kinderhandel

Sich von Kinderhandel zu distanzieren, fällt vielen Beteiligten am Adoptionsprozess schon deshalb leicht, weil jeder darunter etwas anderes versteht.

Das Anbieten von Kindern im Internet, Geldzahlungen, Privatadoptionen ..., all das wird mitunter als Kinderhandel bezeichnet.Nach Auffassung von terre des hommes ist Kinderhandel die 'Inbesitznahme von Kindern als Adoptivkindern'[12]. Die Definition ist höchst unglücklich gewählt, da es den Besitz an Menschen und damit auch die Inbesitznahme nicht gibt. So definiert der einschlägige Kommentar zum Bürgerlichen Gesetzbuch den Besitz als 'die tatsächliche Herrschaft einer Person über eine Sache'

§236 StGB:
Kinderhandel
ist verboten

[13]. Nur an Sachen kann also ein Besitz bestehen.

Gemeint ist deshalb wohl die Inobhutnahme von Kindern als Adoptivkindern. Wenn jedoch die Inobhutnahme eines Kindes Kinderhandel darstellt, sind sämtliche Adoptionen strafbar. Dann hätte sich auch das Kinderhilfswerk terre des hommes strafbar gemacht, das im Zeitraum 1967 – 1986 immerhin 2.300 Kinder aus dem Ausland nach Deutschland vermittelt hat. Die Definition von terre des hommes ist ein Beispiel für die weitverbreitete Hilflosigkeit im Umgang mit dem Begriff Kinderhandel.

Eine eindeutige Definition findet sich im Strafbesetzbuch, nach dessen §236 StGB der Kinderhandel unter Strafe gestellt ist. Nur wenn der Tatbestand des §236 StGB erfüllt ist, liegt Kinderhandel vor. Ein Verhalten, das nicht den Tatbestand der Vorschrift erfüllt, ist unter Umständen moralisch verwerflich, kann aber nicht als Kinderhandel bezeichnet werden.

Nach Auffassung der Bundesregierung bietet § 236 StGB einen weitreichenden strafrechtlichen Schutz gegen sämtliche Erscheinungsformen des illegalen Kinderhandels[14].

§ 236 StGB:

(1) Wer sein noch nicht vierzehn Jahre altes Kind unter grober Vernachlässigung der Fürsorge- oder Erziehungspflicht einem anderen auf Dauer überlässt und dabei gegen Entgelt oder in der Absicht handelt, sich oder einen Dritten zu bereichern, wird mit Freiheitsstrafe bis zu fünf Jahren oder mit Geldstrafe bestraft. Ebenso wird bestraft, wer in den Fällen des Satzes 1 das Kind auf Dauer bei sich aufnimmt und dafür ein Entgelt gewährt.

(2) Wer unbefugt

1. die Adoption einer Person unter achtzehn Jahren vermittelt oder

2. eine Vermittlungstätigkeit ausübt, die zum Ziel hat, dass ein Dritter eine Person unter achtzehn Jahren auf Dauer bei sich aufnimmt, und dabei gegen Entgelt oder in der Absicht handelt, sich oder einen Dritten zu bereichern, wird mit Freiheitsstrafe bis zu drei Jahren oder mit Geldstrafe bestraft. Bewirkt der Täter in den Fällen des Satzes 1, dass die vermittelte Person in das Inland oder in das Ausland verbracht wird, so ist die Strafe Freiheitsstrafe bis zu fünf Jahren oder Geldstrafe.

(3) Der Versuch ist strafbar.

(4) Auf Freiheitsstrafe von sechs Monaten bis zu zehn Jahren ist zu erkennen, wenn der Täter

1. aus Gewinnsucht, gewerbsmäßig oder als Mitglied einer Bande handelt, die sich zur fortgesetzten Begehung eines Kinderhandels verbunden hat, oder

2. das Kind oder die vermittelte Person durch die Tat in die Gefahr einer erheblichen Schädigung der körperlichen oder seelischen Entwicklung bringt.

(5) In den Fällen des Absatzes 1 kann das Gericht bei Beteiligten und in den Fällen des Absatzes 2 bei Teilnehmern, deren Schuld unter Berücksichtigung des körperlichen oder seelischen Wohls des Kindes oder der vermittelten Person gering ist, die Strafe nach seinem Ermessen mildern (§ 49 Abs. 2) oder von Strafe nach den Absätzen 1 bis 3 absehen.

Höchststrafe für Kinderhandel: 10 Jahre

Nach Absatz 1 der Vorschrift muss ein Kind unter grober Vernachlässigung der Fürsorge- oder Erziehungspflicht einem anderen auf Dauer überlassen worden sein. Der Täter muss dabei die Tat gegen Entgelt begehen oder in der Absicht handeln, sich oder einen Dritten zu bereichern.

Täter sind sowohl die 'Verkäufer' fremder Kinder, als auch die 'Käufer', die das fremde Kind bei sich aufnehmen.

Kennt und billigt der 'Käufer' die Umstände, aus denen sich die Vernachlässigung der Pflichten des 'Verkäufers' ergibt, handelt er vorsätzlich. *'Für die Strafbarkeit der Käuferseite folgen hieraus Probleme: Denn es fallen solche 'Käufer' aus der Strafbarkeit heraus, die in concreto davon ausgehen, dass das Kind ''zu seinem Besten'' nicht nur von den Eltern weggegeben, sondern aus diesem Grunde vom '' Käufer'' bei sich aufgenommen worden ist. Das ist, insbesondere bei verbotenen Kindsannahmen aus Entwicklungsländern nicht selten der Fall, aber auch im Inland möglich, wenn notleidende Kinder in eine wohlwollende Umgebung weggegeben werden.'*[15]

§ 236 Abs. 2 StGB stellt das unbefugte Vermitteln einer Adoption einer Person unter

18 Jahren und das unbefugte Ausüben einer Vermittlungstätigkeit, die zum Ziel hat, dass ein Dritter eine Person unter 18 Jahren auf Dauer bei sich aufnimmt unter Strafe. Zur Adoptionsvermittlung sind nur die im Adoptionsvermittlungsgesetz genannten Stellen befugt. Andere Personen oder Organisationen dürfen weder Adoptionen vermitteln, noch eine solche Vermittlungstätigkeit ausüben. Erforderlich ist, das der Täter die Tat gegen Entgelt begeht oder in der Absicht handelt, sich oder einen anderen zu bereichern. Fehlt es daran, begeht der Täter eine Ordnungswidrigkeit nach § 14 AdVermiG.

Sowohl bei den Taten nach Absatz 1 als auch bei denen nach Absatz 2 ist der Versuch strafbar.
Kinderhandel wird in schweren Fällen mit einer Freiheitsstrafe bis zu 10 Jahren geahndet.

Ersatzmuttervermittlung

Nach § 13 a Adoptionsvermittlungsgesetz ist eine Ersatzmutter *´eine Frau, die aufgrund einer Vereinbarung bereit ist,*
1. sich einer künstlichen oder natürlichen Befruchtung zu unterziehen oder
2. einen nicht von ihr stammenden Embryo auf sich übertragen zu lassen oder sonst auszutragen
und das Kind nach der Geburt Dritten zur Annahme als Kind oder zur sonstigen Aufnahme auf Dauer zu überlassen.´

Die Ersatzmuttervermittlung, also das Zusammenführen der sogenannten Bestelleltern und der Frau, die zur Übernahme der Ersatzmutterschaft bereit ist, ist verboten. Wer entgegen dem Verbot eine Ersatzmuttervermittlung betreibt, wird mit Freiheitsstrafe bis zu drei Jahren bestraft.
Die Ersatzmutter und die Bestelleltern werden nicht bestraft (§14 b AdVermiG).

Unbefugte Adoptionsvermittlung

§1 Adoptionsvermittlungsgesetz

Zur Adoptions-vermittlung sind nur zugelassene Stellen berechtigt

Adoptionsvermittlung ist das Zusammenführen von Kindern unter achtzehn Jahren und Personen, die ein Kind annehmen wollen (Adoptionsbewerber), mit dem Ziel der Annahme als Kind. Adoptionsvermittlung ist auch der Nachweis der Gelegenheit, ein Kind anzunehmen oder annehmen zu lassen, und zwar auch dann, wenn das Kind noch nicht geboren ist oder noch nicht gezeugt ist.

Zur Adoptionsvermittlung sind nur die im Adoptionsvermittlungsgesetz näher bezeichneten Stellen befugt. Allen anderen ist die Adoptionsvermittlung untersagt.

Das Vermittlungsverbot erfasst auch die Fälle, in denen ein Kind vor seiner Geburt vermittelt wird.

Vom Verbot der Vermittlungstätigkeit bestehen nach dem Adoptionsvermittlungsgesetz einige Ausnahmen:

§5 Abs. 2 Adoptionsvermittlungsgesetz

> Das Vermittlungsverbot gilt nicht
> 1. für Personen, die mit dem Adoptionsbewerber oder dem Kind bis zum dritten Grad verwandt oder verschwägert sind;
> 2. für andere Personen, die im Einzelfall und unentgeltlich die Gelegenheit nachweisen, ein Kind anzunehmen oder annehmen zu lassen, sofern sie eine Adoptionsvermittlungsstelle oder ein Jugendamt hiervon unverzüglich benachrichtigen.

Es ist auch verboten, Vermittlungstätigkeiten auszuüben, die zum Ziel haben, dass ein Dritter ein Kind auf Dauer bei sich aufnimmt, etwa dadurch, dass wahrheitswidrig eine Vaterschaft anerkannt wird.

Mit Freiheitsstrafen bis zu zehn Jahren kann eine unbefugte Adoptionsvermittlung, bzw. die Ausübung einer Vermittlungstätigkeit bestraft werden, wenn der Täter die Voraussetzungen des §236 StGB erfüllt.

Fälschung von Unterlagen

In manchen Ländern zeigen sich Beamte bereit, gegen die Zahlung eines Geldbetrages falsche Urkunden auszustellen oder Urkunden zu verfälschen.

Der Gebrauch einer solchen Urkunde ist strafbar nach §267 StGB und kann mit Freiheitsstrafe bestraft werden.

Der Gebrauch einer gefälschten Urkunde ist strafbar

Bedenkliche Praktiken

Der Grundsatz, ´was nicht verboten ist, ist erlaubt`, findet natürlich auch im Adoptionsverfahren seine Anwendung. Nicht alles was erlaubt ist, ist aber zugleich unbedenklich. Es gibt zahlreiche Verhaltensweisen, die zwar nicht ausdrücklich verboten sind, von denen der Adoptionsbewerber aber dennoch Abstand nehmen sollte. Eine Adoption ist eine sensible Angelegenheit. Es geht hier nicht um die Beschaffung irgendeines Gutes, sondern um die Aufnahme eines Menschen, der nach der Adoption das Kind seiner Adoptiveltern sein wird. Dieser Mensch wird sich später regelmäßig von der Adoption erzählen lassen, er wird sehr kritisch nachfragen und hinterfragen und manches auch verurteilen. Vermeintlich raffinierte Gesetzesumgehungen werden dem Kind später oft nicht plausibel zu erklären sein und auch bei den Eltern ein schlechtes Gefühl hinterlassen, welches die Eltern – Kind Beziehung ernsthaft gefährden kann.

Wahrheitswidrige Vaterschaftsanerkennung

Manche Adoptionswillige kommen auf den Gedanken, das Adoptionsverfahren zu umgehen, indem wahrheitswidrig die Vaterschaft eines ausländischen Kindes anerkannt wird. Erteilt die leibliche Mutter des Kindes die Zustimmung hierzu, besteht von Seiten der deutschen Behörden keine Möglichkeit, die Wahrheitswidrigkeit der Vaterschaft nachzuweisen, selbst wenn eine solche (etwa bei einem schwarzen Kind) auf der Hand liegt.

Nach § 4 I S.2 RuStAG hat das Kind nach seinem nichtehelichen Vater dann die deutsche Staatsangehörigkeit erworben, wenn die Vaterschaft nach deutschen Gesetzen wirksam festgestellt ist und das Feststellungsverfahren eingeleitet wird, ehe das Kind das 23. Lebensjahr vollendet hat.

Die Feststellung der Vaterschaft erfolgt durch Anerkennung oder durch gerichtliche Feststellung. Für die Anerkennung ist die Zustimmung der Mutter erforderlich.

Von den deutschen 'Vätern' wird allerdings häufig nicht bedacht, dass nach §23 I Nr.3 AuslG ein Nachzugsrecht für das ausländische Elternteil besteht, wenn er zur Ausübung der Personensorge für sein deutsches Kind den Aufenthalt im Bundesgebiet beantragt. Die Aufenthaltserlaubnis kann versagt werden, wenn gem. §§23 III, 17 V AuslG ein Ausweisungsgrund nach §46,47 AuslG vorliegt.

Liegt ein Versagungsgrund nicht vor, ist die Aufenthaltserlaubnis zu erteilen. Darüber hinaus hat die Kindesmutter nach § 1615 I Anspruch auf Unterhalt gegen den 'Vater' des Kindes bis zu drei Jahren nach der Geburt. Wäre es grob unbillig, einen Unterhaltsanspruch nach Ablauf dieser Frist zu versagen, so besteht auch nach den drei Jahren ein Anspruch auf Unterhalt.

Die Zahl wahrheitswidriger Vaterschaftsanerkennungen hat sich drastisch erhöht

Wahrheitswidrige Vaterschaftsanerkennungen haben sich seit der Reform des Kindschaftsrechts drastisch erhöht. Verantwortlich hierfür sind nicht kinderlose Ehepaare auf der Suche nach einem Kind, sondern von der Abschiebung bedrohte Ausländer auf der Suche nach Abschiebeschutz.

Da über die Anerkennung der Vaterschaft eine Aufenthaltserlaubnis erreicht werden kann, wird so versucht, den Aufenthalt in Deutschland zu sichern.

Der Gesetzgeber ging bei Abfassung des Gesetzes noch davon aus, dass wegen drohender Unterhaltszahlungen niemand so unvernünftig sein werde, die Vaterschaft eines Kindes wahrheitswidrig anzuerkennen. Man dachte allerdings nicht an mittellose Ausländer, bei denen kein Unterhalt zu holen ist und die sich so einen Aufenthaltsstatus sichern wollen. Da das Problem mittlerweile auch in der Presse erörtert wird[16], ist damit zu rechnen, dass eine Gesetzesänderung die Schlupflöcher im Gesetz stopfen wird.

Abgesehen von der rechtlichen Seite, ist es aber auch im Hinblick auf die Identitätsfindung des Kindes höchst problematisch, wenn seine Aufnahme in die Familie durch eine bewusst wahrheitswidrige Aussage herbeigeführt worden ist. Die Annahme eines Kindes sollte nicht auf einer Lüge basieren.

Adoption ohne Reise ins Ausland

Die Reise ins Ausland, um dort die Adoption des Kindes zu betreiben, ist eine meist recht beschwerliche und teure Angelegenheit. Dennoch sollten die Adoptionsbewerber nicht versuchen, sich diesen Mühen zu entziehen. Nur bei einer Reise in das Herkunftsland des Kindes kann man sich einen Überblick über die Verhältnisse verschaffen und sie dem Kind später erklären. Die Adoptionsvermittlungsstellen verlangen deshalb heute zu Recht, dass das Kind abgeholt wird, und gemäß dem Haager Übereinkommen begleitet wird[17].

Es ist auch zu raten, bereits vor der Adoption des Kindes einmal ins Adoptionsland zu reisen, um sich dort mit den Menschen und deren Lebensbedingungen vertraut zu machen.

Angebote unseriöser Organisationen oder Personen, die anbieten, das Kind nach Deutschland zu bringen, um den Eltern die Strapazen der Reise abzunehmen, sollten deshalb in jedem Fall abgelehnt werden.

Etwas anderes gilt natürlich bei Vermittlungen seriöser Organisationen, wenn es die Verhältnisse vor Ort (Bürgerkriege etc.) nicht zulassen, das Kind persönlich abzuholen. Aktuelles Beispiel für ein Land, das nur unter Gefahren bereist werden kann, ist Haiti, für das das Auswärtige Amt eine eindringliche Reisewarnung erlassen hat.

Nach Möglichkeit sollte man bereits vor der Adoption einmal das Herkunftsland des Kindes bereist haben

Adoptionsfreigabe wegen Armut

Viele Kinder, die im Ausland zur Adoption freigegeben werden, kommen aus Heimen. Oft sind die Eltern unbekannt oder haben sich schon seit langem nicht mehr um das Kind gekümmert. In diesen Fällen ist es bei Fehlen inländischer Adoptionsmöglichkeiten meist völlig klar, dass die Adoption des Kindes den einzigen Weg bietet, ihm ein Aufwachsen in einer Familie zu ermöglichen.

Etwas anderes gilt unter Umständen dann, wenn eine Familie oder eine Mutter das Kind zur Adoption freigegeben hat, weil sie aus materiellen Gründen nicht in der Lage war, für das Kind zu sorgen. Armut ist oft ein wesentlicher Faktor bei der Adoptionsfreigabe - das gilt für Inlandsadoptionen wie für Auslandsadoptionen. Es sollte jedoch nicht der alleinige Faktor sein. Wer vor Ort erkennt, dass die Mutter das Kind liebend gerne selbst erzogen hätte, ihr aber 30 EUR pro Monat hierfür fehlen, sollte sich gründlich überlegen, ob er die Adoption tatsächlich weiter betreiben will.

Bei dieser und bei allen sonstigen Konstellationen, bei denen die zukünftigen Adoptiveltern ein ungutes Gefühl beschleicht, sollte man erwägen, die Adoption abzubrechen.

Dies gilt auch dann, wenn der Adoptionsprozess schon weit fortgeschritten ist und es dann besonders schwer fällt, einen Rückzieher zu machen. Die Unterlagen wurden in einem langwierigen Prozess zusammengestellt, die Ungewissheit, ob es mit der Adoption überhaupt klappt, wurde überstanden, das Kind wurde vielleicht schon gesehen ... und jetzt sollen die Eltern die Adoption abbrechen?

Wenn das Gefühl überwiegt, dass die Adoption so nicht in Ordnung ist, dass Praktiken angewendet werden, die das Paar nicht billigt und die Voraussetzungen, von denen die Bewerber ausgegangen sind, nicht vorliegen, kommt unter Umständen tatsächlich nur der schmerzhafte Schritt des Abbruchs der Adoption in Betracht. Jede Adoption sollte ein Gefühl hinterlassen, dass sich die Adoptiveltern auch nach Jahren noch sicher sind, die richtige Entscheidung für das Kind getroffen zu haben. Nur ein gutes Gefühl ist eine solide Basis für eine spätere gute Beziehung zum Kind.

Kosten der Adoption

Die Kosten der Adoption hängen von vielen Kriterien ab:

- welche Adoptionsvermittlungsstelle wird gewählt? Die einzelnen Vermittlungsstellen unterscheiden sich teils deutlich hinsichtlich ihrer Kosten.

Die Kosten der Adoption hängen von vielen Faktoren ab

- Welche Leistungen der Adoptionsvermittlungsstelle werden in Anspruch genommen? Wird etwa auch ein Adoptionseignungsbericht erstellt, fallen natürlich zusätzliche Kosten an.
- Aus welchem Land wird adoptiert? Hier spielt unter anderem der jeweilige Umrechnungskurs des Euro eine Rolle.
- Privatadoption oder Adoption über eine anerkannte Vermittlungsstelle? Bei der Privatadoption fallen die Gebühren der Adoptionsvermittlungsstelle nicht an. Dennoch ist oftmals der Unterschied in der Höhe der Gesamtkosten weniger deutlich als angenommen. Dies liegt daran, dass in vielen Fällen ein ausländischer Rechtsanwalt für das Verfahren herangezogen und bezahlt werden muss. Auch Gebühren für Übersetzungen, Beglaubigungen und Gerichtsverfahren fallen bei beiden Verfahrensarten an.

Folgende Kosten können im Adoptionsverfahren anfallen:

- Kosten für Bewerberseminare der Adoptionsvermittlungsstelle
- Kosten für Bewerbergespräche mit der Fachkraft der Vermittlungsstelle
- Kosten für die Adoptionsvermittlung
- Kosten für die vorzulegenden Unterlagen
- Kosten für Beglaubigungen, Überbeglaubigungen und Übersetzungen
- Kosten für Behörden im Heimatland des Kindes (Gerichtsgebühren, Passamt etc.)
- Kosten für einen Dolmetscher im Heimatland des Kindes
- Kosten für Flüge, Hotel, Lebenshaltung
- Kosten für Krankenbehandlungen des Kindes

Meist kommt hier schnell ein Betrag von mehr als 10.000 EUR zusammen.

In jedem Fall sollte bei der Adoptionsvermittlungsstelle immer genau nachgefragt werden, welche Kosten zusätzlich zur regulären Vermittlungsgebühr anfallen.

- Sind Übersetzungskosten enthalten?
- Sind sämtliche Kosten für die ausländischen Behörden enthalten?
- Mit welchen zusätzlichen Kosten muss gerechnet werden?

Eine gute Vermittlungsstelle zeichnet sich unter anderem dadurch aus, dass sie Kosten absolut transparent macht und sich bemüht, die Belastungen für die Bewerber gering zu halten. Diese können durchaus erwarten, dass Ihnen die Vermittlungsstelle bei der Suche nach günstigen Flügen und Hotels behilflich ist. Darüber hinaus sollte sich jede Vermittlungsstelle bemühen, Übersetzungskosten dadurch gering zu halten, indem mit einzelnen Übersetzern spezielle Tarife abgeschlossen werden.

Soweit von der Vermittlungsstelle im Ausland ein Rechtsanwalt mit der Durchführung des Verfahrens beauftragt wird, sollten sich auch hier die Kosten in Grenzen halten. Leider ist hier manchmal festzustellen, dass Gebühren bezahlt werden, die zwar den üblichen Gebühren in Deutschland, aber keineswegs denen vor Ort im Ausland entsprechen.

Für die Eignungsüberprüfung oder die internationale Adoptionsvermittlung durch staatliche Adoptionsvermittlungsstellen können nach einer - bislang nicht erlassenen- Rechtsverordnung gemäß § 9c Abs. 2 AdVermiG Gebühren sowie Auslagen für die Beschaffung von Urkunden, für Übersetzungen und für die Vergütung von Sachverständigen erhoben werden. Die Gebühren für den einzelnen Vermittlungsfall dürfen 2000 Euro nicht überschreiten.

Die Bundeszentralstelle für Auslandsadoptionen kann nach der JVKostO Gebühren erheben für:

- die Mitwirkung bei Übermittlungen an die zentrale Behörde des Heimatstaates (10 – 150 EUR). Die Gebühr wird im Adoptionsverfahren nur einmal erhoben.
- die Bestätigung nach § 9 des Adoptionsübereinkommens – Ausführungsgesetzes (40 – 100 EUR)
- die Bescheinigungen nach § 7 Abs. 4 des Adoptionsvermittlungsgesetzes (40 – 100 EUR)

Die freien Adoptionsvermittlungsstellen

Die Adoptionsvermittlungsstellen freier Träger haben sich alle auf bestimmte Länder spezialisiert. Es ist deshalb sinnvoll, bereits im Vorfeld zu überlegen, aus welchem Land das Kind kommen soll.

Viele Adoptionsbewerber haben aufgrund vorangegangener Auslandsreisen Präferenzen oder können sich aus anderen Gründen nur die Adoption eines Kindes aus einem bestimmten Land oder einer bestimmten Region vorstellen. Es macht dann wenig Sinn, sich bei allen Adoptionsvermittlungsstellen zu bewerben. Vielmehr sollte man sich auf die Stellen konzentrieren, die Kinder aus der gewünschten Region vermitteln.

AdA Adoptionsberatung

*AdA Adoptions-
beratung*

Seit März 1994 vertritt AdA (Asesoría de Adopciones) deutsche Adoptionsbewerber bei der Adoption in Kolumbien. Seit April 1997 erfolgen Adoptionen aus Vietnam. Die Anerkennung als staatlich anerkannte Adoptionsvermittlungsstelle erfolgte im April 1999.

Anschrift
Die Anschrift des Vereins ist:

in München:
AdA Adoptionsberatung
Kapuzinerstr. 25 A
80337 München
Telefon: 0049 / 89 / 269 49 761
Telefax: 0049 / 89 / 269 49 759
e-mail: muenchen@ada-adoption.de
Internet: http://www.ada-adoption.de

in Eschborn:
AdA Adoptionsberatung
Berliner Str. 31-35
65760 Eschborn
Telefon: 0049 / 6196 / 776 930
Telefax: 0049 / 6196 / 776 931
e-mail: eschborn@ada-adoption.de
Internet: http://www.ada-adoption.de

Vermittlung in den Ländern
- Kolumbien
- Vietnam
- Tschechien

Auswahlkriterien
- Gesucht werden Bewerber, die ein verlassenes und dadurch tief verletztes Kind unabhängig von seiner Herkunft, seiner individuellen Geschichte, seiner Hautfarbe, seines Alters und seines Geschlechts annehmen und ihm ein liebevolles, sicheres und vorurteilsfreies Zuhause geben. Es wird erwartet, dass Bewerber offen sind für jede Hautfarbe und die Altersvorgaben akzeptieren (Kinder zwischen 0 und 3 Jahren werden an Bewerber zwischen 25 und 35 vermittelt)

Ablauf des Verfahrens
1. Bewerber erhalten ein Schreiben. Wenn sie sich anschließend für eine Vermittlung über den Verein interessieren, wird ein Termin für ein ausführliches Beratungsgespräch vereinbart.
2. Nach Annahme der Bewerbung wird ein Tagesseminar (nie mehr als sieben Paare) angeboten, das der Vorbereitung und nicht der Eignungsüberprüfung dienen soll.

Das Seminar wird durch externe, von AdA beauftragte Fachleute durchgeführt.

3. Nach den Angaben von AdA dauert die Wartezeit bis zu einem Kindervorschlag zwischen eineinhalb Jahren und zwei Jahren.

Children and Parents

'Children and Parents` wurde im Oktober 2000 gegründet.

Anschrift
Die Anschrift des Vereins ist:

> **Children and Parents**
> Alt – Haarener Straße 147
> 52080 Aachen
> Telefon: (0241) 1691439
> Telefax: (0241) 9609202
> E-Mail: cap-msc@onlinehome.de
> Internet: http://www.children-and-parents.de

Vermittlung in den Ländern
- Rumänien
- Ukraine
- Bulgarien

Auswahlkriterien
1 Die Bewerber unterstützen beide uneingeschränkt den Adoptionsantrag.
2. Die Bewerber haben ihren Wohnsitz in Deutschland.
3. Die Bewerber leben in einer gefestigten Beziehung (mindestens 3 Jahre verheiratet; Ausnahmen sind in begründeten Fällen möglich).
4. Die Bewerber müssen gesundheitlich in der Lage sein, ein/mehrere Adoptivkind/er zu erziehen.
5. Die Bewerber müssen dem Adoptivkind ein räumlich und finanziell sicheres Zuhause bieten können.
6. Der Altersabstand zwischen dem adoptierten Kind sollte nicht größer als 35 Jahre zur Mutter und 40 Jahre zum Vater sein. (Ausnahmen sind unter bestimmten Voraussetzungen möglich.)

Deutscher Verein für öffentliche und private Fürsorge

Der Deutsche Verein für öffentliche und private Fürsorge (früher: Internationaler Sozialdienst, Deutscher Zweig) erhielt mit Bescheid vom 28.2.2002 die besondere Zulassung zur internationalen Adoptionsvermittlung. Der Deutsche Verein ist eine Koordinationsstelle für alle Entwicklungen im Bereich der Sozialpolitik. Aus der Vermittlung von Kindern an Bewerber, die mit dem Kind nicht verwandt sind, hat sich der Deutsche Verein weitestgehend zurückgezogen (aus Thailand seit 1989, aus Rumänien seit 2002). Nach Indien verfügt der Verein weiter über gute Kontakte. Eine Vermittlung erfolgt jedoch nur bei Kindern, die in Indien nicht vermittelbar sind (ältere Kinder, kranke oder behinderte Kinder und Geschwister, die nur gemeinsam adoptiert werden dürfen.

Eine Zusammenarbeit erfolgt mit dem Kinderheim
Holy Cross Social Service Centre
34-5 Dr. Mukherjee Nagar (West)
Delhi 110 009
please e-mail: Hcssc@vsnl.com
Internet: http://mac.aes.ac.in/aeshs/hcssc/body.html
Tel: (91) 11-7418765
Fax: (91) 11-7141736

Anschrift
Die Anschrift des Vereins ist:

> **Deutscher Verein für öffentliche und private Fürsorge**
> Am Stockborn 1-3
> 60439 Frankfurt am Main
> e-mail: info@deutscher-verein.de
> Internet: http://www.deutscher-verein.de

Vermittlung in den Ländern
- Indien

Eltern für Kinder

Eltern für Kinder

'Eltern für Kinder` wurde 1987 von ehemaligen Mitgliedern von Terre des Hommes gegründet, nachdem sich diese Organisation aus der internationalen Adoptionsvermittlung zurückgezogen hatte.

Anschrift
Die Anschrift des Vereins ist:

> **Eltern für Kinder e.V.**
> Burgsdorfstraße 1
> 13353 Berlin (Wedding)
> Telefon: (0 30) 46 50 75 71
> Telefax: (0 30) 4 61 45 20

E-Mail: efk-berlin@t-online.de
Internet: http://www.eltern-fuer-kinder-berlin.de

Vermittlung in den Ländern

- Brasilien
- Haiti
- Peru
- Thailand
- Kasachstan
- Sri Lanka

Auswahlkriterien

- 'Beide Eltern sollten zwischen 25 und 45 Jahren alt und mindestens zwei Jahre verheiratet sein.
- Der Altersabstand zwischen Kind und älterem Partner sollte, bei der Ankunft des Kindes, möglichst nicht mehr als 40 Jahre betragen. Bewerber über 38 Jahre können grundsätzlich nicht mehr mit der Vermittlung eines Säuglings oder Kleinkindes rechnen
- Vermittelt wird in der Regel nur an verheiratete Bewerber: Eine Ausnahme besteht für Brasilien und Peru bei der Vermittlung älterer Kinder an alleinstehende Bewerberinnen
- Eine gewisse Stabilität im Berufsleben und in den Einkommensverhältnissen der Familie muss gesichert sein
- Die Wohnsituation sollte nicht nur ausreichend, sondern auch stabil sein, d.h., vom Zeitpunkt der Ankunft des Kindes an sollte kein Umzug zu erwarten sein.
- Bei Ankunft des Kindes sollte ein Elternteil grundsätzlich bereit sein, für mindestens ein Jahr nicht berufstätig zu sein.
- Das zu vermittelnde Adoptivkind sollte das jüngste Kind in der Familie sein. Der Altersabstand zu den Geschwistern soll mindestens ein Jahr und nicht mehr als fünf Jahre betragen.

Ablauf des Verfahrens

1. Wer sich für die Vermittlung eines Kindes durch die Adoptionsvermittlungsstelle Eltern für Kinder interessiert, wendet sich zuerst schriftlich an den Verein.
2. Er erhält von dort die Adresse eines Kontaktelternpaares und zwei ausgefüllte 'Fragebögen zur Person'
3. Die ausgefüllten Fragebögen und ein Schreiben, in dem der Adoptionswunsch begründet wird, werden an den Verein Eltern für Kinder zurückgeschickt.
4. Die Bewerber werden dann zu einem Informationstreffen eingeladen.
5. Die Bewerber werden zu Beratungsgesprächen bei erfahrenen Adoptiveltern, den Beratungseltern geladen.
6. Danach wird von einer der Sozialarbeiterinnen ein Vorentscheid getroffen.
7. Bei positivem Vorentscheid vereinbaren die Bewerber mit einem der von Verein benannten Psychologen oder einer der Psychologinnen einen Termin zur Erstellung

eines Gutachtens.

8. Der Verein fordert vom Jugendamt den Sozialbericht an.

9. Ist die Entscheidung des Vereins positiv, holen die Eltern das Kind in der Regel im Herkunftsland ab.

Eltern – Kind –
Brücke

Eltern – Kind Brücke

Die Eltern – Kind Brücke ist seit dem 1.12.2001 anerkannte Adoptionsvermittlungsstelle.

Anschrift
Die Anschrift des Vereins ist:

Eltern-Kind-Brücke e. V.
Wormser Str. 13 a,
69123 Heidelberg
Telefon: (06221)833148
Telefax: (06221)833138
E-Mail: pcb@diakonie-ekb.de
Internet: http://www.auslandsadoptionsdienst.org.

Vermittlung in den Ländern
- Bulgarien
- Nepal
- Polen
- Thailand

Ablauf des Verfahrens
1. Die Eltern – Kind Brücke verschickt Fragebögen, die von den Adoptionsbewerbern ausgefüllt und zurückgeschickt werden.
2. Die Bewerber werden registriert und zu einem Seminar / Erstgespräch eingeladen.
3. Es folgen 2 – 4 ausführliche Fachgespräche
4. Die Bewerber werden benachrichtigt, ob sie akzeptiert oder abgelehnt werden.
5. Die notwendigen Unterlagen werden zusammengestellt und ins gewählte Land verschickt.
6. Wenn die Adoptionsvermittlungsstelle einen Kindervorschlag erhält, wird dies von der Fachkraft mitgeteilt und besprochen.
7. Wird der Kindervorschlag angenommen, erfolgt die Reise ins Herkunftsland des Kindes

Evangelischer Verein für Adoptions- und Pflegekindervermittlung Rheinland e.V.

Evangelischer Verein

Der Evangelische Verein für Adoptions- und Pflegekindervermittlung Rhein-land e.V. in Düsseldorf - Wittlaer ist seit 1900 in der Adoptionsvermittlung tätig. 1990 schloss sich der Evangelische Fachdienst mit dem Verein 'Kinder unserer Welt' zusammen, der Adoptionen aus Äthiopien vermittelte.

Anschrift
Die Anschrift des Vereins ist:

> **Evangelischer Verein für Adoptions-**
> **und Pflegekindervermittlung Rheinland e.V**
> Einbrunger Straße 82
> 40489 Düsseldorf
> Tel: (0211) 4087950
> E-Mail: evap@ekir.de
> Internet: http://www.ekir.de/adoption/

Vermittlung in den Ländern
- Äthiopien
- Südafrika

Auswahlkriterien
- Zwischen dem Kind und dem älteren Annehmenden soll höchstens ein Altersabstand von 40 Jahren bestehen.
- Die Geschwisterreihenfolge muss eingehalten werden.
- Adoptiv- oder Pflegeeltern müssen ein Kind emotional so annehmen können wie es ist. Nicht Wünsche und die Vorstellung, das Kind entsprechend verändern zu können, sollen die Eltern bestimmen, sondern Offenheit für die mögliche Entwicklung des Kindes.
- Es soll Einfühlungsvermögen in die Lebensbedingungen von sozial benachteiligten Menschen vorhanden sein.
- Verlangt werden Einfühlungsvermögen, Sensibilität und Verständnis für die besonderen individuellen Bedürfnisse und Verhaltensmuster des Kindes.
- Die Adoptiveltern müssen mit der Tatsache, als Adoptivfamilie eine "besondere" Familie zu sein, leben zu können. Die doppelte Elternschaft, ggf. Behinderung, und die Vorgeschichte des Kindes müssen akzeptiert werden können.
- Es muss die Fähigkeit zu Selbstkritik und Reflexion vorhanden sein. Es ist wichtig, dass sich die Adoptivbewerber auch selbst in Frage stellen können, mit anderen offen über Gefühle und Probleme reden können, Beratung annehmen können und vertrauensvoll mit der Vermittlungsstelle zusammenarbeiten können.
- Die Bewerber müssen gut in ein soziales Umfeld integriert sein

- m dem Kind die Integration in seine neue Familie zu erleichtern, ist es förderlich, wenn mindestens ein Elternteil dem Kind in hohem zeitlichem Umfang zur Verfügung steht.

Ablauf des Verfahrens

1. Der Wunsch, ein Kind aus dem Ausland zu adoptieren, sollte kurz schriftlich mitgeteilt werden.

2. Der evangelische Fachdienst beantwortet diese Anfrage schriftlich und verweist zur ersten Beratung an den Verein "Kinder unserer Welt e.V.", der den Bewerbern ein sogenanntes Kontaktelternpaar in räumlicher Nähe zu deren Wohnort nennt. Bei diesen Kontakteltern können interessierte Paare in unverbindlicher Form erste Informationen erhalten und aus dem persönlichen Erleben der Kontakteltern, die selbst ein oder mehrere ausländische Kinder adoptiert haben, erfahren, welche Bedürfnisse diese Kinder haben, in welchen Bereichen sich das Leben als Adoptivfamilie verändert und was alles von Bedeutung sein kann im Hinblick auf die Integration des Kindes. Die Kontakteltern geben auch einen Überblick über das weitere Bewerbungs- und Vermittlungsverfahren, u.a. über die zu erwartenden Kosten. Sie weisen die Bewerber auf die Notwendigkeit hin, die Erstüberprüfung von ihrem örtlich zuständigen Adoptions- oder Pflegekinderdienst durchführen zu lassen, weil diese Stelle zum gegebenen Zeitpunkt einen Sozialbericht über sie erstellen muss. Die Kontakteltern haben nicht die Aufgabe, die Eignung der Bewerberpaare zu beurteilen. Am Ende der Beratungsphase händigen sie interessierten Paaren das Antragsformular des evangelischen Fachdienstes aus.

3. Nach Eingang dieses Antragsformulars und der erforderlichen Unterlagen beim evangelischen Fachdienst werden die Bewerber registriert und erhalten in der Reihenfolge des Eingangsdatums ihren Platz auf der Warteliste.

4. Die Reihenfolge der Adoptionsvermittlung richtet sich jedoch nicht zwingend nach der Reihenfolge der Warteliste. Sie kann aus naheliegenden Gründen nur ein grober Anhalt für die Vermittlungsreihenfolge sein: Die Adoptionsvermittlung orientiert sich grundsätzlich am Wohl des Kindes. Deshalb ergeben sich die Kriterien für die Elternauswahl ausschließlich aus der Perspektive des Kindeswohles. Nur wenn keine besonderen Bedürfnisse des Kindes bekannt sind und somit mehrere Bewerberpaare als geeignete Adoptiveltern in Frage kommen, erfolgt die Vermittlung der Reihe nach. Dies ist in der Regel bei den jüngeren Kindern der Fall.

5. Nachdem alle Bewerbungsunterlagen vorliegen, finden mehrere Beratungsgespräche mit den verantwortlichen Fachkräften in Düsseldorf-Wittlaer statt.

6. Nach Abschluss dieser Beratungsgespräche wird entschieden, ob der Antrag angenommen werden kann. Die Entscheidung wird schriftlich mitgeteilt. Bei Ablehnung erhalten die betroffenen Paare ein Gesprächsangebot.

Global Adoption Germany e.V.

Anschrift

Die Anschrift des Vereins ist:

> **Global Adoption Germany e.V.**
> Adalbert Stifter Straße 22, 65375 Oestrich – Winkel
> Tel: 06723/998292
> Fax: 06723/998257
> E- Mail: info@globaladoptiongermany.org
> Internet: www.auslandsadoption.de

Vermittlung in den Ländern

- Russland
- Ukraine

Ablauf des Verfahrens

- Nach Terminvereinbarung können Bewerber ein kostenfreies Informationsgespräch mit einer Fachkraft des Vereins vereinbaren.
- Falls die Bewerber sich für den Verein entscheiden und von diesem akzeptiert werden, wird der Adoptionseignungsbericht vom örtlichen Jugendamt oder von Fachkraft des Vereins erstellt.
- Nach Fertigstellung aller Unterlagen werden die Dokumente ins Ausland versendet
- Nach Vorliegen eines Kindervorschlages wird das Verfahren vor Ort in Russland bzw. der Ukraine durchgeführt.

International Child's Care Organisation ICCO   *ICCO*

Die Initiatorin von ICCO hat selbst 14 Kinder adoptiert. 1998 wurde die Zulassung als anerkannte Adoptionsvermittlungsstelle erteilt. Im Zeitraum Juli 1998 bis Dezember 2001 wurden 588 Kinder vermittelt. ICCO ist damit in kurzer Zeit zu einer der größten Adoptionsvermittlungsstellen angewachsen.

Anschrift

Die Anschrift des Vereins ist:

> **ICCO e.V.**
> Große Theaterstr.1 -"Haus Württemberg"
> 20354 Hamburg
> oder
> Postfach 302767
> 20309 Hamburg

> Telefon: (0 40) 4600760
> Telefax: (0 40) 46007666
> E-Mail: hamburg@icco.de
> Internet: http://www.icco.de

Vermittlung in den Ländern

- Vietnam
- Bulgarien
- Südafrika
- Nepal
- Haiti
- Indien
- Philippinen
- Russland

Auswahlkriterien

- der Altersabstand des Kindes zu den Eltern sollte angemessen sein und die Einkommensverhältnisse der Familie müssen gesichert sein.
- Ab dem Zeitpunkt der Adoption sollte kein Umzug mehr zu erwarten sein.
- Ab dem Zeitpunkt der Aufnahme des Kindes sollte ein Elternteil für mindestens ein Jahr nicht berufstätig sein.
- Die Bewerber müssen psychisch und psychisch in der Lage sein, ein Kind zu betreuen und dürfen an keinen lebensverkürzenden Krankheiten leiden.
- Die Eltern müssen in besonderem Maße belastbar sein.

Ablauf des Verfahrens

1. Zuerst werden die Bewerber zu einem zweitägigen Informationsseminar eingeladen. In diesen Seminaren erfolgt zum einen die Information über die Voraussetzungen und Konsequenzen einer Adoption und zum anderen eine Erörterung der Gründe, warum in den betreffenden Ländern Kinder zur Adoption freigegeben werden und in welchem Alter und Gesundheitszustand die Kinder sind.
2. Nach dem Informationsseminar beginnt das Überprüfungsverfahren, in dem die Adoptionsbewerber in Einzelgesprächen geprüft werden.
3. Nachdem die Bewerber das Überprüfungsverfahren positiv durchlaufen haben, beginnt das Vermittlungsverfahren.
4. Die Adoptionspapiere werden zusammengestellt und in die jeweiligen Länder verschickt.

Pro Infante # Pro infante

"pro infante" wurde 1977 gegründet und 1981 als Adoptionsvermittlungsstelle anerkannt. Bislang wurden mehr als 1800 Adoptionen vermittelt.

Anschrift

Die Anschrift des Vereins ist:

Pro Infante
Bahnstraße 68
47906 Kempen – St. Hubert
Telefon: (02152) 6489
Telefax: (02152) 80332
E-Mail: proinfante@aol.com
Internet: http://www.proinfante.de

Vermittlung in den Ländern

- Indien
- Kenia

Auswahlkriterien

1. Bewerber müssen mindestens 4 Jahre in erster Ehe verheiratet, geistig und körperlich gesund sein
2. Der Ehemann muß einen Beruf ausüben.
3. Die Bewerber müssen beide praktizierende Christen sein.
4. Das Alter der Bewerber sollte einem natürlichen Eltern-Kind-Verhältnis angepasst sein. Der Verein geht von einem Höchstaltersunterschied von 40 Jahren aus.
5. Es muß feststehen, daß aus medizinischer Sicht keine leiblichen Kinder (mehr) zu erwarten sind. Ein entsprechender Sterilitätsnachweis ist erwünscht (Indien).
6. Sind bereits zwei leibliche oder angenommene Kinder in der Familie, kann dennoch mit weiteren Vermittlungen gerechnet werden, wenn aus medizinischer Sicht keine weiteren Kinder mehr zu erwarten sind.

Ablauf des Verfahrens

1. Pro infante überprüft eingehende Adoptionsbewerbungen zunächst daraufhin, ob die Vermittlungskriterien erfüllt werden.
2. Bei positiver Entscheidung informiert Pro Infante das für die Bewerber zuständige Jugendamt und bittet um Nachricht, falls dort Erkenntnisse vorliegen, die generell die Vermittlung eines (ausländischen) Adoptivkindes ausschließen oder sie einschränken. Das Jugendamt erhält auch Nachricht, wenn dem Antrag bereits in diesem Verfahrensstadium nicht entsprochen wird.
3. Die Entscheidung über die Aufnahme in das Verfahren wird den Bewerbern erst dann mitgeteilt, wenn das Jugendamt bestätigt hat, daß keine grundsätzlichen Bedenken bestehen.
4. Darüber hinaus prüft pro infante die Adoptionseignung der Bewerber in eigener Verantwortung.
5. Da die Zahl der Adoptionsbewerbungen für ein Kleinkind erheblich höher ist als die Zahl der Kinder in dieser Altersgruppe, die pro infante jährlich vermitteln kann, bestehen z.Zt. Wartelisten.

6. Ein ausführlicher Sozialbericht wird vom Jugendamt erst dann angefordert, wenn in absehbarer Zeit mit einer Vermittlung zu rechnen ist. Die Vormundschaftsgerichte verlangen, daß dieser nicht älter als 6 Monate ist. Pro infante legt Wert darauf, daß im Sozialbericht auch eine konkrete Empfehlung zum möglichen Kindervorschlag (Altersgrenze, Geschlecht, Nationalität, Behinderung etc.) formuliert wird. Gleichzeitig stellen die Bewerber ihre persönlichen Papiere zusammen (Muster hält pro infante bereit).

7. Pro infante kooperiert mit Heimen, die eine Lizenz der Regierungen zur Adoptionsvermittlung besitzen und die pro infante Unterlagen über die zur Auslandsvermittlung anstehenden Kinder zuleiten.

Auf der Basis dieser Informationen werden die Unterlagen der Bewerber einem dieser Heime zugesandt und in Übereinstimmung mit der jeweils verantwortlichen Schwester ein bestimmtes Kind zur Vermittlung vorgeschlagen.

8. Der Kindervorschlag wird zunächst (nur) dem zuständigen Jugendamt mit der Bitte zugesandt, diesen -falls keine Bedenken bestehen- mit den Bewerbern zu besprechen und das beiderseitige Einverständnis schriftlich zu bestätigen. Das Jugendamt erhält eine Kopie des Kindervorschlages zur Kenntnisnahme. Hat das Jugendamt Bedenken gegen die Vermittlung des vorgeschlagenen Kindes, klärt pro infante vor der Information der Bewerber das weitere Vorgehen mit dem Jugendamt einvernehmlich ab (psychologische Begutachtung, neuer Kindervorschlag oder Absehen von einer Vermittlung).

Sozialdienst katholischer Frauen

Sozialdienst katholischer Frauen

Der Sozialdienst katholischer Frauen ist ein Fachverband im Deutschen Caritasverband und seit 1992 anerkannte Auslandsadoptionsvermittlungsstelle. Der Verein vermittelt in erster Linie Kinder aus Bolivien. Seit einigen Jahren gibt es auch Vermittlungen aus den Ländern Litauen und Costa Rica.

Anschrift
Die Anschrift des Vereins ist:

> **Sozialdienst katholischer Frauen (SkF)**
> Agnes – Neuhaus Straße 5
> 44235 Dortmund
> Telefon: (0231) 557026-0
> Telefax: (0231) 557036-60

Vermittlung in den Ländern
- Bolivien
- Costa Rica
- Litauen

Ablauf des Verfahrens

Die Bewerber werden zuerst zu einem Informationstreffen geladen, das über die notwendigen Schritte informiert. Diese Treffen finden im Abstand von 3 Monaten statt.

Zentrum für Adoptionen

Zentrum für Adoptionen erhielt am 1.10.2001 die Zulassung als Adoptionsvermittlungsstelle.

Anschrift
Die Anschrift des Vereins ist:

Zentrum für Adoptionen e.V.
Sophienstr. 12
76530 Baden-Baden
Telefon: (07221) 949206
Telefax: (07221) 949208
e-mail: zentadopt@zentadopt.org
Internet: www.zentadopt.org

Vermittlung in den Ländern
- Russland

Auswahlkriterien
1. gutes Gesundheitszeugnis, ausreichendes Einkommen, genügend Wohnraum und ein Führungszeugnis ohne Eintragungen
2. Die Bewerber müssen das Mindestalter von 25 Jahren erreicht haben.
3. Die Bewerber müssen die Frage geklärt haben, welches Kind zu ihnen und ihrem Lebensalter passt.

Ablauf des Verfahrens
1. Zuerst erfolgt eine Adoptionsberatung in Form von Einführungsseminaren und Einzelgesprächen.
2. In diesen Seminaren wird über das Auswahlverfahren und das sich anschließende Vermittlungs- und Adoptionsverfahren informiert
3. Die Bewerbungsunterlagen werden im Anschluss an das Seminar an die Teilnehmer verteilt.
4. Nach Eingang der Bewerbungsunterlagen werden in Einzelgesprächen die formalen und persönlichen Voraussetzungen für eine Adoption erörtert.
5. Der Verein stellt Betreuungspersonen, die mit den Adoptivbewerbern zum Kind reisen und alle für die Adoption des Kindes erforderlichen Formalitäten regeln.

Zukunft für Kinder

'Zukunft für Kinder' erhielt am 1.3.2001 die Anerkennung zur Adoptionsvermittlungsstelle.

Anschrift
Die Anschrift des Vereins ist:

Zukunft für Kinder e.V.
Benzstrasse 6,
68794 Oberhausen-Rheinhausen
Telefon: (07254) 7799112
Telefax: (07254) 7799113
E-Mail: vksorg@t-online.de
Internet: http://zukunftfuerkinder.de

Vermittlung in den Ländern
- Rumänien
- Bulgarien
- Ukraine
- Russland

Auswahlkriterien
1. Die Bewerber sollen mindestens 3 Jahre verheiratet sein; Ausnahmen sind in begründeten Fällen möglich
2. Die Bewerber müssen mindestens 18 Jahre älter als das Adoptivkind sein. Der Altersunterschied zwischen Kind und Eltern soll dem eines natürlichen Generationsabstandes entsprechen und nicht größer als 35 bis 40 Jahre betragen.
3. Es werden nur Bewerber berücksichtigt, die entweder die deutsche oder bulgarische Staatsangehörigkeit besitzen, oder bei einer anderen Staatsangehörigkeit seit mindestens drei Jahren ihren Aufenthalt in Deutschland haben;
4. Ausnahmen hinsichtlich der Voraussetzungen bezüglich der Ehezeit und des Alters der Bewerber können auf Antrag gemacht werden;
5. Wegen der einschlägigen Vorschriften in Bulgarien dürfen Bewerber für dieses Land keine leiblichen oder adoptierten Kinder haben;

Ablauf des Verfahrens
1. Um in die Bewerberliste des Vereins aufgenommen zu werden, muß zuerst ein Informationsseminar besucht werden, in dem Informationen über den Verein und über die Adoptionsverfahren in den einzelnen Ländern vermittelt werden.
2. Zusätzlich ist ein 2-tägiges Vorbereitungsseminar zu besuchen.
3. Der Adoptionseignungsbericht kann vom zuständigen Jugendamt erstellt werden. Es ist aber auch möglich, den Bericht von einem Sozialarbeiter des Vereins erstellen zu lassen. Hierfür sind mehrere Gespräche, eines im Rahmen eines Hausbesuches,

erforderlich.

4. Sobald die Bewerber in die Bewerberliste aufgenommen worden sind, können sie damit beginnen, die Bewerbungsunterlagen für das betreffende Land zusammenzustellen.

Die Eignungsüberprüfung

Wer ein Kind adoptieren möchte, kommt nicht darum herum, dass von einer anerkannten Stelle seine Eignung für eine Adoption überprüft wird. Bei Bewerbungen über eine anerkannte Adoptionsvermittlungsstelle erfolgt dort die Überprüfung und Adoptionsbewerber, die den Weg der Privatadoption gehen, müssen das Jugendamt von der Eignung überzeugen, um einen positiven Adoptionseignungsbericht ausgestellt zu bekommen. Um eine Eignungsüberprüfung kommen die Bewerber also nicht herum. Es hängt dabei in erster Linie von der prüfenden Stelle selbst ab, Kriterien festzulegen, denen die Bewerber genügen müssen.

Für die Landesjugendämter und die zur Adoptionsvermittlung zugelassenen örtlichen Jugendämter gelten die im Beschluss der Bundesarbeitsgemeinschaft der Landesjugendämter 1994 festgelegten 'Empfehlungen zur Adoptionsvermittlung'.

Empfehlungen zur Adoptionsvermittlung

Für Landesjugendämter und Jugendämter gibt es 'Empfehlungen zur Adoptionsvermittlung'

Für die sonstigen anerkannten Vermittlungsstellen (ICCO, Eltern für Kinder ...) gelten diese Empfehlungen **nicht.**

Die Empfehlungen zur Adoptionsvermittlung

Allgemeine Zielsetzung

Nr. 3.31 der Empfehlungen legt als allgemeine Zielsetzung fest:

'Die Arbeit mit Bewerbern beschränkt sich nicht nur auf eine Eignungsprüfung, sie ist immer auch ein Beratungsprozess.

Der Umgang mit Bewerbern soll stets deren Einsicht in die Notwendigkeit aller Gesprächsinhalte, Vorgehensweisen, sowie die Beschaffung der verlangten Unterlagen fördern. Darüber hinaus ist es bedeutsam, über die Rolle der Fachkraft zu informieren und evtl. Ängste und Misstrauen abzubauen. Auf diese Weise kann die Kooperationsbereitschaft der Bewerber stabilisiert bzw. gesteigert werden.

Erste Informationen sollten sich deshalb auf die Darstellung des Verfahrens und seiner rechtlichen Grundlagen beziehen und die Frage behandeln, mit welcher zeitlichen Perspektive ein Kind vermittelt werden kann. Bewerbern muss Hilfestellung darin gegeben werden, ein Verständnis dafür zu entwickeln, dass

* *nicht für sie ein Kind, sondern für Kinder Eltern gesucht werden,*

- *Adoptivfamilien in einer psychologischen Sondersituation leben,*
- *die Herkunftsfamilie für die weitere Entwicklung des Kindes bedeutsam bleiben wird,*
- *auch für leibliche Eltern das weitere Schicksal und Wohlergehen des Kindes von Bedeutung sein kann,*
- *die Vermittlungsstelle die Verantwortung für die Auswahl der geeigneten Eltern trägt,*
- *das Verfahren, das aus ihrer Sicht langwierig und umständlich erscheinen mag, von ihnen viel Geduld und Einfühlungsvermögen verlangt,*
- *für jedes zu vermittelnde Kind im Bundesdurchschnitt ein Vielfaches an Adoptiv-bewerbern zur Verfügung steht,*
- *eine Wartezeit zumindest in der Form nicht existiert, als man sich mit zunehmen-der Dauer einen größeren Anspruch auf ein Kind erwerben würde,*
- *die Fachkraft nach bestem Wissen und Gewissen entscheidet, jedoch auch mit menschlichen Unzulänglichkeiten behaftet ist.`*

Im ersten Gespräch mit dem Jugendamt wird es vor allem um diese Grundsätze gehen. Die Bewerber erfahren also unter anderem, dass nicht ein Kind für sie, sondern für Kinder Eltern gesucht werden, dass es bedeutend mehr Bewerber als zu vermittelnde Kinder gibt und sich Adoptivfamilien in einer psychologischen Sondersituation befinden.

In den folgenden Punkten zeigen die Empfehlungen zur Adoptionsvermittlung, welche formalen Voraussetzungen die Adoptionsbewerber erfüllen müssen.

ALTERSGRENZE
`Eine obere Altersgrenze ist gesetzlich nicht festgelegt.
Starre Altersgrenzen sind nur bedingt geeignet, den Erfolg einer Vermittlung si-cherzu-stellen. Das Alter ist aber ein Indikator, der auf andere Merkmale (z. B. Le-benserfah-rung, Belastbarkeit, Flexibilität) verweist. Zu bedenken ist, dass auch das heranwach-sende Kind belastbare Eltern benötigt. Dem Wohl des Kindes wird es daher in der Regel nicht dienen, wenn der Altersabstand größer als 35 bis 40 Jahre ist. Oberhalb dieser Grenze wird eine Vermittlung daher nur in Ausnahmefällen in Betracht kommen.` (Nr. 3.3211 der Empfehlungen)

Mindestalter
Nimmt ein Ehepaar ein Kind gemeinschaftlich an, muß einer der Ehegatten das 25. Lebensjahr, der weitere Ehegatte das 21. Lebensjahr vollendet haben. Eine Möglichkeit der Befreiung von diesen Altersgrenzen sieht das Gesetz nicht vor.

➤ **Beispiel:**

Herr Maier ist 36 Jahre, seine Frau 20 Jahre alt. Eine Adoption ist erst dann möglich, wenn Frau Maier 1 Jahr älter geworden ist.

Höchstalter

Eine gesetzlich festgelegte obere Altersgrenze gibt es nicht.

Bei den meisten Adoptionsvermittlungsstellen gilt eine obere Grenze des Altersabstandes von 40 Jahren zwischen Kind und Annehmendem. Wer älter als 40 Jahre ist, hat es meist sehr schwer, einen Säugling oder ein Kleinkind zu adoptieren. Viele Jugendämter sehen diese Grenze bereits bei 35 Jahren.

Es gibt keine gesetzlich festgelegte obere Altersgrenze

➤ **Beispiel:**

Herr und Frau Leistner sind jeweils 35 Jahre alt. Von der Adoptionsvermittlungsstelle ihres Jugendamtes erfahren sie, dass üblicherweise in diesem Alter keine Kinder mehr vermittelt werden. Sie seien zu alt.

Während in Deutschland Adoptionsbewerber in diesem Alter manchmal bereits Schwierigkeiten bekommen, wird es in vielen Ländern als sehr vorteilhaft gesehen, wenn die Bewerber nicht mehr allzu jung sind.

In China wurde 1998 das Mindestalter auf 30 Jahre gesenkt. Jüngere Bewerber werden dort wegen ihres Alters als generell ungeeignet eingestuft. Das gleiche erfolgte in der Türkei im Jahre 2001. Zuvor konnte dort eine Vermittlung nicht durchgeführt werden, wenn die Bewerber jünger als 35 Jahre waren.

Auch nach dem schweizerischen Zivilgesetzbuch ist die Adoption nicht im Interesse des Kindes, wenn die Adoptiveltern erst seit wenigen Jahren verheiratet und jünger als 35 Jahre sind (Art. 264 a ZGB).

In der Schweiz gilt also bei kurzer Ehe ein Mindestalter von 35 Jahren. In Deutschland dagegen ist auch bei langer Ehe eine Adoption in diesem Alter schon schwierig. Warum aber soll ein 35- oder 40- jähriger Bewerber nicht mehr geeignet sein, Kleinkinder zu erziehen? Es ist völlig üblich und anerkannt, dass Eltern auch in diesem Alter noch leibliche Kinder bekommen. Für die Erziehung von Adoptivkindern scheinen sie aber nach der üblichen Verwaltungspraxis nicht mehr geeignet.

Einkommensverhältnisse

Die Empfehlungen bestimmen:

'Die wirtschaftliche Gesamtsituation der Familie stellt eine wesentliche Rahmenbedingung für die kindliche Entwicklung dar. Von den Bewerbern muss der Nachweis erbracht werden, dass ein Aufwachsen des Kindes in ihrer Familie ökonomisch abgesichert ist und die kindlichen Entwicklungsoptionen nicht ungebührlich eingeschränkt werden.' (Nr. 3.3212 der Empfehlungen)

In den Empfehlungen wird nicht genau festgelegt, welches Einkommen der Bewerber nachweisen muss, um den Anforderungen zu genügen. In der Praxis hat dies in der Vergangenheit zu völlig unterschiedlichen Festlegungen der verschiedenen Adoptionsvermittlungsstellen geführt.

Was die eine Vermittlungsstelle genügen ließ, bleibt oft ein paar Kilometer weiter in einem anderen Jugendamt ohne Chance.

Das Aufwachsen des Kindes muss ökonomisch abgesichert sein

Das Einkommen kann nachgewiesen werden:

- bei angestellten Arbeitnehmern durch eine Bescheinigung des Arbeitgebers
- bei selbständigen Arbeitnehmern durch Vorlage des Einkommensteuerbescheides.

Selbständige haben oft die Schwierigkeit, dass trotz hoher Einkünfte in Folge steuerlicher Abschreibungsmöglichkeiten kaum ein Gewinn ausgewiesen wird.

> ### Beispiel:

Herr Maier betreibt ein Architekturbüro, das jahrelang ordentliche Gewinne abwarf. Dank seines findigen Steuerberaters hat er es die letzten Jahre verstanden, seinen Gewinn durch zahlreiche Abschreibungsmöglichkeiten gegen Null zu drücken, um damit Steuern zu sparen. Bei den Betriebsausgaben handelt es sich in erster Linie um Investitionen, die den Unternehmenswert beträchtlich steigern.

Für Herrn Maier empfiehlt es sich, von seinem Steuerberater eine Aufstellung anfertigen zu lasen, wie die Gesamtsituation des Unternehmens beschaffen ist. Mit Hilfe dieser Aufstellung wird es ihm vermutlich gelingen, die Fachkraft der Adoptionsvermittlungsstelle davon zu überzeugen, dass trotz eines nicht vorhandenen Gewinns das Aufwachsen des Kindes ökonomisch abgesichert ist.

Oftmals wird Verdienstbescheinigungen eine zu große Bedeutung beigemessen. Wenig beachtet wird, dass in Zeiten großer wirtschaftlicher Umbrüche Einkommensbescheinigungen nur eine Momentaufnahme sein können. Wer heute noch als Arbeitnehmer oder Selbständiger über ein gutes Einkommen verfügt, kann bereits in wenigen Monaten arbeitslos oder pleite sein. Zu beachten ist auch, dass die Empfehlungen davon sprechen, dass der Nachweis erbracht werden muss, dass das Aufwachsen des Kindes ökonomisch abgesichert ist. Es kommt deshalb nicht allein auf das Einkommen an, sondern auch auf vorhandenes Vermögen. Wer bei mäßigen Einkünften über ein großes Vermögen (etwa durch eine Erbschaft) verfügt, ist sicherlich ökonomisch abgesicherter, als ein Bewerber, der ein höheres Einkommen hat, aber kein Vermögen.

Wohnverhältnisse

Bei den Wohnverhältnissen handelt es sich *'i.d.R. weniger um die Suche nach Ausschlusskriterien, sondern vielmehr um eine möglichst umfassende Beschreibung der Wohnverhältnisse, einschließlich des Umfeldes im Hinblick auf evtl. Bedürfnislagen oder Notwendigkeiten auf Seiten des Kindes'* (Nr. 3.3213 der Empfehlungen)

Zur Überprüfung gehört auch ein Hausbesuch durch einen Sozialarbeiter

Der Sozialarbeiter der Vermittlungsstelle wird sich über die Wohnsituation einen Eindruck verschaffen wollen und deshalb im Laufe des Verfahrens auch einen Hausbesuch bei den Bewerbern machen.

> ### Beispiel:

Frau Maier hat mit der Sozialarbeiterin der Vermittlungsstelle einen Termin für einen

Hausbesuch vereinbart. Bereits mehrere Nächte vor dem Treffen kann sie vor Aufregung kaum schlafen, da sie sich sicher ist, dass in den hintersten Winkeln nach Schmutz gesucht wird, die Schränke durchsucht werden und eventuell die mehrere Jahre alte Wohnzimmercouch den Anforderungen nicht genügt.

Frau Maier kann hier beruhigt schlafen. Ein Hausbesuch ist keine Sauberkeitsinspektion, sondern eine Prüfung, ob die Wohnung und deren Umgebung geeignet ist, die Bedürfnisse und Notwendigkeiten des Adoptivkindes zu befriedigen.

Geprüft werden unter anderem folgende Punkte:
- Größe der Wohnung
- Hat das Kind ein eigenes Kinderzimmer?
- Ist die Wohnung hell und freundlich?
- Ist ein Garten bzw. Spielplatz vorhanden?
- Sind Kindergärten, Schulen und Ärzte in erreichbarer Nähe?
- Hat das Kind die Möglichkeit zum Kontakt mit anderen Kindern?

Es ist selbstverständlich nicht erforderlich, dass die Bewerber Eigentümer der Wohnung sind, in der sie leben. Auch Mietwohnungen werden akzeptiert.

Welche Wohnungsgröße als ausreichend erachtet wird, hängt in erster Linie vom Sozialarbeiter ab, der den Adoptionseignungsbericht erstellt.

Berufstätigkeit der Bewerber

Die Empfehlungen führen in Nr. 3.3214 hierzu aus:

'Das Kind braucht die seinem Entwicklungsstand entsprechende elterliche Zuwendung, die einer zeitlichen Abwesenheit Grenzen setzt. Daher sollte bevorzugt zu Bewerbern vermittelt werden, die ihre berufliche Tätigkeit den Bedürfnissen des Kindes anzupassen vermögen. Insbesondere muss sichergestellt sein, dass die Erziehung des Kindes nicht überwiegend durch außerhalb der Familie stehende Personen wahrgenommen wird. Auf die Möglichkeit des Erziehungsurlaubes ist hinzuweisen (§ 15 BErzGG).'

Die künftigen Adoptiveltern dürfen also Personen zur Mithilfe bei der Erziehung heranziehen. Die überwiegende Erziehungsarbeit muss jedoch von den Eltern selbst wahrgenommen werden.

Von Adoptiveltern wird erwartet, dass sie ihr Kind überwiegend selbst erziehen

➤ **Beispiel:**

Die Adoptionsbewerber Müller sind ein sehr erfolgreiches Zahnarztehepaar. Beide haben viel Zeit und Geld in den Aufbau ihrer Praxis gesteckt und wollen auch nach der Adoption weiterhin voll in ihrem Beruf weiterarbeiten. Tagsüber sollen sich 2 Kindermädchen um die Erziehung des Kindes kümmern.

Die Chancen der Müllers auf die Vermittlung eines Kindes stehen nicht allzu gut. Die überwiegende Erziehungsarbeit sollte von den Eltern geleistet werden. Wenn dies nicht sichergestellt ist, kommt eine Vermittlung nicht in Betracht. Dies sahen auch die in einer Untersuchung befragten Aoptionsvermittler so. Danach waren 62 % der Meinung, dass ein Ehegatte bei der Adoption eines Kindes seine Erwerbstätigkeit in jedem Fall bis zum Eintritt des Kindes in den Kindergarten aufgeben sollte18 .

Die meisten Kinder, die zur Adoption kommen, haben stabile Beziehungen und Bindungen bislang kaum erlebt. Das Einleben und das Zurechtfinden in der neuen Umgebung wird umso besser gelingen, je mehr Kontakt zu den neuen Eltern möglich ist.

Gesundheit / Behinderung der Bewerber

'Es muss gewährleistet sein, dass Bewerber über einen längeren Zeitraum hinweg physisch und psychisch in der Lage sind, die erzieherische und pflegerische Versorgung des Kindes sicherzustellen. Sind diese Voraussetzungen gegeben, kommen auch Bewerber mit Behinderungen in Frage.

Von den Bewerbern muss deshalb verlangt werden, dass sie selbst nach bestem Wissen über sich Auskunft geben, behandelnden Ärzten oder Psychologen die Auskunft gestatten und erforderlichenfalls auch einer amtsärztlichen Untersuchung zustimmen. Das gleiche gilt für andere im Haushalt lebende Personen.

Der Umfang der ärztlichen oder psychologischen Untersuchung muss sich an den Notwendigkeiten des Einzelfalles orientieren. Die Untersuchung sollte aber insbesondere Auskunft geben über

- *ansteckende Krankheiten,*
- *Krankheiten, die lebensverkürzend wirken oder zu frühem Siechtum oder schwerer Gebrechlichkeit führen können,*
- *Krankheiten und Behinderungen, durch welche die Erziehungsfähigkeit wesentlich herabgesetzt werden kann.*

Die Kosten für die Untersuchungen tragen die Bewerber.'
(Nr. 1.3216 der Empfehlungen)

ärztliche Atteste Bei jeder Adoption müssen die Bewerber im Laufe des Verfahrens eine ärztliche Bescheinigung über ihren Gesundheitszustand vorlegen. Dabei sind Behinderungen kein Ausschlusskriterium, wenn der Bewerber über einen längeren Zeitraum physisch und psychisch in der Lage ist, die erzieherische und pflegerische Versorgung des Kindes sicherzustellen. Wann dies der Fall ist, ist jeweils eine Einzelfallabwägung.

Dass selbst bei starken Behinderungen Adoptionen gelingen können hat Barbara White in einer Untersuchung von 55 tauben Eltern, die ein taubes Kind adoptiert hatten, nachgewiesen[19]. Die Studie zeigte, dass die Adoptionen mit Hilfe der Unterstützung von Behörden und Gehörlosenverbänden durchweg erfolgreich waren.

Soziales Umfeld

Nach Nr. 3.3217 der Empfehlungen ist *'das soziale Stützsystem (Freunde, Nachbarn, Verwandte etc.) hinsichtlich seiner quantitativen und qualitativen Dimensionierung zu erfassen, wobei der subjektiven Wahrnehmung der Bewerber die entscheidende Bedeutung zukommt.'*

Übersetzt in ein verständliches Deutsch heißt dies, dass der Sozialarbeiter prüft, ob die Bewerber Freunde, Nachbarn und Verwandte haben, die sie unterstützen.

In der Tat ist es sehr wichtig, wie das Umfeld der Bewerber zur Adoption steht.

Das adoptierte Kind wird ja nicht nur das Kind seiner neuen Eltern, sondern auch Enkel seiner Großeltern, Neffe/Nichte seines Onkels...

Eine gute Integration ist nur dann zu bewerkstelligen, wenn das Kind von seinem sozialen Umfeld als Kind seiner neuen Eltern akzeptiert und respektiert wird.

Im Vorfeld ist dies aber oft kaum festzustellen.

Viele Großeltern können sich anfangs nur schwer mit dem Gedanken vertraut machen, dass ihr Enkel aus dem Ausland kommt und eventuell sogar eine andere Hautfarbe als sie selbst hat. Oftmals bleibt aber von der anfänglichen Reserviertheit nicht mehr viel übrig, wenn das Kind dann in Deutschland seinen Großeltern vorgestellt wird. Andererseits kann es durchaus sein, dass sich Freunde und Verwandte zurückziehen, wenn sie feststellen, dass das neue Kind so gar nicht ihren Vorstellungen entspricht.

Vorstrafen

'Die Bewerber haben der Adoptionsvermittlungsstelle ein polizeiliches Führungszeugnis vorzulegen. Sie sind darauf hinzuweisen, dass durch das Vormundschaftsgericht eine unbeschränkte Auskunft aus dem Strafregister angefordert werden kann (in begründeten Ausnahmefällen besteht auch die Möglichkeit, dies über die zuständige oberste Landesbehörde zu tun). Eventuelle Vorstrafen sind jedoch kein genereller Hinderungsgrund, dies insbesondere dann nicht, wenn diese schon länger zurückliegen. Ausschlusskriterien sind allerdings Vorstrafen, die etwa für sexuellen Missbrauch, Kindesmisshandlung, Körperverletzung und Gewaltverbrechen verhängt worden sind.' (Nr. 3.3218 der Empfehlungen)

Auch ein Führungszeugnis gehört zu den geforderten Unterlagen

Jeder Bewerber muß ein polizeiliches Führungszeugnis vorlegen. Dabei stehen selbstverständlich alle Vorstrafen einer Adoption entgegen, die befürchten lassen, dass gegen das Kind Straftaten verübt werden.

Kinder in der Adoptivfamilie

'Generell ist das Vorhandensein von Kindern in der Bewerberfamilie weder als ein Vorteil noch als Nachteil zu sehen. Es wird vom Einzelfall abhängen, welche künftige Geschwisterkonstellation als vorteilhaft für das Familiensystem angesehen wird und welche nicht. Aufgrund der erzieherischen Erfahrung können Bewerber mit Kindern im allgemeinen jedoch als besonders qualifiziert gelten. Die Kinder sind so einzubeziehen, dass sie das Hinzukommen eines weiteren Geschwisters und seine Integration mitzutragen vermögen.' (Nr. 3.3219 der Empfehlungen).

Entgegen dem Wortlaut der Regelung ist vor allem das Vorhandensein leiblicher Kinder ein großes Hindern für die Adoption. Von vielen Vermittlern wird befürchtet, es könne die Integration erschweren, wenn auch leibliche Kinder in der Familie sind. Untersuchungen, die diese Annahme bestätigen könnten, gibt es nicht.

Viele Vermittler halten es angesichts der großen Zahl an Bewerbern auch für nicht vertretbar, einem Paar mehrere Kinder zuzusprechen und lehnen eine weitere Adoption aus diesem Grund ab.

Sind bereits Kinder in der Familie, sollte immer darauf geachtet werden, dass der natürliche Altersabstand zu den vorhandenen Kindern gewahrt bleibt.

➤ **Beispiel:**

Das Ehepaar Müller hat bereits 2 Kinder adoptiert . Ihre Tochter Sarah ist 7 Jahre und ihr Sohn Simon 3 Jahre alt. Hier kommt nur die Vermittlung eines Kindes in Betracht, das jünger als 2 Jahre ist. Der natürliche Altersabstand zwischen Simon und seinem jüngeren Geschwisterchen sollte in jedem Fall gewahrt sein.

Bei den anerkannten Adoptionsvermittlungsstellen der freien Träger werden Adoptionsbewerber mit dem Wunsch, mehrere Kinder in ihrer Familie zu haben, unter Umständen auf mehr Verständnis als bei den Jugendämtern stoßen. Die Vorsitzende des Vereins Zukunft für Kinder hat 12 Kinder (davon 7 leibliche) , die Vorsitzende des Vereins ICCO hat 14 Kinder und die Gründerin und Leiterin von Pro Infante hat 17 Kinder adoptiert.

Besondere Lebensformen

Ungewöhnliche Lebensführung kann ein Hindernis sein

'*Eine ungewöhnliche Lebensführung von Bewerbern ist, unabhängig davon, wie diese begründet ist (beruflich, religiös, weltanschaulich etc.), daraufhin zu überprüfen, ob einem Kind die Integration in das Familiensystem dadurch erschwert wird. Darüber hinaus ist auch zu prüfen, inwieweit dem Kind die Integration in extrafamiliale Systeme dadurch erschwert oder unmöglich gemacht wird.*
Die Fachkraft hat sich dabei ausschließlich vom Kindeswohl, nicht jedoch von eigenen oder üblichen Vorstellungen bzgl. der Lebensführung beeinflussen zu lassen' (3.32110 der Empfehlungen).

Ein Adoptivkind sollte nicht in einer Familie untergebracht werden, die sich selber durch eine ungewöhnliche Lebensführung ausgrenzt.

➤ **Beispiel:**

Das Ehepaar Scherer ist Mitglied einer freikirchlichen Religionsgemeinschaft, die sich durch eine absolute Unterordnung des Alltagslebens unter die religiösen Gesetze auszeichnet. Kontakte zu Nichtmitgliedern sind nicht erwünscht und finden deshalb auch nur sehr selten statt. Eine Vermittlung in diese Familie ist wohl nicht im Sinne des Kindes, da ihm durch die Glaubensausübung die Integration deutlich erschwert wird.

Es ist allerdings unrealistisch, wenn von der Fachkraft gefordert wird, sie solle sich bei ihrer Beurteilung ausschließlich am Kindeswohl, nicht aber an eigenen oder üblichen Vorstellungen orientieren.
Trotz aller Forderungen, die Entscheidung objektiv zu fällen, handelt es sich doch um eine subjektive Beurteilung. Niemand wird einer Familie entgegen seiner persönlichen Meinung ein Kind zusprechen

Partnerschaftliche Stabilität
Nach Nr. 3.3221 der Empfehlungen ist es für ein Kind *von zentraler Bedeutung, sich*

innerhalb intakter und dauerhafter Familienbeziehungen entwickeln zu können.
Die Stabilität und Zufriedenheit der elterlichen Partnerschaft stellen nicht nur den
äußeren Rahmen für die Entwicklung dar, sondern sind darüber hinaus die wesentli-
chen Faktoren für das familiäre Klima und haben eine Modellfunktion für die kindliche
Entwicklung.
Es ist wichtig, dass es der Fachkraft gelingt, den Bewerbern gegenüber den Zusam-
menhang zwischen partnerschaftlicher Zufriedenheit und prospektivem Entwick-
lungsverlauf darzustellen.`

Nur eine intakte Familie kann einem Kind ein Fundament für seine künftige Entwicklung geben. Das ist wohl allen Bewerbern klar. Auf eine nochmalige Verdeutlichung
des Zusammenhangs zwischen partnerschaftlicher Zufriedenheit und Entwicklungs-
verlauf wird die Fachkraft deshalb meistens verzichten können.
Darüber hinaus fehlt auch eine allgemeingültige Definition, wann eine Partnerschaft
intakt, stabil und zufrieden ist.

Erziehungsleitende Vorstellungen

`Erzieherisches Handeln wird bestimmt durch
- *(kurzfristige) Zielvorstellungen, in denen sich allgemeinere Wertvorstellungen mani-*
  festieren,
- *(den persönlichen Erziehungsstil sowie durch*
- *(individuell verfügbare spezifische Erziehungstechniken.*
  Um mit einer gewissen Wahrscheinlichkeit das künftige Erzieherverhalten vorhersa-
  gen zu können, wird sich die Fachkraft ausführlich über die genannten Aspekte mit   *Prognose des*
  den Bewerbern auseinandersetzen und dabei auch beratend - etwa im Hinblick auf   *Erziehungs-*
  die besonderen Bedürfnisse von (ausländischen) Adoptivkindern - tätig sein.`   *verhaltens*
  (3.3222 der Empfehlungen)

Von den Fachkräften wird verlangt, dass sie eine Prognose über das zukünftige Erziehungsverhalten der Bewerber abgeben.
Ob dies in einer Atmosphäre gelingen kann, die von den meisten Adoptivbewerbern
als höchst belastend empfunden wird, ist mehr als fraglich. Die meisten Adoptivbewerber haben noch keine Kinder und wissen vermutlich selbst nicht, wie die Erziehung
später einmal aussehen wird. Zum Zeitpunkt der Bewerbung kann auch nicht gesagt
werden, welche Anforderungen das Adoptivkind an das Erziehungsverhalten stellen
wird.
Üblicherweise wird davon ausgegangen, dass die Bewerber in ihrer eigenen Kindheit
Erfahrungen gemacht und Familienregeln erlernt haben, die ihre Vorstellung von Kindererziehung entscheidend prägen. Es wird deshalb meist ausführlich über die Herkunftsfamilien der Bewerber und deren Vorstellungen, Normen und Verhaltensmuster
gesprochen.
Für die Fachkraft ist es jedoch ausgesprochen schwierig, aus den Erlebnissen und
Berichten der Bewerber Rückschlüsse auf deren eigenes Erziehungsverhalten zu ziehen.

Untersuchungen haben zwar ergeben, dass negative Beziehungserfahrungen in der Herkunftsfamilie die Erziehungskompetenz der Eltern schwächen[20]. Mit anderen Worten: Wer in einer desolaten Familie aufgewachsen ist, eignet sich nach Meinung mancher Autoren nicht besonders gut für die Erziehung von Kindern.

Auf der anderen Seite gibt es aber auch Belege dafür, dass es bei belasteten Eltern – Kind Beziehungen in der frühen oder mittleren Kindheit nicht notwendig zu einer Übertragung dieser Beziehungserfahrungen auf die nächste Generation kommen muss[21].

Offensichtlich können positive Beziehungen zu anderen Personen oder befriedigende Paarbeziehungen dazu führen, dass nicht die gleichen Fehler gemacht werden, wie in der Generation zuvor.

Von den Fachkräften wird darüber hinaus erwartet, dass sie die Bewerber über die 'besonderen Bedürfnisse von (ausländischen) Adoptivkindern' beraten.

Besondere Bedürfnisse von Adoptivkindern

Was aber sind diese 'besonderen Bedürfnisse'?

Ein Bedürfnis ist 'der Ausdruck dessen, was ein Lebewesen zu seiner Erhaltung und Entfaltung notwendig braucht'[22].

Was die Bedürfnisse des Kindes sind, das von den Bewerbern letztlich adoptiert wird, ist zum Zeitpunkt des Eignungsgespräches mit der Fachkraft noch nicht absehbar. Hier geht es noch nicht um ein konkretes Kind, sondern um die generelle Eignung der Bewerber.

Die besonderen Bedürfnisse des jeweiligen Kindes lassen sich erst dann erkennen, wenn nähere Informationen über seine Vergangenheit und seinen aktuellen Gesundheitszustand vorliegen.

Zum Zeitpunkt der Eignungsprüfung weiß jedoch noch niemand, welches Kind die Bewerber letztlich adoptieren werden, ob es krank ist, wie alt es ist ...

Die speziellen Bedürfnisse des Kindes sind deshalb zu diesem Zeitpunkt noch völlig unbekannt.

Eine Beratung kann deshalb nur über die besonderen Bedürfnisse erfolgen, von denen angenommen wird, dass alle Adoptivkinder sie haben.

Zur Sprache kommt meist:

- das Bedürfnis, den Kindern offen von ihrer Herkunft zu erzählen und diese zu achten
- das Bedürfnis, mit seiner eigenen Geschichte und seinen Schwierigkeiten, Verletzungen, und medizinischen Problemen angenommen zu werden
- das Bedürfnis, beide Elternpaare lieben zu dürfen
- das Bedürfnis, dass auch die leiblichen Eltern gewürdigt werden

Bis auf die Besonderheit, dass es im Leben von Adoptivkindern 2 Elternpaare gibt, handelt es sich hier um Bedürfnisse, die alle Kinder gleichermaßen haben. *'Bedürfnisse von Adoptivkindern und leiblichen Kindern unterscheiden sich primär nicht'*[23].

Das Adoptivkind ist das Kind seiner Adoptiveltern und es will auch so behandelt werden, wie ein leibliches Kind behandelt werden würde.

Lebensziele/Lebenszufriedenheit

Nr. 3.3223 der Empfehlungen besagt:

'Lebensziele, Wertorientierungen sowie die subjektive Wahrnehmung davon, ob der bisherige bzw. antizipierte Lebensverlauf eine Annäherung oder Entfernung von diesen Zielen gebracht hat oder bringen wird, sind wesentliche Grundlagen allgemeiner Lebenszufriedenheit und der Handlungsmotivation der Bewerber. Es ist dabei von besonderer Bedeutung, welche Funktion die Aufnahme eines Kindes in den Zielhierarchien des Paares (der Familie) hat. Dabei wird darauf zu achten sein, inwieweit z.B. Zielkollisionen zu erwarten sind oder aber völlig unrealistische bzw. nicht kindgemäße Zielvorstellungen mit der Absicht, ein Kind aufzunehmen, verbunden werden. Der unerfüllte Kinderwunsch wird bei vielen Bewerberpaaren von besonderer Bedeutung sein und mit großer Sorgfalt gemeinsam bearbeitet werden müssen. Der unerfüllte Kinderwunsch an sich ist kein hinreichender Adoptionsgrund.'

> **Beispiel:**

> *Max Dreher hat einen Fuhrbetrieb seiner Eltern geerbt. Leider ist die Ehe mit Roswitha Dreher kinderlos geblieben. Das Paar wendet sich an eine Adoptionsvermittlungsstelle. Im Gespräch mit der Fachkraft zeigt sich, dass Max Dreher die Adoption vor allem deshalb betreibt, um den Betrieb später an sein Kind übertragen zu können. Ihm geht es in erster Linie darum, die Unternehmensnachfolge zu sichern.*
> *Eine Vermittlung kommt hier nicht in Betracht, da die Adoption nicht einem Kind, sondern dem Betrieb dienen soll.*

Der größte Teil der Adoptionsbewerber kann aus medizinischen Gründen keine leiblichen Kinder bekommen. In der Regel kommt der Gang zur Adoptionsvermittlungsstelle erst dann, wenn alle Bemühungen, ein leibliches Kind zu bekommen, zu keinem Erfolg führten. Vielen Bewerbern fällt es schwer, festzustellen, dass sie auch mit Hilfe moderner medizinischer Verfahren ihren Kinderwunsch nicht verwirklichen können.
Es ist jedoch unabdingbar für den Erfolg der Adoption, dass das adoptierte Kind bedingungslos angenommen wird.
Für unfreiwillig kinderlose Paare ist es wichtig, dass sie vor der Adoption Abschied von dem Gedanken an ein leibliches Kind genommen haben. Das aufzunehmende Kind ist kein Ersatz für das leibliche Kind.

Ein Adoptivkind ist kein Ersatz für ein leibliches Kind

Weitere Merkmale

'Über die bereits angesprochenen Merkmale hinaus soll sich die Fachkraft einen allgemeinen Überblick über die Persönlichkeitsstruktur der Bewerber verschaffen und dies unter besonderer Berücksichtigung des individuellen Selbstkonzeptes (Einstellungen, Wahrnehmungen zur eigenen Person) tun.
Eine vollständige Beschreibung der psychologischen Eignungskriterien kann in diesen Empfehlungen nicht erfolgen. Die wichtigsten Stichpunkte sind:
* *die Fähigkeit, sich kognitiv flexibel auf die sich wandelnden Bedürfnislagen eines sich entwickelnden Kindes einzustellen (Rigidität/Flexibilität),*

- *Belastbarkeit/Frustrationstoleranz,*
- *Problemlösestrategien und Selbstkonzepte,*
- *die Fähigkeit, sich in den anderen (hier vor allem das Kind) hineinzuversetzen (Empathie),*
- *Toleranz,*
- *Emotionale Ausdrucksfähigkeit/Offenheit.'*

(3.3224 der Empfehlungen)

Für die Sozialarbeiter der Vermittlungsstelle ist es ausgesprochen schwierig, diese Punke abzuklären. Wie soll in 2 – 3 Gesprächen herausgefunden werden, ob der Bewerber flexibel auf die sich wandelnden Bedürfnislagen eines sich entwickelnden Kindes reagieren kann? Wie kann geklärt werden, über welche Problemlösungsstrategien der Bewerber verfügt? Objektive Kriterien, an Hand derer die Überprüfung erfolgen könnte, gibt es nicht.

Da die Eignung ausschließlich in Gesprächen überprüft wird, haben es hier automatisch Bewerber sehr schwer, die über wenig sprachliche Ausdrucksfähigkeit verfügen.

➤ **Beispiel:**

Heinz Maurer und seine Frau Regina kommen zum Eignungsgespräch in die Adoptionsvermittlungsstelle. Heinz hat die Hauptschule besuchte, dann eine Tischlerlehre gemacht hat und ist jetzt nach Angaben des Paares sehr glücklich mit seiner Frau verheiratet.

Als er zu seinem Leben befragt wird, gibt er an, er sei rundum zufrieden, größere Probleme in seiner Kindheit habe es eigentlich nicht gegeben, mit seiner Kinderlosigkeit komme er gut zurecht und Kinder könne er gut erziehen. Er wolle ein Kind adoptieren, weil er finde, das er gut mit Kindern zurecht komme.

Eine solche Aussage wird bei vielen Fachkräften auf Skepsis stoßen.

Hat sich der Bewerber etwa nicht mit seinen Problemen auseinandergesetzt? Deutet die Aussage, er könne Kinder gut erziehen, darauf hin, dass dem Bewerber die Probleme, die eine Auslandsadoption mit sich bringt, gar nicht bewusst sind? Verdrängt der Bewerber die Probleme seiner Kinderlosigkeit?

Dem Bewerber muß bewusst sein, dass die Entscheidung über seine Adoptionseignung eine höchst subjektive Einschätzung des Sozialarbeiters ist.

Die Einstellungen von Adoptionsvermittlern haben sich dabei im Laufe der Zeit sehr gewandelt.

Wenn ein Bewerber heute angäbe, er bezweifle, dass es adoptionsspezifische Probleme bei Kindern gäbe, würde er wohl überall abgelehnt werden. In einer Studie von Napp–Peters 1978 wurden Adoptionsvermittler befragt, ob es ihrer Meinung nach adoptionsspezifische Probleme bei Kindern gäbe. Die Frage wurde nur von 20 % der befragten Personen bejaht[24]. Mit Meinungen, die heute leicht zum Scheitern der Adoptionsbemühungen führen können, wäre der Bewerber vor 25 Jahren auf großes Verständnis gestoßen.

Schwer vermittelbare Kinder

´Nur wenige Bewerber bemühen sich von vornherein um die Aufnahme eines behinderten oder älteren Kindes. Auf der anderen Seite werden auch und gerade für behinderte, gesundheitlich beeinträchtigte, verhaltensauffällige oder ältere Kinder, Eltern
gesucht. Durch intensive Öffentlichkeitsarbeit und Werbung kann das Interesse an der
Aufnahme solcher Kinder möglicherweise geweckt werden. Mit einer verbindlichen
Zusage weiterer Beratung und Unterstützung können geeignet erscheinende Bewerber
u.U. motiviert werden.

Vor allem bei gesundheitlich beeinträchtigten oder verhaltensauffälligen Kindern sind
vor verfestigenden Schritten die erforderlichen Hilfen detailliert zu klären (Erreichbar-
keit von Sonderschulen, Kindergärten und diversen Therapeuten etc.).

Mit Bewerbern die einen Säugling oder ein gesundes, nicht behindertes Kleinkind wünschen, sollte stets auch die evtl. Adoption eines älteren oder behinderten Kindes
besprochen werden. Dabei wird sich die Fachkraft Zurückhaltung auferlegen, um den
Kinderwunsch nicht zu manipulieren´ (3.41 der Empfehlungen).

Die meisten Bewerber wünschen sich ein gesundes, nicht behindertes Kleinkind. Die
häufig gehörte Behauptung, dies zeige, dass Adoptionsbewerber primär an ihren eigenen Interessen interessiert sind, ist schwer verständlich. Jedes Paar, das ein leibliches
Kind bekommt, hofft, dass sein Kind gesund zur Welt kommt. Der Wunsch, ein gesundes Kind in der Familie zu haben, besteht wohl bei den meisten Eltern, unabhängig
davon, ob es sich um leibliche Kinder oder Adoptivkinder handelt.

Viele Bewerber geben an, auch zur Aufnahme eines älteren Kindes oder eines Kindes
mit Behinderungen bereit zu sein. Manchmal soll auf diese Weise - gegen die eigene
Überzeugung - gegenüber dem Sozialarbeiter der Beweis erbracht werden, dass man
es wirklich ernst mit der Adoption meint.

Für die Fachkraft besteht in diesen Fällen die Schwierigkeit, herauszufinden, ob die
Bewerber tatsächlich bereit sind, ein Kind aufzunehmen, von dem zu erwarten ist,
dass die Erziehung einige Probleme aufwirft.

Bei der Adoption eines älteren Kind beinhaltet ihre Elternaufgabe nicht nur ´Gebor-
genheit zu bieten und Vorbild zu sein, sondern mit der schwierigen und fehlenden
gemeinsamen Vorgeschichte des Kindes fertig zu werden. Die Rolle dieser Adoptiveltern ist es, primär Entwicklungshelfer dieser Kinder zu sein und weniger erzieherisch
prägend auf die Kinder zu wirken´[25].

Alleinstehende Bewerber

´Die Annahme eines Kindes durch eine alleinstehende Person kann sich anbieten bei

* bereits längerwährender für das Kind bedeutsamer Beziehung, die einem Eltern-
  Kind-Verhältnis entspricht
* Aufnahme eines verwandten Kindes,
* Aufnahme eines Kindes, dessen Geschwister im Verwandten oder Freundeskreis oder
  in der Nachbarschaft des Bewerbers leben,
* Aufnahme eines Kindes, das von den leiblichen Eltern nur zur Adoption durch diesen
  Alleinstehenden freigegeben wird, soweit dies keinen Rechtsmissbrauch darstellt,

> • *Kindern, für die auf Grund persönlicher Vorerfahrungen die Vermittlung in eine Voll-*
> *familie nicht förderlich ist.*
> *Auch bei Berufstätigkeit muss in jedem Fall sichergestellt sein, dass das Kind in sta-*
> *bilen sozialen Verhältnissen erzogen und versorgt wird. Auf Erziehungsgeld und*
> *Erziehungsurlaub ist hinzuweisen`* (3.42 der Empfehlungen).

Grundsätzlich ist die Adoption durch eine nichtverheiratet Person rechtlich möglich[26]. Als prominentes Beispiel dient hier der Schlagersänger Patrik Lindner, der einen Jungen aus Russland adoptierte.

Für nichteheliche Lebensgemeinschaften, schwule oder lesbische Paare ist die gemeinsame Adoption eines Kindes nicht möglich. Nur einer der beiden Partner kann das Kind annahmen. Entschließt sich ein solches Paar, ein Kind zu adoptieren, muß es vorher besprechen, wer von beiden adoptieren soll.

Nichtverheiratete Bewerber haben es in der Regel sehr schwer, ein Jugendamt oder eine sonstige Adoptionsvermittlungsstelle davon zu überzeugen, dass sie zur Adoption geeignet sind. Hält sich der Sachbearbeiter des Jugendamtes an die Empfehlungen zur Adoptionsvermittlung, kommt eine Auslandsadoption vor allem in Betracht, wenn:

• bereits ein Eltern - Kind Verhältnis besteht. Dies ist z.B. dann denkbar, wenn der Adoptionsbewerber bereits längere Zeit im Ausland mit dem Kind in einem Haushalt zusammengelebt hat,

• ein verwandtes Kind aufgenommen werden soll.

• eine Adoption in eine 'Vollfamilie' dem Kindeswohl nicht förderlich ist.

Patrik Lindner, der angibt, seinen positiven Sozialbericht vom örtliche Jugendamt erhalten zu haben, hatte offensichtlich Glück. Bei genauer Beachtung der Richtlinien spricht nicht allzu viel für den Schlagersänger. Keines der drei Kriterien war hier erfüllt.

Viele Fachkräfte sind auch zur Vermittlung an nichtverheiratete Bewerber bereit

Es ist festzustellen, dass zunehmend mehr Adoptionsvermittler bereit sind, auch an nichtverheiratete Personen zu vermitteln. Während 1969 in einer Untersuchung noch alle befragten Adoptionsvermittler die Vermittlung an Alleinstehende abgelehnt hatten[27], gaben 1992 immerhin 38% der Befragten an, dass sie grundsätzlich auch an Alleinstehende vermitteln würden[28].

Eignungsüberprüfung bei freien Vermittlungsstellen

Für die freien Vermittlungsstellen gibt es keine Empfehlungen zur Adoptionsvermittlung. Jede Vermittlungsstelle kann selbst entscheiden, welche Bewerber sie für geeignet hält und welche nicht.

Grundsätzlich gelten aber auch hier die Grundsätze, wie sie in den Empfehlungen für die Jugendämter niedergeschrieben wurden.

Zusätzlich ist von den Bewerbern zu beachten, dass die freien Auslandsvermittlungsstellen natürlich nur mit solchen Bewerbern zusammen arbeiten wollen, die das jeweilige Vermittlungsverfahren im Ausland akzeptieren.

Kritisches Nachfragen nach einzelnen Verfahrensabläufen und der Zusammensetzung der Kosten kann deshalb unter Umständen schnell zu einer Ablehnung führen.

Von den Adoptionsbewerbern wird erwartet, dass sie sich mit dem Herkunftsland des zu adoptierenden Kindes auseinandergesetzt haben. Das heißt aber nicht, dass alle Fachkräfte der Adoptionsvermittlungsstelle selbst schon im Adoptionsland waren. Fragen der Bewerber, ob die Fachkraft denn selbst schon das Heim gesehen habe, aus dem die Kinder kommen, werden deshalb bisweilen als unpassend empfunden.

Was bedeutet die Ablehnung der Eignung?

Erhalten die Bewerber die Mitteilung, die Überprüfung habe ergeben, dass eine Eignung zur Adoption eines Kindes nicht bestehe, so stellt sich die Frage, wie sie mit dieser negativen Nachricht umgehen sollen.

In jedem Fall ist dies ein günstiger Zeitpunkt für folgende Überlegungen:

* halte ich mich selbst wirklich für geeignet, ein Kind zu adoptieren?
* habe ich das Gefühl, dass ich eigentlich ganz anders bin, als mich die Fachkraft der Adoptionsvermittlungsstelle einschätzt?
* Beruht die Ablehnung auf Gründen, die ich ändern kann? So kann man an einer fehlenden finanziellen Basis leichter etwas ändern als an einer Ablehnung wegen Krankheit des Bewerbers.
* Beziehen sich die Ablehnungsgründe eher darauf, dass ich nicht zu dieser Adoptionsvermittlungsstelle passe, oder werde ich generell für ungeeignet befunden?

In jedem Fall sollte man sich darüber im klaren sein, dass die Ablehnung ein subjektives Urteil der Fachkraft ist und das Ergebnis der Eignungsüberprüfung ganz wesentlich von den Einstellungen des zuständigen Adoptionsvermittlers abhängt.

Nach einer Studie sind 14 % der Adoptionsvermittler dafür, die Zahl von Auslandsadoptionen zu verringern. 67 % der Befragten antworteten auf die Frage, ob die Zahl der Auslandsadoptionen vergrößert werden soll, da es in der Dritten Welt Millionen verhungernder und vernachlässigter Kinder gebe mit 'nein'[28].

Nicht aller Adoptionsvermittler sind also der Meinung, Auslandsadoptionen seien gut für ein Kind in der Dritten Welt.

Die notwendigen Unterlagen

Der Beschaffung von Unterlagen kommt im Adoptionsverfahren eine überragende Bedeutung zu. Der Adoptionsbewerber kann überaus geeignet sein – wenn er es nicht schafft, die geforderten Unterlagen beizubringen, wird die Adoption scheitern. Gerade ausländische Stellen achten mitunter peinlichst auf die Einhaltung von Vorschriften. Da kann es den Bewerbern schon passieren, dass sie der Beamte im Ausland achselzuckend darauf aufmerksam macht, dass sich leider in der letzten Woche die Vorschriften geändert haben und nun eine weitere Bestätigung vorzulegen sei, die von den Bewerbern erst in Deutschland besorgt werden müsse. In diesem Fall bleibt nichts anderes übrig, als die Heimreise anzutreten und das Dokument ausstellen, übersetzen und beglaubigen zu lassen.

Der Fragebogen

Von vielen Adoptionsvermittlungsstellen wird an die Adoptionsbewerber nach dem ersten telefonischen Kontakt oder später im Laufe des Verfahrens ein Fragebogen verteilt, der dann ausgefüllt und zurückgeschickt werden muß.

Häufig findet man solche Fragen:
- Versuchen Sie zu beschreiben, warum Sie ein Kind adoptieren wollen.
- Haben Sie bereits Kontakt oder Erfahrungen mit ausländischen Kindern oder Familien?
- Welche intensiveren Beziehungen zu anderen Ländern (außer Urlaubsreisen) haben Sie bereits?
- Aus welchem Kulturraum könnten sie sich die Aufnahme eines Kindes vorstellen und warum?
- Gibt es Länder oder Kulturräume, aus denen Sie kein Kind aufnehmen würden?
- Können Sie sich die Aufnahme eines farbigen Kindes vorstellen?
- Können Sie sich vorstellen ein Kind aufzunehmen, dass sich – auch später – äußerlich von anderen Kindern unterscheidet?
- Welche Gründe haben Sie bewogen, sich für die Aufnahme eines ausländischen Kindes zu bewerben?
- Welche Erwartungen und Hoffnungen verbinden Sie mit der Adoption eines ausländischen Kindes?
- Welche Unterschiede sehen Sie zwischen der Adoption eines inländischen und eines ausländischen Kindes?
- Wie werden vermutlich Ihre Eltern, Verwandten; Freunde und Nachbarn reagieren, wenn Sie ein fremdländisch aussehendes Kind aufgenommen haben?
- Welche Vorbehalte können Fremde einem Kind aufgrund seiner Herkunft entgegenbringen?
- Welche Vorbehalte gegenüber anderen Menschen, die Ihnen fremd sind, haben Sie bei sich selbst schon beobachtet?
- Wie glauben Sie, kommen Sie damit zurecht, wenn Ihr Kind als 'Kanake' oder 'Schlitzauge' beschimpft wird.
- Wie kommen Sie damit zurecht, wenn Sie als 'Negerhure' oder 'gehörnter Ehemann' beschimpft werden?
- Wie können Sie das Selbstbewusstsein des Kindes stärken, damit es sich gegen Anfeindungen wehren kann.

- Wie stehen Sie dazu, dass das angenommene Kind sein Leben lang eine besondere Beziehung zu seinem Herkunftsland haben wird.
- Viele Kinder sind durch die Erfahrung von Krieg, Angst und Hunger in ihrem Heimatland geprägt. Können Sie sich vorstellen, ein solches Kind aufzunehmen?
- Welche Schwierigkeiten erwarten Sie?
- Was wird sich in ihrem Leben durch die Adoption verändern?
- Wo sehen Sie Ihre Möglichkeiten und Grenzen?
- Welche Wünsche haben Sie bezüglich des aufzunehmenden Kindes?
- Welche Auffälligkeiten in der Herkunftsfamilie des Kindes würde Sie ängstigen (z.B. Drogenabhängigkeit, Prostitution, Alkoholabhängigkeit, Krankheiten) ?
- Können Sie sich vorstellen, nach Abschluss der Adoption den leiblichen Eltern Briefe, Photos oder ähnliches zukommen zu lassen?
- Können Sie sich vorstellen, die leiblichen Eltern persönlich kennen zu lernen?
- Was bedeutet es für Sie, wenn das Kind später seine leiblichen Eltern kennenlernen will?
- Welche Erfahrungen haben Sie bereits mit Auslandsadoptionen?
- Sind Sie dazu bereit und in der Lage, zur Adoption des Kindes in dessen Heimatland zu reisen?
- Es kommt bei Adoptionen aus dem Ausland häufig vor, dass keine ausreichenden Informationen zur Vorgeschichte des Kindes vorliegen. Dies bedeutet, dass bei späteren Erkrankungen unter Umständen keine genügenden Prognosen getroffen werden können. Ist eine Adoption für Sie dennoch vorstellbar?

Für die Fragen steht genügend Zeit zur Verfügung. Die Adoptionsbewerber können zu Hause in aller Ruhe überlegen, wie sie zu den einzelnen Punkten Stellung nehmen. Dabei ist es wichtig, seine eigenen Möglichkeiten realistisch einzuschätzen.
Vielfach fürchten die Bewerber, dass sie bei der Äußerung von Ängsten und Bedenken als ungeeignet erscheinen. Wer bei einer so risikoreichen Angelegenheit wie der Adoption eines fremden Kindes keine Ängste hat, macht sich allerdings schnell unglaubwürdig.

Der Lebensbericht

Von den meisten Adoptionsvermittlungsstellen wird verlangt, dass jeder Bewerber (bei Paaren also beide), einen Lebensbericht abgibt.
Darunter versteht man eine Art Lebenslauf, der folgende Punkte enthalten sollte:
- eigene Herkunft (´Ich wurde am .... in .... als Kind des .... und der ..... geboren)
- Anzahl der Geschwister
- Beruf der Eltern
- Kindheit und Jugend
- Schulische Laufbahn
- Verhältnis zu Eltern und Geschwister
- Berufsweg

- Partnerschaft (Frühere Partnerschaften, wo wurde der jetzige Partner kennen gelernt, seit wann besteht die Partnerschaft, wann wurde geheiratet, wie ist das Verhältnis zum Partner)
- Warum ist die Partnerschaft kinderlos?
- Wie ist dies gemeinsam verarbeitet worden?
- Warum haben sich die Bewerber für eine Adoption entschieden?
- Welche Vorstellungen haben die Bewerber von Adoption und Erziehung?
- Zukunftsprognosen

Das wichtigste am Lebensbericht ist es, dass der Leser sieht, dass sich hier jemand mit seinem Leben auseinandersetzt. Es sollte also durchaus zu erkennen sein, dass der Bewerber sich Gedanken über sein Leben macht und dass er auch schwierige Zeiten durchgemacht hat.

Der Adoptionseignungsbericht

Zu jeder Adoption gehört ein Adoptionseignungsbericht

Das wichtigste Dokument im Adoptionsverfahren ist der Adoptionseignungsbericht. Unabhängig davon, in welchem Land oder in welchem Verfahren ein Kind adoptiert werden soll – ohne Adoptionseignungsbericht geht es nicht.

Wer darf einen Adoptionseignungsbericht ausstellen?

Grundsätzlich ist nach § 7 Adoptionsvermittlungsgesetz hierfür die örtliche Adoptionsvermittlungsstelle zuständig.

Das örtliche Jugendamt

´Auf Antrag prüft die örtliche Adoptionsvermittlungsstelle die allgemeine Eignung der Adoptionsbewerber mit gewöhnlichem Aufenthalt in ihrem Bereich zur Annahme eines Kindes mit gewöhnlichem Aufenthalt im Ausland. Hält die Adoptionsvermittlungsstelle die allgemeine Eignung der Adoptionsbewerber für gegeben, so verfasst sie über das Ergebnis ihrer Prüfung einen Bericht, in dem sie sich über die rechtliche Befähigung und die Eignung der Adoptionsbewerber zur Übernahme der mit einer internationalen Adoption verbundenen Verantwortung sowie über die Eigenschaften der Kinder äußert, für die zu sorgen diese geeignet wären. Der Bericht enthält die zu der Beurteilung nach Satz 2 erforderlichen Angaben über die Person der Adoptionsbewerber, ihre persönlichen und familiären Umstände, ihren Gesundheitsstatus, ihr soziales Umfeld und ihre Beweggründe für die Adoption. Den Adoptionsbewerbern obliegt es, die für die Prüfung und den Bericht benötigten Angaben zu machen und geeignete Nachweise zu erbringen. Absatz 1 Satz 4 gilt entsprechend. Der Bericht wird einer von den Adoptionsbewerbern benannten Empfangsstelle zugeleitet; Empfangsstelle kann nur sein:
1. eine der in § 2 a Abs. 3 und § 15 Abs. 2 genannten Stellen oder
2. eine zuständige Stelle mit Sitz im Heimatstaat.`

Der Bewerber wird also mit seinem Jugendamt Kontakt aufnehmen, und dort anfragen, welche Adoptionsvermittlungsstelle für seinen Ort zuständig ist.

Falls der Bewerber von der Adoptionsvermittlungsstelle seines Jugendamtes als ungeeignet abgelehnt wird, bleibt ihm noch die Möglichkeit, sich an eine freie Adoptionsvermittlungsstelle zu wenden.

Die Tatsache, dass die Eignung vom Jugendamt verneint wurde, heißt noch nicht, dass auch die anderen Stellen zu dem gleichen Ergebnis kommen. Es kann also durchaus sein, dass das abgelehnte Bewerberpaar zur Adoptionsvermittlungsstelle eines freien Trägers geht, dort die Adoptionseignung erhält und anschließend adoptiert.

Freie Adoptionsvermittlungsstellen

Auch zugelassene Adoptionsvermittlungsstellen freier Träger können ermächtigt sein, Berichte zu erstellen. Falls sich der Adoptionsbewerber für diese Variante interessiert, empfiehlt sich die telefonische Nachfrage bei der Adoptionsvermittlungsstelle, mit der die Adoption durchgeführt werden soll, ob auch von dort ein Adoptionseignungsbericht erstellt werden kann.

Deutsche mit gewöhnlichem Aufenthalt im Ausland

Es kommt relativ häufig vor, dass Deutsche ihren gewöhnlichen Aufenthalt im Ausland haben und dort eine Adoption durchführen wollen.

Deutsche im Ausland haben es schwer, einen Adoptionseignungsbericht zu erhalten

➤ **Beispiel:**

Die Entwicklungshelferin Maria Schneider lebt und arbeitet seit mehreren Jahren in Ghana, wo sie auch ihren gewöhnlichen Aufenthalt hat. Seit 2 Jahren sorgt sie für ein elternloses Mädchen, das ihr so sehr ans Herz gewachsen ist, das sie es nunmehr adoptieren will.

Frau Schneider kann nicht zu einem deutschen Jugendamt gehen, da sie ihren gewöhnlichen Aufenthalt nicht in Deutschland hat. Sie kann lediglich eine Bescheinigung von der Bundeszentralstelle beantragen.

§ 7 Abs. 4 regelt hier:

'Auf Antrag bescheinigt die Bundeszentralstelle deutschen Adoptionsbewerbern mit gewöhnlichem Aufenthalt im Ausland, ob diese nach den deutschen Sachvorschriften die rechtliche Befähigung zur Annahme eines Kindes besitzen. Die Bescheinigung erstreckt sich weder auf die Gesundheit der Adoptionsbewerber noch auf deren sonstige Eignung zur Annahme eines Kindes; hierauf ist im Wortlaut der Bescheinigung hinzuweisen. Verweisen die Bestimmungen des Internationalen Privatrechts auf ausländische Sachvorschriften, so ist auch die maßgebende ausländische Rechtsordnung zu bezeichnen.'

Der Generalbundesanwalt beim Bundesgerichtshof ist die sogenannte 'Bundeszentralstelle für Auslandsadoptionen'. Er ist in den Fällen zuständig, in denen deutsche Adoptionsbewerber ihren gewöhnlichen Aufenthalt im Ausland haben.

Der Generalbundesanwalt beim Bundesgerichtshof
Brauerstraße 30
76137 Karlsruhe

Bescheinigt wird aber lediglich die rechtliche Befähigung.

Einem Adoptionsbewerber, der von der ausländischen Behörde aufgefordert wird, einen Adoptionseignungsbericht samt Stellungnahme zur Eignung vorzulegen, hilft dies nur wenig. Frau Schneider kann deshalb nur hoffen, dass sich die Behörde in Ghana mit dem vorgelegten Dokument begnügt und keinen umfassenden Adoptionseignungsbericht fordert.

Der richtige Zeitpunkt für die Beantragung des Adoptionseignungsberichtes

Wann genau der richtige Zeitpunkt gekommen ist, den Adoptionseignungsbericht zu beantragen, hängt jeweils vom Einzelfall ab.

In den meisten Ländern darf der Adoptionseignungsbericht nicht älter als 6 Monate sein

Die Adoptionsbewerber sollten dabei nicht aus den Augen verlieren, dass nach den Vorschriften der meisten Länder der Adoptionseignungsbericht nicht älter als 6 Monate sein darf. Es kann deshalb leicht passieren, dass Schwierigkeiten bei der Beschaffung von Unterlagen auftauchen und der Bericht zwar erstellt ist, aber wegen Ablauf der 6 Monatsfrist ungültig wird.

Zweck des Adoptionseignungsberichtes

Die meisten Adoptionsbewerber empfinden das Verfahren, bis der Adoptionseignungsbericht erstellt ist, als Stress und Eingriff in die Privatsphäre. Warum, so fragen sie, müssen wir die intimsten Details offen legen und unsere Eignung beweisen, während andere so viele Kinder bekommen wie sie wollen, ohne dass sich jemand darum kümmert.

Diese Klagen helfen jedoch nicht weiter. Der Adoptionseignungsbericht wird verlangt – ob es den Bewerbern gefällt oder nicht.

Wer ein Kind aus dem Ausland adoptieren will, muss sich deshalb notwendigerweise dem Verfahren stellen.

Sinn und Zweck des Adoptionseignungsberichtes ist es:
• die Ergebnisse der Eignungsprüfung zusammenzufassen und
• als Grundlage dafür zu dienen, für ein Kind die richtigen Eltern zu finden.

Anspruch auf Adoptionseignungsbericht

Auf die Überprüfung der Eignung haben die Adoptionsbewerber einen Rechtsanspruch. Hält die Adoptionsvermittlungsstelle die allgemeine Eignung der Adoptionsbewerber für gegeben, so verfasst sie über das Ergebnis der Prüfung einen Bericht[29]. Im Umkehrschluss bedeutet dies, dass die Adoptionsvermittlungsstelle dann keinen Bericht verfassen muss, wenn sie die Eignung der Bewerber für nicht gegeben hält. Es besteht somit kein Anspruch auf einen Adoptionseignungsbericht, sondern lediglich ein Anspruch auf Überprüfung. Vor der Gesetzesänderung war es oft unklar, ob ein Anspruch auf Überprüfung bestand[30].

➤ **Beispiel:**

Das Ehepaar Schmidt hat große Sorgen mit dem Jugendamt. Nachdem sie mehrere Gespräche mit der zuständigen Fachkraft geführt hatten und auch ein Hausbesuch durchgeführt worden war, weigert sich das Jugendamt, einen Adoptionseignungsbericht zu erstellen, da eine Eignung nicht gegeben sei.

Die Schmidts sind hier in einer ungünstigen Situation. Wenn sich das Jugendamt auf den Standpunkt stellt, die Bewerber seien für eine Adoption nicht geeignet, bleibt nur der Klageweg, der allerdings selten von Erfolg gekrönt ist.

Die Gerichte vertreten hier meist den Standpunkt, dass es sich beim Begriff der Eignung um einen unbestimmten Rechtsbegriff handele, der nur eingeschränkt der richterlichen Kontrolle unterliege. Zu überprüfen sei nur, ob keine sachfremden Erwägungen eingeflossen sind und die Leistungsadressaten in umfassender Weise beteiligt worden sind[31].

Im Ergebnis bedeutet dies, dass Klagen gegen ein negatives Ergebnis der Eignungsprüfung in der Regel keinen Erfolg haben.

Von Klagen gegen eine ablehnende Entscheidung ist abzuraten

Die Gespräche mit der Fachkraft der Adoptionsvermittlungsstelle

Üblicherweise finden zwischen Adoptionsvermittlungsstelle und Adoptionsbewerbern eine Reihe von Gesprächen statt (meist 2 – 3) , die zwischen einer Stunde und drei Stunden dauern. Mindestens ein Gespräch wird in der Wohnung des Adoptionsbewerbers geführt. Meist findet der Termin an einem Nachmittag statt. Beide Partner sollten anwesend sein.

Das wichtigste, was die Bewerber hier zu beachten haben ist:

- Entspannen Sie sich und bleiben sie locker
- Machen Sie sich keine Sorgen darüber, ob sie perfekt sind oder nicht.
- Versuchen Sie nicht jemanden darzustellen, der sie nicht sind.
- Natürlich sollte die Wohnung aufgeräumt und sauber sein. Es ist allerdings nicht Zweck des Gespräches, einen perfekt gestalteten Raum zu prämieren, sondern herauszufinden, ob ein Kind sich hier wohlfühlen könnte.
- Seien Sie darauf vorbereitet, persönliche Fragen zum Thema eigene Kindheit, Einkommen, Gesundheit, Kinderlosigkeit und Erziehung zu diskutieren.
- Wenn Ihnen auf eine Frage nicht die passende Antwort einfällt, brauchen Sie nicht in Panik zu geraten. Entscheidend ist der Gesamteindruck und nicht eine einzelne Frage.
- Es wird im Gespräch nicht verlangt, dass der Bewerber Kontoauszüge oder dergleichen vorlegt oder seine Schränke öffnet.

- Es geht darum, ein Gespräch in angenehmer Atmosphäre zu führen, bei dem die Fachkraft den Bewerber näher kennenlernen kann.

Inhalt des Adoptionseignungsberichtes

Der genaue Inhalt des Berichtes hängt davon ab,

- in welchem Land die Adoption durchgeführt werden soll
- welche Details der zuständige Adoptionsvermittler für erwähnenswert hält.

Grundsätzlich ist davon auszugehen, dass der Bericht entsprechend den Vorgaben des Bayerischen Landesjugendamtes folgende Inhalte hat:

1. Personalien der Bewerber
- Sämtliche Vornamen, Familiennamen, ggf. Geburtsname, Geburtdatum, Staatsangehörigkeit und Religionszugehörigkeit
- Datum der Eheschließung
- Anschrift der Familie

2. Rechtliche Befähigung zur Adoption
- Bestätigung der rechtlichen Befähigung zur Adoption
- Bei Ehepaaren: Rechtliche Befähigung zur gemeinschaftlichen Adoption

3. Datengrundlage
- Anzahl der Gespräche / Teilnahme an Seminaren

4. Führungszeugnis
- Eintragungen im Führungszeugnis

5. Gesundheitsstatus
- Angaben zum Gesundheitszustand
- ggf. vorliegende Behinderungen
- ggf. Hinweise auf schwere körperliche, psychiatrische oder Suchterkrankungen

6. Wirtschaftliche Verhältnisse und Wohnsituation
- ausreichende wirtschaftliche Absicherung
- ausreichender Wohnraum

7. Beschreibung der Lebenssituation
Insbesondere Aussagen zu
- persönlichem Werdegang
- Alter
- früheren Ehen
- Anzahl und Alter der Kinder
- Beruf und Berufstätigkeit
- familiärer Situation
- Interessen und Freizeitgestaltung
- weiteren Informationen von Interesse (z. B. besondere Lebensweisen, Religionsausübung, besondere Vorerfahrungen etc.)

8. Persönlichkeit der Bewerber
Insbesondere Aussagen zu
- Einfühlungsvermögen

- Bindungsfähigkeit
- Belastbarkeit
- Problemlösekompetenz
- Selbststeuerung / Verhalten in belastenden Situationen
- Offenheit gegenüber anderen Lebensweisen

9. Erziehungskompetenz

- Erfahrungen im Umgang mit Kindern
- Erziehungsziele und – vorstellungen

10. Partnerschaft

- Beschreibung der Paarbeziehung

11. Soziales Umfeld

- Beschreibung des sozialen Netzes der Familie (z. B. Familienverbund, Freundeskreis, sonstige Kontakte)
- unterstützende und belastende Faktoren

12. Adoptionsmotivation

- Grundlegende Motivation
- ggf. Auseinandersetzung mit dem unerfüllten Kinderwunsch
- Auseinandersetzung mit relevanten Adoptionsthemen (z. B. Einstellung zu leiblichen Eltern, Identitätsentwicklung von Adoptivkindern)
- Motivation zur Adoption eines Kindes aus dem Ausland
- Problembewusstsein
- Haltung wichtiger Bezugspersonen zur geplanten Adoption

13. Auseinandersetzung mit einer Adoption aus (konkretes Land)

- Spezifische Gründe zur Adoptionsbewerbung für das konkrete Land
- Auseinandersetzung mit der Kultur und sozialen Situation des Landes
- Angaben über die Vorbereitung der Bewerber auf die Anforderungen, die die Adoption eines Kindes aus diesem Land an sie stellt.

14. Kindbezogene Aspekte

Insbesondere Aussagen zu

- Alter, ggf. Berücksichtigung der Geschwisterfolge
- akzeptierbare Einschränkungen und Risikobereitschaft hinsichtlich psychischer und motorischer Entwicklung, Behinderungen, Herkunft
- Möglichkeiten der Bewerber zur Förderung und Integration des Kindes, ggf. erforderliche Spezialeinrichtungen in der näheren Umgebung

15. Abschließende Stellungnahme

- Die abschließende Eignungsfeststellung für die Adoption eines Kindes aus dem konkreten Land ist auf der Grundlage der oben ausgeführten Aspekte zu begründen. Dabei muss deutlich werden, für welche Kinder die Bewerber zu sorgen geeignet sind (Alter, Entwicklungsrückstände, Behinderungen, Risikobereitschaft).Ausschlusskriterien hinsichtlich des aufzunehmenden Kindes sind eindeutig zu benennen.

Entnommen aus: (http://www.blja.bayern.de/Aufgaben/Adoption/Auslandsadoptionen/TextOfficeSozilbericht(home_study).htm)

Adoptionseignungsbericht

Stadt   Muster

Stadtjugendamt, Barbarossastraße 35,
Briefanschrift: Stadt Muster 75846 Muster , 75847 Muster

Auskunft erteilt: Frau Maier

Zur Vorlage bei den
zuständigen Behörden
in Kambodscha zur Adoption

Zimmer: 453
Telefon – Durchwahl (06543 – 67464)
Sprechzeiten:
Montag bis Freitag
8.30 – 13.00 Uhr

Ihre Zeichen, Ihre Nachricht vom	Bei Antwort bitte angeben	Unser Zeichen	Datum
18.5.1999		JA 5 h ma – he	30.5.1999

Adoptionsbewerber Franz Schmidt und Matrina Germann – Schmidt, Breslauer Straße 34, 75846 Muster hier: Adoptionseignungsbericht zur Vorlage bei den zuständigen Behörden in Kambodscha zur Adoption

Sehr geehrte Damen und Herren,
der nachfolgende Adoptionseignungsbericht basiert auf mehreren persönlich geführten Gesprächen sowie zwei Hausbesuchen.

1. Personalien der Bewerber:

Adoptionsbewerber:	Franz Schmidt
Geburtsdatum:	21.3.1967
Staatsangehörigkeit:	Deutsch
Konfession	Römisch – katholisch
Erlernter Beruf:	Arzt
Ausgeübter Beruf:	Arzt

Adoptionsbewerberin:	Martina Germann - Schmidt
Geburtsdatum:	14.9.1969
Staatsangehörigkeit:	Deutsch
Konfession	Römisch – katholisch

Erlernter Beruf: Krankenschwester
Ausgeübter Beruf: Krankenschwester

Herr Franz Schmidt wurde am 21.3.1967 in Braunschweig geboren. Sein Vater war von Beruf Schlosser, seine Mutter Näherin. Herr Schmidt hat einen älteren Bruder.

Herr Schmidt wuchs in einem kleinen Dorf in der Nähe von Braunschweig auf, in dem er auch bis zur 4. Klasse zur Schule ging. Das Eheleben der Eltern wird als harmonisch beschrieben. Während die Mutter sich um den Haushalt und die Kinder kümmerte, war der Vater beruflich und politisch sehr stark engagiert, wodurch wenig Zeit blieb, sich an der Kindererziehung zu beteiligen. Nach der Grundschule wechselte Herr Schmidt auf das Gymnasium in Bestadt und schloss dieses 1986 mit dem Abitur ab. Danach absolvierte er seinen Wehrdienst und begann anschließend ein Studium der Sportwissenschaft in Köln. Bereits im ersten Semester erkannt er jedoch, dass er seinen Wunsch, in seinem späteren Berufsleben anderen Menschen zu helfen, mit diesem Studium nicht umsetzen konnte und wechselte deshalb an die Universität München, wo er ein Medizinstudium begann. Er ist heute am Kreiskrankenhaus in Muster als Arzt beschäftigt. Am 3.9.2000 heiratete er seine Frau Martina.

Frau Martina Germann – Schmidt wurde am 14.9.1969 in Aachen geboren. Sie hat zwei jüngere Schwestern. Ihr Vater war Automechaniker und ihre Mutter Verkäuferin. Die Ehe der Eltern wurde geschieden als Frau Germann – Schmidt 6 Jahre alt war, da der Vater die Familie verließ. Nach der Scheidung musste die Mutter die Familie alleine ernähren, da Unterhaltszahlungen völlig ausblieben. Einen Großteil der erzieherischen Aufgaben übernahm eine Tante, die in der Nähe wohnte. Frau Germann – Schmidt erlebte den Verlust des Vaters, der sie nur noch wenige male sah, als sehr schmerzlich. Zu ihren Geschwistern und ihrer Mutter hat sie auch heute noch eine sehr innige Beziehung. Nach Abschluss der Realschule absolvierte sie eine Ausbildung zur Krankenschwester und ist jetzt als Stationsschwester im Kreiskrankenhaus Muster beschäftigt.

2. Sozialer Staus der Familie
Das Ehepaar bewohnt eine geräumige 3 – Zimmer Wohnung in Muster. Die

Wohnung befindet sich in einer ruhigen Wohngegend. Schulen, Kindergärten und Einkaufsmöglichkeiten sind in erreichbarer Nähe.

Frau Germann – Schmidt wird ihre Berufstätigkeit, wenn sie ein Kind in die Familie aufnehmen können, aufgeben, um sich zukünftig der Erziehung des Kindes zu widmen.

3. Partnerschaft und Gesundheit

Das Ehepaar geht partnerschaftlich miteinander um und führt nach eigenen Angaben eine gute und harmonische Ehe. Die Ehe beurteilen wir als stabil und belastungsfähig. Nach den ärztlichen Stellungnahmen sind beide Bewerber gesund.

4. Adoptionsmotivation

Aus medizinischer Sicht ist die Wahrscheinlichkeit sehr gering, dass die Bewerber ein leibliches Kind bekommen. Seit etwa 2 Jahren haben sie sich deshalb mit dem Thema Adoption intensiv auseinandergesetzt und verschiedene Bücher zu diesem Thema gelesen. Sie haben Kontakt zu zwei Familien, die aus Kambodscha adoptiert haben. Vor einem Jahr haben sie ihren Urlaub in diesem Land verbracht, und sich dabei intensiv mit der Kultur auseinandergesetzt. Das Ehepaar hat schon viele Länder bereist und kann sich in die asiatische Kultur hineinversetzen.

5. Stellungnahme

Wir gewannen einen sehr positiven Eindruck von den Bewerbern. Wir halten sie für geeignet, ein Kind aus dem Ausland (Kambodscha) zu adoptieren, zu erziehen, seine Neigungen zu fördern und ihm die notwendige Zuwendung zu geben. Das Kind sollte zwischen 0 und 4 Jahren alt sein.

Helga Maier

Dipl.- Sozialpädagogin (FH)

Ärztliches Gutachten

Soweit der Bewerber nicht an wirklich ernsthaften Krankheiten leidet, ist die Erstellung eines ärztlichen Gutachtens eine reine Formalität. Dennoch können auch hier Schwierigkeiten auftreten.

➤ **Beispiel:**

Der Adoptionsbewerber Lohmeier hat starkes Übergewicht. Alle Versuche, sein Gewicht zu reduzieren, sind bislang nicht von Erfolg gekrönt gewesen. Dennoch sieht er keinen Grund, weshalb dies für eine Adoption eine Rolle spielen soll, da er schließlich auch sehr zuverlässig in der Arbeit und so gut wie nie krank sei. Sein Hausarzt sieht die Sache gleichwohl anders und verweigert ihm ein positives Gutachten, da er ihn wegen seines Übergewichtes nicht für die Erziehung eines Kindes geeignet hält. Lohmeier wir sich hier an das Prinzip der freien Arztwahl erinnern und einen anderen Arzt aufsuchen.

Man sollte immer genau darauf achten, dass die Untersuchungen durchgeführt werden und die Bescheinigungen erstellt werden, die in dem betreffenden Land verlangt werden. So ist es z.B. in manchen Ländern erforderlich, im ärztlichen Attest zu erwähnen, dass der Bewerber frei von HIV oder Aids ist. Für manche Länder ist eine Blutuntersuchung erforderlich, in anderen nicht. Es ist deshalb immer wichtig, rechtzeitig im Vorfeld abzuklären, welche Untersuchungen durchgeführt werden müssen.

Manche Länder verlangen von den Bewerbern einen HIV – Test

Polizeiliches Führungszeugnis

Führungszeugnisse werden vom Bundeszentralregister in Berlin erteilt. Anträge werden beim Einwohnermeldeamt gestellt. Im Ausland lebende Antragsteller können den Antrag direkt beim Bundeszentralregister stellen. Dort werden die jeweiligen Vorstrafen in einem Register geführt. Ob und wie lange dies Eintragungen gespeichert und Auskünfte darüber erteilt werden, ergibt sich aus den Vorschriften zum Bundeszentralregistergesetz (BZRG). Wird das Führungszeugnis zur Vorlage bei einer Behörde (hier: das Jugendamt) beantragt, wird es von direkt dorthin übersandt[32]. Die Behörde hat auf Verlangen Einsicht in das Führungszeugnis zu gewähren. Wenn das Führungszeugnis jedoch Einträge enthält, kann der Bewerber verlangen, dass es zunächst an ein von ihm benanntes Amtsgericht (das dem Wohnort des Bewerbers nächstgelegene Amtsgericht) zur Einsichtnahme durch ihn übersandt werden soll. Er kann dann dort einsehen, welche Einträge vorhanden sind und darüber entscheiden, ob das Führungszeugnis an die Behörde weitergeleitet oder vom Amtsgericht vernichtet werden soll.

Abschrift aus dem Familienbuch

Eine beglaubigte Abschrift aus dem Familienbuch wird beim Standesamt beantragt und kostet 8 EUR für die erste Anfertigung und für gleichzeitig bestellte weitere Ausfertigungen 4 EUR.

Einkommensnachweis

Problematisch ist hier, dass manche Länder eine notarielle beglaubigte Lohn – oder Gehaltsbescheinigung verlangen. Es stellt sich dabei oft die Frage, wer den Arbeitgeber vertritt. Der Vorstandsvorsitzende von Siemens wird wenig Bedürfnis verspüren, zum Notar zu fahren, um dort eine Erklärung für jemanden abzugeben, der er vermutlich noch nie gesehen hat. Auch der Personalchef hat in größeren Organisationen hierzu meist weder Lust noch Zeit. Es ist deshalb mitunter recht mühsam, in der Firma einen Vorgesetzten zu finden, der die Erklärung unterzeichnen kann und sich hierzu auch bereit erklärt.

Bei beruflich selbständigen Adoptionsbewerbern besteht die Schwierigkeit, dass wegen steuerlicher Abschreibungsmöglichkeiten der Gewinn oft sehr spärlich ausfällt oder gar nicht vorhanden ist. Hier kann es nützlich sein, eine Bescheinigung des Steuerberaters vorzulegen aus der hervorgeht, wie sich die Einkommenssituation darstellt.

Vorabzustimmung der Ausländerbehörde

Für die Einreise nach Deutschland braucht das Kind ein Visum

Für die Einreise des Adoptivkindes nach Deutschland muss von der Auslandsvertretung Deutschlands ein Visum für das Kind ausgestellt werden. Damit das Visum erteilt werden kann, ist nach § 11 DVAuslG (Durchführungsverordnung zum Ausländergesetz) die Zustimmung der für den vorgesehenen Aufenthalt zuständigen Ausländerbehörde erforderlich. Das gilt allerdings nur für Ausländer. Deutsche brauchen für die Einreise nach Deutschland kein Visum. Hat das Kind bereits durch die Adoption im Ausland nach § 6 Staatsangehörigkeitsgesetz die deutsche Staatsangehörigkeit erworben, so ist eine Visumserteilung nicht mehr nötig.

> **Beispiel:**

> *Das Ehepaar Müller hat ein Kind aus Argentinien adoptiert. Sie stellen sich auf den Standpunkt, dass die Rechtswirkungen der argentinischen Adoption denen einer deutschen Adoption entsprechen und das Kind deshalb bereits durch die Adoption im Ausland die deutsche Staatsangehörigkeit erworben hat.*

Voraussetzung hierfür wäre, dass die im Ausland erfolgte Adoption wesentlichen Grundsätzen des deutschen Rechts nicht widerspricht und insbesondere mit den Grundrechten in Einklang steht.

Dies erfordert meist eine umständliche und langwierige Prüfung.

Der Erwerb der deutschen Staatsangehörigkeit vor der Einreise des Adoptivkindes findet vor allem dann nicht statt,

- wenn die Annahme erst nach der Einreise durch ein deutsches Gericht ausgesprochen werden soll,
- wenn keiner der Annehmenden die deutsche Staatsangehörigkeit hat oder
- wenn die Annahme zwar bereits im Ausland vollzogen ist, jedoch in ihren Wirkungen hinter denen der Minderjährigenadoption deutschen Rechts wesentlich zurückbleibt

In aller Regel ist deshalb für die Einreise erst einmal ein Visum erforderlich.

Ausnahmen von der Visumspflicht

Nach § 2 der Durchführungsverordnung ist für folgende Personen eine Aufenthaltsgenehmigung nicht erforderlich:

- Staatsangehörige unter 16 Jahren der Mitgliedsstaaten der Europäischen Union und der anderen Vertragsstaaten des Abkommens vom 2. Mai 1992 über den Europäischen Wirtschaftsraum und der Schweiz, wenn sie einen Nationalpass oder einen als Passersatz zugelassenen amtlichen Personalausweis oder Kinderausweis besitzen.
- Staatsangehörige unter16 Jahren von Ecuador.

Weitere Unterlagen für die einzelnen Länder

Neben den üblichen Unterlagen werden von manchen Ländern noch zusätzliche Bescheinigungen verlangt. Es ist deshalb immer gründlich zu recherchieren, welche Unterlagen genau verlangt werden. Erfolgt die Adoption über eine anerkannte Adoptionsvermittlungsstelle, so erfolgt von dort die Auskunft, welche Unterlagen aktuell erforderlich sind. Für Indien ist etwa zusätzlich erforderlich, dass die Bewerber drei Empfehlungsschreiben von drei verschiedenen Personen in "gehobener" Stellung, z.B. Arzt, Bürgermeister, Pastor,... vorlegen.

Die Beibringung weiterer Unterlagen ist meist kein großes Problem.

Die Reise ins Ausland

Die Reise ins Ausland ist der Moment, auf den die Eltern lange gewartet und den sie sehnlichst herbeigesehnt haben. Sie sind glücklich und angespannt zugleich und können es kaum erwarten, endlich ihr Kind in die Arme nehmen zu können.

Wenn die Adoption über eine Vermittlungsstelle erfolgt, ist die Reisevorbereitung kein großes Problem. Die Anforderung an die Eltern beschränkt sich meist darauf, einen Flug zu organisieren. Die Vermittlungsstelle kümmert sich darum, dass ein geeignetes Hotel gefunden wird und sich die Eltern vor Ort zum richtigen Zeitpunkt bei der richtigen Behörde einfinden.

Bei Privatadoptionen müssen sich die Eltern selbst um diese Dinge kümmern.

Zahlreiche Ratgeber für Reisen ins Ausland geben wertvolle Ratschläge, auf welche Gefahren zu achten ist und was der Reisende unbedingt beachten muss. Wenn das Kind aus einem Land kommt, das wegen seiner unsicheren politischen Lage oder seiner hohen Kriminalitätsrate gefährlich für Touristen ist, kann im Vorfeld der Rat des Auswärtigen Amtes eingeholt werden.

Auf der Internetseite:

Reisewarnungen des Auswärtigen Amtes

http://www.auswaertiges-amt.de/www/de/laenderinfos/reise_warnung_html finden sich Reisewarnungen für bestimmte Länder.

So erging etwa am 12.6.2002 eine Reisewarnung für Haiti mit den Worten:
´Gewalttätige Demonstrationen, Lynchmorde, Bandenkriminalität und Entführungen sind an der Tagesordnung. Rivalisierende Verbrechersyndikate, oft unter einem politischen Deckmantel, liefern sich vor allem in den Armenvierteln fast täglich Schießereien, denen auch unbeteiligte Passanten zum Opfer fallen. Die Polizei ist angesichts unzureichender Stärke und Ausrüstung, mangelnder politischer Unterstützung und teilweiser Verstrickung in verbrecherische Aktivitäten nicht in der Lage, diesen Aktivitäten Einhalt zu gebieten. Angesichts der Vielzahl der im Lande befindlichen Waffen, darunter auch Kriegswaffen, ist jedes Verlassen der gesicherten Behausung ein unkalkulierbares Wagnis.
Zunehmend sind auch die wenigen noch nach Haiti reisenden Touristen Opfer von brutalen Überfällen, dies auch am helllichten Tage und mitten in der Stadt. In einem solchen Fall kann nicht mit Hilfe durch Passanten oder die Polizei gerechnet werden. Besonders gefährlich sind neben den Elendsvierteln die Umgebung des internationalen Flughafens sowie sämtliche Banken und Supermärkte.
Auch im Landesinneren kommt es fast täglich zu Überfällen gewalttätigen Demonstrationen, Straßensperren und massiven, auch physischen Belästigungen von Ausländern.´

Solche Warnungen sollten nicht auf die leichte Schulter genommen werden. In diesen Fällen ist es nicht möglich, das Heimatland des Kindes näher kennen zu lernen.

In allen anderen Fällen sollte die Reise jedoch dazu genutzt werden, so viele Informationen wie möglich über das Land, seine Menschen und das Umfeld, in dem das Kind bisher gelebt hat, zu erhalten.

Der Aufenthalt bietet die einmalige Gelegenheit, sich mit der Mentalität der Menschen vertraut zu machen, das Land etwas kennen zu lernen, die Bedingungen zu sehen, unter denen die Menschen leben müssen....

Die Zeit ist deshalb zu kostbar, um in einem teuren Hotel darauf zu warten, dass die Adoptionsformalitäten erfüllt sind.

Während das Adoptionsverfahrens sollte darauf geachtet werden:
* rücksichtsvoll und bescheiden aufzutreten. Adoptiveltern, die freundlich und zurückhaltend auftreten, sind gute Botschafter ihres Landes, die die Verantwortli-

chen vor Ort darin bestärken, dass es eine gute Entscheidung ist, Kinder in die Obhut von Ausländern zu geben. Mitunter geschieht es auch im Ausland, dass Formalitäten länger dauern als ursprünglich geplant und sich die vorgesehenen Planungen dadurch nicht einhalten lassen. Man sollte sich dann in Erinnerung rufen, dass es auch bei deutschen Behörden vorkommt, dass Termine nicht eingehalten werden.

- soviel Informationen wie möglich über das Kind und seine Lebensgeschichte zu sammeln. Es sollten Gespräche mit möglichst vielen Betreuern, Ärzten und evtl. Verwandten geführt werden. Wenn möglich können kurze Gesprächsnotizen mit einem Photo des Gesprächspartners in einem Adoptionstagebuch zusammengefasst werden. Das Buch dient später als wichtige Erinnerungsstütze für zahlreiche Kleinigkeiten, die leicht in Vergessenheit geraten.
- In der Regel hat das Kind keinerlei Besitztümer außer der Bekleidung, die es am Körper trägt. Dieses und ein gemeinsam vor Ort erworbenes Andenken sind später oft ein wertvoller Schatz und müssen deshalb sorgsam aufbewahrt werden.

Impfungen

Informationen über die einzelnen Impfungen sind auf der Internetseite der Deutschen Gesellschaft für Tropenmedizin und internationalen Gesundheit e.V. abrufbar: http://www.dtg.mwn.de/impfen/impfung.htm

Deutsche Gesellschaft für Tropenmedizin

Hier finden sich Informationen über die Impfungen gegen:
- Gelbfieber
- Cholera
- Diphtherie
- Frühsommer - Meningo – Enzephalitis
- Hepatitis A
- Hepatitis B
- Influenza
- apanische Encephalitis
- Masern
- Meningokokken – Meningitis
- Pneumokokken
- Polyomyelitis
- etanus
- Tollwut
- Typhus

Spezielle Informationen zur Malariaprophylaxe mit einer speziellen Länderliste, in der auf die Erfordernisse im jeweiligen Land eingegangen wird findet man unter: http://www.dtg.mwn.de/malaria/landwahl.htm

Beispiele:

Malariaprophylaxe	*Äthiopien*	• *Hohes Risiko im ganzen Land unter 2200 m Höhe; kein Risiko in Addis Abeba*
		• *Ganzjährige Gefährdung*
		• *Empfohlene Medikation: Chemoprophylaxe mit Mefloquin - Prophylaxe (Lariam®):*
	Haiti	• *Risiko im ganzen Land unter 300 m*
		• *Ganzjährige Gefährdung*
		• *Empfohlene Medikation: Notfallbehandlung mit: Chloroquin -Therapie (Resochin® u. a.):*
	Indien	• *Mittleres Risiko im ganzen Land nördlich der Linie Madras-Goa in Höhenlagen unter 2000 m*
		Geringes Risiko im Süden, auf den Andamanen und Nikobaren
		Malariafrei: Höhenlagen über 2000 m von Himachal Pradesh, Jammu, Kaschmir, Sikkim, die Südspitze und die Lakkadiven
		• *Ganzjährige Gefährdung*
		• *Empfohlene Medikation: Chemoprophylaxe mit Chloroquin und Proguanil - Prophylaxe (Paludrine®):*
		Notfallbehandlung mit: Mefloquin -Therapie (Lariam®):
	Nepal	• *Hohes Risiko in den Südprovinzen (Terai);*
		Risiko in den übrigen Gebieten
		Malariafrei: Kathmandu, Nord-Nepal
		• *Ganzjährige Gefährdung*
		• *Empfohlene Medikation: Chemoprophylaxe mit Chloroquin und Proguanil - Prophylaxe (Paludrine®):*
		Notfallbehandlung mit: Mefloquin -Therapie (Lariam®):
	Vietnam	• *Risiko in ländlichen Gebieten des ganzen Landes*
		Malariafrei: große Städte, Delta des Roten Flusses, Küste nördlich von Nha Trang
		• *Ganzjährige Gefährdung*
		• *Notfallbehandlung mit: Atovaquon - Proguanil-Therapie (Malarone®):*
		Artemether - Lumefantrin - Therapie (Riamet®)

Darüber hinaus sind alle tropenmedizinischen Institute kompetente Berater bei der Reisevorbereitung.

Institut für Tropenmedizin Berlin Tel.: (49) 030 / 30 11 66
Spandauer Damm 130
14050 Berlin
http://www.charite.de/tropenmedizin/index.html

Universitätsklinikum Rudolf Virchow   Tel.: (49) 030 / 45 05 - 0
Standort Wedding
II. Medizinische Abteilung
Augustenburger Platz 1
13353 Berlin

Institut für Medizinische Parasitologie   Tel.: (49) 02 28 / 2 87 - 56 73
der Universität Bonn
Siegmund-Freud-Straße 25
53127 Bonn

Institut für Tropenmedizin   Tel.: (49) 03 51 / 4 80 38 05
Städtisches Klinikum Dresden-Friedrichstadt
Friedrichstraße 39
01067 Dresden

Tropenmedizinische Ambulanz   Tel.: (49) 02 11 / 8 11 70 31
Heinrich-Heine-Universität Düsseldorf   Tel.: (49) 02 11 / 8 11 68 00
Klinik für Gastroenterologie und Infektiologie   Fax: (49) 02 11 / 8 11 87 52
Moorenstr. 5
40225 Düsseldorf

Bernhard-Nocht-Institut für Tropenmedizin   Tel.: (49) 040 / 4 28 18 - 0
Bernhard-Nocht-Straße 74
20359 Hamburg
http://www.bni.uni-hamburg.de/

Institut für Tropenhygiene und   Tel.: (49) 062 21 / 56 29 05
Öffentliches Gesundheitswesen   Fax: (49) 062 21 / 56 59 48
der Universität Heidelberg
Im Neuenheimer Feld 324
69120 Heidelberg
http://www.hyg.uni-heidelberg.de/ithoeg/home.htm

Zentrum für angewandte Tropenmedizin   Tel.: (49) 04 31-54 09 -17 07 / -
und Infektionsepidemiologie   15 65 / - 14 53
Schiffahrtsmedizinisches Institut der Marine   Fax: (49) 04 31-54 09-15 33
Kopperpahler Allee 120^   Bereitschaftsdienst (ab
24119 Kronshagen   16:00 h): 04 31-3 84-0
                                                 Email:
                                                 tropmed.marine@t-online.de

Nur für Bundeswehr und staatl.
Dienststellen

Universitätsklinikum Leipzig
Zentrum für Innere Medizin, Med. Klinik IV
Fachbereich Infektions- und Tropenmedizin
Philipp-Rosenthal-Str. 27
04103 Leipzig

Tel.: (49) 03 41 / 97 2 49 71
Fax: (49) 03 41 / 9 72 49 79

Zentrum für Reise- und Tropenmedizin Leipzig
Städtisches Klinikum St. Georg
II. Klinik für Innere Medizin
Delitzscher Straße 141
04129 Leipzig
http://www.mccl.de/start.html

Tel.: (49) 03 41 / 9 09 26 19
Fax: (49) 03 41 / 9 09 26 30
Email: innere2@sanktgeorg.de

Abteilung für Infektions- und Tropenmedizin
der Ludwig-Maximilians-Universität München
Leopoldstr. 5
80802 München
http://www.tropinst.med.uni-muenchen.de/

Tel.: (49) 089 / 21 80 - 35 17
Fax: (49) 089 / 33 60 38
Email:
tropinst@lrz.uni-muenchen.de

Städtisches Krankenhaus Schwabing
IV. Medizinische Abteilung
Schwerpunkt: Infektions- und Tropenmedizin,
Immunschwächeerkrankungen
Kölner Platz 1
80804 München

Tel.: (49) 089 / 30 68 - 2601
Fax: (49) 089 / 30 68 - 3910

Augenklinik der Universität München
Abteilung für Präventiv- und Tropenophthalmologie
Mathildenstraße 8
80336 München
http://augenkl.klinikum.uni-muenchen.de/arbeitsg/epidemiologie.htm

Tel.: (49) 089 / 51 60 - 38 24

Abteilung für Tropenmedizin und
Infektionskrankheiten
Klinik und Poliklinik für Innere Medizin der
Universität Rostock
Ernst-Heydemann-Straße 6
18057 Rostock
http://www-kim.med.uni-rostock.de/tropenmed.htm

Tel.: (49) 03 81 / 49 4 - 75 11
Fax: (49) 03 81 / 49 4 -75 09

Institut für Tropenmedizin   Tel.: (49) 0 70 71 / 298 23 65
Universitätsklinikum Tübingen   Fax: (49) 0 70 71 / 29 52 67
Keplerstraße 15
72074 Tübingen
http://www.medizin.uni-tuebingen.de/~webitm/

Tropenklinik Paul-Lechler-Krankenhaus   Tel.: (49) 0 70 71 / 20 60
Paul-Lechler-Straße 24   Fax: (49) 0 70 71 / 2 23 59
72074 Tübingen
http://www.difaem.de/tropenklinik.htm

Medizinische Universitätsklinik und Poliklinik   Tel.: (49) 07 31 / 500 2 44 21
Abteilung Innere Medizin III   Fax: (49) 07 31 / 500 2 44 22
Sektion Infektiologie und Klinische Immunologie   Email:
Robert-Koch-Straße 8   infektiologie@medizin.uni-ulm.de
89081 Ulm, Oberer Eselsberg
http://www.uni-ulm.de/reisemedizin/

Tropenmedizinische Abteilung   Tel.: (49) 09 31 / 7 91 - 28 21
Missionsärztliche Klinik   Fax: (49) 09 31 / 7 91 - 24 53
Salvatorstraße 7
97074 Würzburg
http://www.uni-wuerzburg.de/missio/klinik/abteil.html

Visa

Informationen darüber, welche Einreiseformalitäten erfüllt werden müssen, liefert das Reisebüro, über das die Flüge gebucht werden.

Man sollte auf keinen Fall vergessen, rechtzeitig die Gültigkeit des Reisepasses zu überprüfen. Schon öfter wurde im Stress des monatelangen Zusammenstellens aller Unterlagen nicht daran gedacht, den Pass rechtzeitig verlängern zu lassen. Wer sich das Erlebnis ersparen will, aus diesem Grund sein Kind nicht wie vorgesehen abholen zu können, sollte sich also rechtzeitig um diesen Punkt kümmern.

Packen für das Kind

Wenn man sich die Mühen ersparen will, vor Ort die nötigen Dinge für das Kind zu besorgen, kann man sie bereits in Deutschland erwerben und mit ins Ausland nehmen. Es ist jedoch völlig unproblematisch, wenn hier das ein oder andere vergessen wird. In jedem Land gibt es ausreichend Möglichkeiten, das Lebensnotwenige zu besorgen.

Die meisten Dinge für das Kind können auch noch im Ausland besorgt werden

93

Nützlich sind:

- Babyfläschchen
- Babytrage
- Kleidung
- Hautpflegemittel. Viele Kinder leiden an Hautirritationen. Es ist deshalb meist sehr sinnvoll hier einige der im Ausland oft schwer erhältlichen Pflegeprodukte mitzunehmen. Empfehlenswert sind eine gute Hautmilch, und ein Mittel gegen Juckreiz.
- Wasserkocher zum Desinfizieren von Wasser für die Babynahrung
- Ein Schmusetier für das Kind. Es ist darauf zu achten, dass das Plüschtier keine Haare verliert, die vom Kind verschluckt werden können.
- Feuchte Einmaltücher und Einmalwaschlappen. Diese sind sehr praktisch und im Ausland oft schwer erhältlich.
- Medikamente. Mit einer recht hohen Wahrscheinlichkeit leidet das Kind an Krätze oder Läusen. Es kann sehr sinnvoll sein, mit der Behandlung frühzeitig zu beginnen, bevor sich die Eltern selbst angesteckt haben. Der Hausarzt gibt hier die nötigen Ratschläge. Für den Fall, dass das Kind an Durchfall erkrankt ist, kann es ebenfalls nützlich sein, Medikamente mitzubringen. Ärzte im Ausland empfehlen oft sehr starke Medikamente, die für Kinder nicht immer geeignet sind. Als gut wirksam und verträglich haben sich Hamadin ® und InfectoDiarrstop ® erwiesen, die ohne Rezept in der Apotheke erhältlich sind.

Der erste Kontakt mit dem Kind

Dem ersten Kontakt mit dem Kind gehen viele Erwartungen, Befürchtungen und eine große Anspannung voraus. Die Anstrengungen und Ungewissheiten der Adoptionsvorbereitung haben stark an den Nerven gezehrt und auch der Flug ins Ausland mitsamt Zeitverschiebung und Klimaumstellung raubt mitunter viel Kraft.

In vielen Ländern Asiens und Lateinamerikas sehen die Adoptiveltern ihr Kind am ersten oder zweiten Tag nach der Ankunft. Zu diesem Zeitpunkt sind die meisten noch so erschöpft und überwältigt von den neuen Eindrücken, dass sie nicht besonders locker in das Treffen mit dem Kind gehen können.

In vielen Ländern sieht man das Kind bereits am Tag nach der Ankunft

Wenn das erste Treffen im Heim stattfindet, sind viele Eltern erschüttert über die Zustände, unter denen ihr Kind sein bisheriges Leben verbracht hat und der Anblick unzähliger weiterer Kinder in der selben misslichen Situation kann ebenfalls sehr belastend sein.

Das Kind selbst sieht oft anders aus, als es sich die Eltern in ihrem Träumen ausgemalt haben, da Kinder in Kinderheimen mitunter nicht unbedingt den Vorstellungen entsprechen, die man sich von einem hübschen, fröhlichen Kind macht. Viele haben zum Schutz vor Läusen ganz kurz geschorene Haare, die Haut ist aufgekratzt und manche versuchen der Tristesse ihres Lebens zu entfliehen, indem sie sich an ihrem Gitterbett festhalten und den ganzen Tag von einer Stelle auf die andere wippen.

Auch wenn den Kindern erklärt worden ist, dass sie nun neue Eltern bekommen, so verstehen doch die allermeisten nicht, was dies für Konsequenzen hat. Den Kindern ist in der Regel nicht klar, dass sich ihr Leben von nun an entscheidend ändern wird. Sie haben keine Vorstellung davon, dass für sie eine Lebensphase für immer zu Ende geht.

Es kann deshalb durchaus dazu kommen, dass das Kind zu weinen beginnt und genauso überfordert ist wie seine zukünftigen Eltern. Manchmal wünscht es sich nichts anderes, als einfach in seiner vertrauten Umgebung zu bleiben und nicht zu den fremden Menschen zu kommen, die so ganz anders aussehen wie es selbst.

Die erste Begegnung verläuft unter diesen Umständen daher oft nicht so, wie sich die Eltern das erträumt hatten. Dem sollte allerdings nicht zu viel Bedeutung beigemessen werden.

Es ist zwar schön, wenn man sein Kind sieht und einem Tränen der Freude über das Gesicht laufen. Es macht aber nichts, wenn sich ein Glücksgefühl erst später einstellt. Die Statistik spricht dafür, dass sich zumindest im Laufe der Zeit eine tragfähige Eltern – Kind Beziehung entwickelt und vor allem von der Mutter wird das Kind meist spontan als eigenes angenommen. Handelt sich noch um ein Baby, beginnen manche Mütter sogar, ihre Kinder zu stillen.

Nach einer Untersuchung von Sokoloff bezeichneten 79 % der befragten Adoptivmütter die Reaktion auf ihr Baby als positiv und nur 1 % als negativ[33].

Hoksbergen stellte in einer Studie fest, dass 95 % der Adoptiveltern ihre Eltern – Kind Beziehung als sehr befriedigend oder befriedigend betrachten[34].

Auch die befragten Adoptivkinder urteilten fast durchweg positiv. 88 % von 145 adoptierten Jugendlichen aus Korea und Vietnam beurteilten ihre Beziehung zur Adoptivmutter und zum Adoptivvater als 'sehr gut' oder 'ziemlich gut'. Von 83 % wurde die Aussage 'Adoptivkinder sind Kinder zweiter Wahl' deutlich abgelehnt[35]. In der selben Studie wurde festgestellt, dass in 1,8% der Fälle eine Eltern – Kind Beziehung nicht entstand und das Kind in einer anderen Familie platziert werden musste. Oft handelt es sich bei diesen Kindern um Kinder, die bereits überdurchschnittlich alt waren oder bei denen sich nach ihrer Ankunft in Deutschland Behinderungen herausstellen. Da die meisten Adoptiveltern mit ihrem Kind sehr glücklich sind, wundert es nicht, dass in der selben Studie die meisten Eltern die Adoption als Erfolg bezeichnen. 44 % äußerten sich sehr zufrieden, 37 % zufrieden und nur 6 % unzufrieden oder sehr unzufrieden.

Die meisten Adoptiveltern sind sehr zufrieden mit der Beziehung zu ihrem Kind

Ist es das falsche Kind?

Problematisch wird es dann, wenn die Eltern auch nach Tagen noch von dem Gefühl überwältigt sind, dass dies wohl das falsche Kind für sie ist. In der Regel sind es vom ersten Zusammentreffen bis zum Ausspruch der Adoption nur ein paar Tage, in denen die Entscheidung zu treffen ist, ob dieses Kind adoptiert wird oder nicht. Was also tun, wenn man sich auch noch kurz vor dem entscheidenden Gerichtstermin völlig unsicher ist, ob man von der Adoption zurücktreten soll oder nicht?

➤ **Beispiel:**

Nach dem ersten Zusammentreffen mit dem kleinen Roberto in Brasilien ist das Ehepaar Gerhard sehr verunsichert. Der Junge hatte sie keines Blickes gewürdigt und einen sehr verstörten Eindruck gemacht. Frau Gerhard befürchtet, dass die leibliche Mutter von Roberto während der Schwangerschaft erhebliche Mengen Alkohol zu sich genommen hat, da sie das Kind an einen vor kurzem gesendeten Fernsehbericht über alkoholgeschädigte Kinder erinnert.

Hier kann keiner den Gerhards die schwierige Entscheidung abnehmen. Sie sollten sich so viel Zeit wie möglich nehmen und nach Möglichkeit andere in die Entscheidung mit einbeziehen. Gespräche mit Ärzten, Psychologen, anderen Adoptiveltern, der Vermittlungsstelle und der Heimleitung können helfen – aber die eigentliche Entscheidung muss von den Eltern selbst getroffen werden. Dabei sollten sich die Eltern darüber im Klaren sein, dass viele Kinder schon wenige Monate nach der Adoption kaum mehr wiederzuerkennen sind. In neuen Kleidern, einem Umfeld, das sich um sie kümmert und ihnen die Liebe schenkt, die sie bislang entbehrt haben, blühen sie oft regelrecht auf.

Bei anderen Kindern zeigt sich dagegen, dass sie tatsächlich ausgesprochene Problemkinder sind und ein Maß an Betreuung verlangen, das die Eltern stark fordert und manchmal auch überfordert. Die Entscheidung das Kind nicht zu adoptieren kann also richtig oder völlig falsch sein.

Die Versorgung des Kindes im Ausland

Sobald man das Kind zu sich nehmen kann, muss man es auch versorgen. Es ist deshalb notwendig, die wesentlichsten Dinge vorzubereiten.

Meist hat das Kind eine Kleidung am Leib, mit der es von den neuen Eltern mitgenommen werden kann. Die Kleidungsstücke sind oft das einzige Andenken, die das Kind später an seine Zeit im Heim hat. Für den Fall, dass eine Kleidung vom Heim nicht gestellt wird, sollte man sicherheitshalber Hemdchen etc. mitbringen.

keine plötzliche Umstellung der Nahrung

Vor der Aufnahme ist es auch wichtig zu erfahren, wie das Kind bislang ernährt worden ist. Wenn bislang ein bestimmtes Milchpulver verwendet worden ist, so sollte dieses nach Möglichkeit erst einmal weiter verwendet werden, da es Kinder nur ausgesprochen schlecht vertragen, wenn ihre Nahrung plötzlich umgestellt wird. Es empfiehlt sich, Vorräte der bislang verwendeten Nahrung für ca. 2 Wochen nach Deutschland mitzubringen. Der Kinderarzt erstellt dann einen Plan, nach dem die alte Nahrung langsam abgesetzt und das Kind behutsam an seine neue Nahrung gewöhnt werden kann.

In den meisten Fällen will das Kind, wenn es größer geworden ist, einmal den Ort anschauen, an dem es seine erste Lebenszeit verbracht hat und nach Möglichkeit mit einigen Pflegerinnen sprechen, die es damals versorgt haben. Es ist in diesem Fall eine große Hilfe, wenn bereits bei der Adoption Bilder von dem Pflegepersonal gemacht worden sind und zu jedem Bild die Adresse der jeweiligen Person notiert worden ist. Es muss dann später nicht umständlich in alten Unterlagen nach den Anschriften gesucht werden und eine Kontaktaufnahme ist wesentlich einfacher.

Viele Eltern tendieren dazu, ihrer Freude über das Kind dadurch Ausdruck zu verleihen, indem sie es mit Spielsachen und Kleidung überhäufen. Kurz nach der Adoption sind die Kinder allerdings von den neuen Eindrücken so überwältigt, dass dies eher zu einer Reizüberflutung führt, die das Kind dann nur noch schwer verarbeiten kann.

Man sollte die Sache deshalb ruhig und bedächtig angehen. Das Kind, so klein es auch sein mag, braucht erst einmal Zeit, sich zurechtzufinden und die Stimmen, Gerüche und Veränderungen zu verarbeiten, die neu in sein Leben gekommen sind.

Die psychische Situation der Kinder

Manchen Berichten zufolge ist die psychische Situation von Adoptivkindern geradezu hoffnungslos. Nach einem Bericht von Herbert Wieder aus dem Jahr 1977 sind 15 – 30 Prozent der Ratsuchenden in psychiatrischen Sprechstunden Adoptierte. Dass die von Wieder angegebenen Zahlen jedoch nicht brauchbar sind und auf methodisch unzureichenden Studien beruhen, ergibt sich bereits, wenn man sie mit den Angaben des 1975 im Auftrag der Bundesregierung erschienenen Berichts über die Lage der Psychiatrie in der Bundesrepublik vergleicht. Die Untersuchung ist die umfassendste und sorgfältigste Studie über die Verbreitung von seelischen Störungen in der BRD.

Würden tatsächlich bis zu 30 % der festgestellten Störungen auf Adoptierte entfallen, wären von den ca. 450.000 in Deutschland lebenden Adoptierten bis zu 180.000 Psychotiker, bis zu 300.000 Alkoholiker, bis zu 60.000 würden jährlich in Kliniken aufgenommen und jedes Jahr setzten bis zu 3.900 ihrem Leben selbst ein Ende.

Trotz der offensichtlichen Unrichtigkeit dieser Zahlen findet man die Angaben Wieders in zahlreichen Berichten. Meist werden die Zahlen in der Weise kommentiert, dass behauptet wird, sie seien sicherlich zu hoch, aber selbst wenn sie nur zur Hälfte zuträfen, sei die Rate kranker Adoptierter doch noch immer viel zu hoch.

Eine solche Schlussfolgerung ist nicht zulässig. Eine Studie, die beweist, dass 30 % der Patienten in der psychiatrischen Sprechstunde Adoptierte sind, legt nur den Beweis über ihre eigene Unbrauchbarkeit ab und sonst über nichts.

Nach einer neuen Untersuchung aus Schweden[36] , die sogleich von Kritikern der Auslandsadoption zum Beweis der vielfältigen Schwierigkeiten herangezogen wurde[37], leiden Adoptierte in Schweden öfter an mentalen Problemen und fallen häufiger als andere Kinder wegen Drogenabhängigkeit und kriminellen Delikten auf. Auch nach dieser Untersuchung zeigen jedoch 84 % der männlichen und 92 % der weiblichen Adoptierten keinerlei Auffälligkeiten. Nur 1 % der Adoptierten zeigte zugleich psychische und soziale Besonderheiten. Dieses Ergebnis entspricht damit vergleichbaren Studien aus Europa[38] und den USA[39].

Deprivation und Hospitalismus

Nach der Deutschen Gesellschaft für Kinder- und Jugendpsychiatrie und Psychotherapie versteht man unter Deprivation *'ein nicht hinreichendes oder ständig wechselndes und dadurch nicht ausreichendes emotionales Beziehungsangebot.'*

Deprivation Dabei tritt Deprivation nicht nur bei Heimkindern auf. Auch deutsche Kinder, die in ihren Familien aufwachsen, können Anzeichen von Deprivation zeigen. So ist Deprivation ein Problem vieler sogenannter 'Schlüsselkinder', die zwar materiell gut oder sehr gut versorgt sind, die jedoch im wesentlichen auf sich selbst gestellt sind.

Hospitalismus Der Begriff Hospitalismus umfasst alle psychischen und physischen Symptome die entstehen, wenn Kinder in Heimen und Kliniken ohne eine feste Bezugsperson aufwachsen. Auch wenn das Kind materiell und hygienisch gut versorgt wird, so fehlt doch die emotionale Wärme und Geborgenheit. Dies kann zu Hospitalismus führen.

Welchen Einfluss der Verlust von Nestwärme, mütterlicher Pflege und Zuwendung haben kann, zeigen Aufzeichnungen aus einer Chronik über den Hohenstaufen – Kaiser Friedrich II.

'Es wird erzählt, er habe Säuglingswaisen von Pflegerinnen aufziehen lassen, die sich lediglich um deren leibliches Wohl kümmerten, ohne mit ihnen zu sprechen, geschweige denn Zuwendung zu geben. Er wollte dadurch die heilige bzw. Ursprache (hebräisch, griechisch oder lateinisch) herausfinden, wenn die Kinder zu sprechen begännen. Durch die psychosozialen Entbehrungen starben angeblich alle Kinder.' [40]

Hospitalismus kommt bei Adoptivkindern relativ häufig vor. Ein Kind, das seinen Tag in einem Gitterbett verbringt und in erster Linie zum Waschen und Füttern herausgenommen wird, kann nicht genauso umsorgt aufwachsen wie ein Kind, das bei seiner Mutter aufwächst.

Adoptionsinteressierte, die sich über eine Adoption informieren, lassen oft alle Hoffnung auf eine normale Eltern – Kind Beziehung fahren, wenn sie sich mit dem Thema Hospitalismus beschäftigen.

'Säuglinge, welche von ihrer Mutter getrennt werden und in Institutionen aufwachsen, erleiden schwere psychische, emotionale und intellektuelle Schäden, welche nach längerem Aufenthalt in der Institution irreversibel werden und auch nach dem Eintritt in gute individuelle Betreuung anhalten' [41].

➤ **Beispiel:**

Nach der Beratung bei ihrem zuständigen Jugendamt ist das Ehepaar Meister sehr niedergeschlagen. Wie sie von der zuständigen Fachkraft erfahren haben, sind die Kinder im Ausland infolge der Trennung von ihrer Mutter und der Unterbringung im Heim schwer und irreversibel geschädigt. Es sei deshalb mit hoher Wahrscheinlichkeit damit zu rechnen, dass das Kind später kontaktgestört, beziehungsunfähig und physisch und psychisch retardiert ist.

Die Meisters hatten zwar mit Schwierigkeiten gerechnet und sie wussten auch, dass

das bisherige schwere Leben nicht spurlos an dem Kind vorbeigezogen sein konnte.
Aber ein geistig behindertes Kind?

Die pessimistische Einschätzung, Adoptivkinder seien unwiderruflich geschädigt, hat sich in zahlreichen Studien nicht bestätigt.

Adoptivkinder sind an Sonderschulen und ähnlichen Einrichtungen eher unterrepräsentiert[42] und eine französische Studie bewies, dass sich der IQ nach der Adoption erheblich steigerte.

nach der Adoption steigt der IQ

An der Universität Paris wurden Kinder untersucht, die im Alter von vier bis sechs Jahren adoptiert worden waren[43]. Die Kinder kamen aus armen zerrütteten Familien und waren zum Teil schwer misshandelt worden. Ihr Intelligenzquotient lag bei nur 85 oder darunter. Da nur 7 % der Bevölkerung einen derart niedrigen IQ aufweisen - der durchschnittliche IQ liegt bei 100 - stand zu befürchten, dass es sich hier um zukünftige Schulversager handelte.

Als die Kinder jedoch im Alter zwischen 13 und 14 Jahren erneut getestet wurden, hatte sich der Wert um durchschnittlich 13,9 Punkte erhöht. Wer in eine Familie kam, die der gehobenen Mittel - oder Oberschicht zugerechnet werden kann, legte durchschnittlich sogar 19,5 Punkte zu. Die Zeitschrift GEO[44] berichtete mit den Worten:
'In der Kindheit missbrauchte und vernachlässigte Adoptivkinder konnten in harmonischen, wohlhabenden Familien ihren IQ um 19 Punkte steigern'.

Manchmal bedarf es einiger Mühen, um das Kind so zu fördern, dass es seine Defizite ausgleichen kann.

Sicherlich haben die Entbehrungen in den ersten Lebensmonaten und Lebensjahren beim Kind Schäden hinterlassen. In der Regel können diese Schäden jedoch in einer entsprechend fürsorglichen, fördernden und liebenden Familie wieder beseitigt werden.

Die Untersuchungen bestätigen damit die Erfahrung zahlreicher Adoptiveltern, die festgestellt haben, dass sich ihr Kind nach der Adoption auf geradezu wundersame Weise verändert hat. Aus vernachlässigten, geschwächten, kranken Kindern werden oft schon nach einigen Monaten muntere, aufgeweckte Zeitgenossen, die kaum mehr wiederzuerkennen sind.

'Eine Umgebung, die dem Kind Anregung und Dauerbeziehungen vermittelt, vermag die Verluste und den Mangel, den das Kind in den ersten Jahren erleiden musste, auszugleichen.'[45].

Auch eine Untersuchung von koreanischen und vietnamesischen Adoptivkindern zeigte keine Hinweise darauf, dass Deprivationsschäden irreversibel sind[46]. Adoptiveltern haben die Aufgabe, einem Menschen, der bislang nicht auf der Sonnenseite des Lebens stand, eine gute Förderung zu geben.

Die Aufgabe ist oft recht schwierig – aber sie hat nach den vorliegenden Untersuchungen eine gute Aussicht auf Erfolg.

ADS (Aufmerksamkeits – Defizit - Syndrom)

ADS ist eine Ver-
haltensstörung

Das Aufmerksamkeits – Defizit Syndrom (ADS oder auch ADHS genannt) ist eine Verhaltensstörung, die mit Aufmerksamkeits – und Konzentrationsstörungen, Impulsivität und mangelnder Frustrationstoleranz einhergeht.

Nach herrschender Meinung sind etwa 5 % der Kinder in Deutschland - davon 3 mal mehr Jungen als Mädchen - betroffen. Manche Autoren gehen sogar davon aus, dass neunmal mehr Jungen als Mädchen betroffen sind.

> **Beispiel:**

Der kleine Juan aus Mexiko ist ein ausgesprochen munterer Kerl. Den ganzen Tag ist er mit irgendwas beschäftigt, lässt es dabei aber an einer gewissen Zielstrebigkeit fehlen. Meist lässt er alles stehen und liegen, wenn ihm eine neue Spielidee kommt. Seine Mutter, die täglich viele Stunden damit beschäftigt ist, hinter ihm die Wohnung aufzuräumen, treibt dieses Verhalten an den Rande des Wahnsinns.

Als sie bei einem Kinderarztbesuch das Problem anspricht, ist für ihren Arzt das Problem schnell klar. Er hatte vor kurzem in einem Buch gelesen, dass viele Adoptivkinder ADS haben.

In der Tat liegt die Rate ADS - erkrankter Kinder nach Meinung mancher Autoren bei Adoptivkindern bedeutend höher.

So zeigte sich in einer Studie von Hoksbergen, dass 33 % der Eltern rumänischer Adoptivkinder angaben, dass ADS ein großes Problem für sie sei[47].

Aus einer Studie am Maudsley Hospital in London geht hervor, dass bei zahlreichen adoptierten Jungen und Mädchen Anzeichen von ADS festgestellt worden sei. Dies sei vor allem bei den Adoptierten der Fall gewesen, die vor der Adoption psychische Gewalt erfahren hatten[48].

Es ist jedoch fraglich, ob die vorhandenen Untersuchungen tatsächlich ausreichen, eine erhöhte ADS - Rate bei Adoptivkindern nachzuweisen.

Die Angaben mancher Kliniken über das häufige Auftreten psychischer Auffälligkeiten können ihren Grund auch darin haben, dass Adoptivfamilien besonders aufgeschlossen gegenüber Ratschlägen von Experten sind und dass sie wegen der unklaren Vorgeschichte des Kindes schneller bereit sind, bei auftretenden Schwierigkeiten einen Fachmann zu konsultieren.

es gibt viele
unterschiedliche
Definitionen
von ADS

Das Problem bei der Feststellung der genauen Rate ADS – erkrankter Kinder liegt aber auch darin, dass sich weder eine einheitliche und verbindliche Definition darüber herausgebildet hat, welche Ursachen ADS hat, noch darüber, wann eine ADS Störung vorliegt oder welche Behandlung die beste ist.

Während manche davon ausgehen, die Störung sei auf einen Gen - Defekt zurückzuführen und ein Forscherteam bereits das verantwortliche Gen entdeckt haben will, sagen andere, die Ursache liege darin, dass die Kinder heute viel zu sehr mit Stress belastet sind und nicht mehr kindgerecht aufwachsen können.

Wegen der unklaren Definitionen und Betrachtungsweisen kann niemand genau sagen, wie hoch die Rate ADS erkrankter nicht – adoptierter Kinder ist. In der Literatur finden sich deshalb Angaben von 0 % bis weit über 20 %. In einer englischen Studie wurden nur 0,09 Kinder als hyperaktiv diagnostiziert, während in einer israelischen Studie 28 % der Kinder von Lehrern als hyperaktiv eingestuft wurden[49].

Unbestritten ist allein, dass die Zahl der ADS Diagnosen im Lauf der letzten Jahre um ein vielfaches zugenommen hat. So werden in Deutschland gegenwärtig etwa 50000 Kinder mit Ritalin® oder einem vergleichbaren Präparat behandelt. 1990 lag die Zahl bei 1500 Kindern.

Üblicherweise sind die Symptome von ADS:
- Aufmerksamkeits – und Konzentrationsstörung
- Impulsivität
- mangelnde Frustrationstoleranz
- eventuell motorische Hyperaktivität

Allerdings ist die Liste der Auffälligkeiten im Verlauf der letzten Jahre immer länger geworden. Während ein unruhiges Kind früher als ´lebhaft`, ´wild` oder ´schwierig` galt, wird heute hinter solchen Verhaltensauffälligkeiten vielfach ADS vermutet. Die Liste auffälliger Verhaltensweisen umfasst deshalb mittlerweile:

- Hyperaktivität
- Konzentrationsschwäche
- Koordinationsschwierigkeiten
- Lernschwierigkeiten
- Leichte Reizbarkeit und Aggressivität
- Stimmungsschwankungen
- Häufige Träumereien
- Exzessives Schreien im Babyalter
- Bindungsunsicherheit
- Lügen und Stehlen
- Kontaktschwierigkeiten
- Distanzlosigkeit

Symptome
von ADS

Für die Patienten ergibt sich angesichts dieser unklaren Kriterien die Schwierigkeit, dass der eine Behandler ein ADS diagnostiziert, während sie ein anderer Behandler beim gleichen Patienten völlig ausschließt.

In einer Studie von Angold[50] wurde in einer 4 – jährigen Untersuchung festgestellt, dass 57 Prozent der mit Ritalin® oder einem ähnlichen Medikament behandelten Kinder bei korrekter Anwendung der Diagnoserichtlinien gar kein ADS oder vergleichbare Symptome hatten. Bei der Mehrzahl der Therapien handelt es sich demnach um Falschverschreibungen. Untersucht wurden 4500 Kinder. 2565 Kinder wurden somit falsch diagnostiziert und behandelt.

Im Gegensatz dazu wurden bei der Untersuchung von Hoksbergen, in der von einer Häufung von ADS-Fällen bei Adoptivkindern berichtet wird, lediglich 74 Familien mit 83 Adoptivkindern aus Rumänien befragt. Die geringe Zahl untersuchter Kinder liefert deshalb allenfalls einen Anhaltspunkt über den Gesundheitszustand adoptierter Kinder aus Rumänien im betreffenden Zeitraum. Die Aussage lässt sich aber nicht auf alle Auslandsadoptionen übertragen.

Es ist deshalb wissenschaftlich wohl nicht hinreichend bewiesen, dass unter Adoptivkindern ADS sehr häufig verbreitet ist.

➤ **Beispiel:**

Die Mutter des kleinen Juan aus Mexiko sollte deshalb darauf achten, dass nicht vorschnell die Diagnose ADS festgelegt wird. Im Zweifelsfall ist es immer besser, zusätzlich die Meinung eines anderen Arztes einzuholen.

Literatur:
Neues vom Zappelphilipp
v. Gerald Hüther / Helmut Bonney
Walter Verlag

Posttraumatische Belastungsstörung

Die Posttraumatische Belastungsstörung (PTBS) ist eine mögliche Folgereaktion eines oder mehrerer traumatischer Ereignisse (wie z.B. Verlust der Eltern, Unfälle, Naturkatastrophen, Gewalterfahrungen aller Art – manchmal auch ´nur` als Augenzeuge, emotionale, physische und sexuelle Misshandlungen).

Mögliche Symptome sind Alpträume, belastende Erinnerungen an das Trauma, Störungen im Bindungsverhalten, Konzentrationsstörungen, sozialer Rückzug, aggressives Verhalten, Teilnahmslosigkeit, ein Gefühl von Hilflosigkeit und eine Erschütterung des Selbstvertrauens. Mitunter zeigen sich in Folge der posttraumatischen Belastungsstörung Symptome, die den Erkrankungszeichen bei ADS (Aufmerksamkeits – und Konzentrationsstörungen, mangelnde Frustrationstoleranz) sehr ähnlich sind.

reaktive Belastungsstörung Besonders bei Adoptivkindern findet man die PTBS in der Form einer sogenannten ´reaktiven Belastungsstörung`. Diese Kinder entwickeln aufgrund außergewöhnlicher Belastungen keine Bindungen.
Betroffen sind vor allem Kinder, die bereits mehrmals von Pflegeperson zu Pflegeperson weitergereicht wurden, und die sich nun weigern, überhaupt eine Bindung zu irgendjemandem einzugehen.

Grundsätzlich kann jedes plötzliche oder anhaltend bedrohliche Ereignis zu einer PTBS führen. Es kann auch ein scheinbar banales Ereignis genügen.

So sind Kinder gegenüber dramatischen Ereignissen sehr empfindlich und erfahren viele Situationen als bedrohlich, die Erwachsenen als harmlos und normal erscheinen.

'Traumata – selbst kleine Zwischenfälle wie ein Unfall auf einem Spielplatz oder Erstickungsanfälle durch Essenreste in der Luftröhre – können Kindern ihr ursprünglich gesundes Selbstwertgefühl nehmen und ihr für den Reifungsprozess wichtiges Gefühl der Sicherheit unterminieren. Insbesondere wenn sie durch eine ganze Reihe traumatischer Ereignisse wiederholt auf ihre Verletzlichkeit hingewiesen werden, kann in ihnen die Überzeugung entstehen, dass sie Strafe verdienen. Deshalb verhalten sich traumatisierte Kinder so, als ob sie nicht wertvoll und liebenswert und nicht in Sicherheit seien.' [51]

Für jedes Kind, das seine Eltern verliert, das in ein Heim kommt und das über eine Adoption neue Eltern findet, sind diese Ereignisse dramatisch.

Das bedeutet aber nicht, dass all diese Kinder auch eine PTBS entwickeln. Es ist weitgehend ungeklärt, wann Kinder Störungen entwickeln und wann nicht.

Ein kleiner Unfall auf dem Spielplatz kann zu einer Belastungsstörung führen. Dies muss jedoch nicht so sein.

es ist ungeklärt, wann sich eine PTBS entwickelt

Ein Kind, das in einem Heim lebt, kann eine Belastungsstörung entwickeln. Auch dies muss aber nicht so sein.

Viele Menschen leiden noch Jahre und Jahrzehnte nach dem Trauma an den von Ärzten und Therapeuten oft nicht erkannten Störungen. Erfolgt keine Behandlung, kann eine lebenslange Beeinträchtigung von Lebensqualität und Lebensgestaltung die Folge sein.

Die Symptome können unmittelbar oder auch mit mehrjähriger Verspätung nach dem traumatischen Geschehen auftreten. Man spricht hier von einer late – onset PTBS.

Der gut gemeinte Rat 'Die Zeit heilt alle Wunden' wurde durch die Forschung der letzten Jahre widerlegt. Leider ist es nicht so, dass allein durch Zeitablauf die Folgen der Verletzungen verblassen.

➤ **Beispiel:**

Die Lehmans sorgen sich um ihre Adoptivtochter Kim. Das Mädchen ist seit ein paar Wochen in der Familie, scheint sich dort auch wohl zu fühlen, fängt aber oft bei den geringsten Anlässen das Weinen an und wird nachts von Alpträumen geplagt. Die Lehmans wissen, das Kim im Alter von 2 Jahren ihre Eltern bei einem tragischen Unfall verloren hat und vermuten, dass die Probleme darauf zurückzuführen sind.

Während Frau Lehmann sich starke Sorgen macht und das Kind so bald wie möglich zur Therapie bringen will, rät Herr Lehmann zur Geduld.

Stellen die Eltern bei ihrem Kind ein ungewöhnliches Verhalten fest, so ist auch hier als wichtigster Grundsatz der Ausspruch aus Douglas Adams Kultbuch 'The Hitch Hiker's Guide to the Galaxy' zu berücksichtigen:

Don´t panic!

    'Don´t panic'.

Nicht hinter jeder Auffälligkeit verbirgt sich eine Störung, die sofort therapeutisch behandelt werden muß, aber es ist wichtig, die Dinge im Auge zu behalten.

Sollten eigene Mittel, Liebe und etwas Geduld keine Änderung bewirken, so ist noch immer genug Zeit, einen kundigen Therapeuten aufzusuchen.

Das Trauma kann auch dann noch bearbeitet werden.

Selbstverständlich kann es besonders bei dramatischen Fällen notwendig sein, so bald wie möglich einen Therapeuten aufzusuchen.

Man sollte sich aber davor hüten, aus dem Wunsch, alles richtig machen zu wollen, so viele Therapeuten wie möglich heranzuziehen.

Nicht wenige Mütter sind damit beschäftigt, am Montag und Donnerstag zur Physiotherapie, am Dienstag und Freitag zur Logopädie und am Mittwoch zur Psychotherapie zu gehen. In der verbleibenden Zeit stehen dann Besuche beim Kinderarzt, bei verschiedenen Fachärzten, Diagnosezentren und bei Fördergruppen an. Oft bleibt da keine Zeit, sich in Ruhe zu überlegen, ob diese ganzen Mühen eigentlich einen Sinn machen, oder ob sie nicht in erster Linie dazu dienen, den Eltern ein ruhiges Gewissen zu verschaffen. Einem Kind kann auf diese Weise auch leicht das Gefühl vermittelt werden, es sei schwer krank und müsse erst durch Therapien zurechtgerückt werden.

Die allermeisten Kinder verfügen über große Selbstheilungskräfte – man sollte diesem Potenzial auch einen Raum geben.

Die medizinische Situation der Kinder
Unterernährung

Nach einer dpa Meldung von Dezember '97 sterben weltweit in jedem Jahr sieben Millionen Kinder an Unterernährung – mehr als durch Kriege, Katastrophen oder ansteckende Krankheiten.

'Selbst wo mangelhafte Nahrung keine tödlichen Folgen hat, werden Millionen Kinder dauerhaft geschädigt. Ihr Immunsystem wird geschwächt, zudem kommt es zu körperlichen und geistigen Behinderungen. Bei unterernährt geborenen Kindern bleibt Wissenschaftlern zufolge der Intelligenz-Quotient um fünf Punkte zurück.'

viele Kinder leiden an Unterernährung

Viele Kinder, die aus dem Ausland zur Adoption kommen, leiden an Unterernährung. Durch den Mangel an energiereicher Nahrung stellt sich eine erhöhte Infektanfälligkeit, eine verminderte Knochenentwicklung und eine ungenügende Gehirnfunktion ein. So wurde von der Universität Michigan in einer 2001 vorgelegten Studie nachgewiesen, dass bei Kindern, die in ihrer frühen Kindheit an Eisenmangel litten, Nervenimpulse im Gehirn langsamer weitergeleitet wurden. Dies betraf sowohl visuelle (Sehen) als auch auditive (Hören) Reize.

Nach der Adoption ist deshalb auf eine ausgewogene, vitamin, - ballaststoff,- und mineralreiche Ernährung zu achten.

Wenn eine schnelle Gewichtszunahme erreicht werden soll, kann auf kalorienreiche Sondernahrung wie etwa BiCal® und Meritene® zurückgegriffen werden.

Bei Zusatznahrung ist darauf zu achten, dass sie eine ausgewogene Mischung von Kohlenhydraten und Fett enthält. In jedem Fall sollte erst Rücksprache mit einem Kinderarzt gehalten werden.

Bei dunkelhäutigen Kindern empfiehlt sich die zusätzliche Gabe von Vitamin D, da dies bei dunkler Hautfarbe und wenig Sonneneinstrahlung oft nicht ausreichend produziert wird.

Zeigt das Kind am Anfang eine Fressgier und einen unerschöpflichen Appetit auf all die Köstlichkeiten, die es bisher entbehren musste, so legt sich dies in aller Regel nach einiger Zeit von selbst wieder.

Fressgier legt sich meist von selbst

Würmer und Parasiten

Amöben

Die Amöbenruhr wird durch sog. Ruhramöben (Entamoeba histolytica) verursacht. Die Übertragung erfolgt durch unsauberes Trinkwasser- und/oder Nahrungsmittel, z. B. ungewaschene Früchte, Gemüse etc. Die Inkubationszeit beträgt meist 2 – 4 Wochen, kann jedoch auch wenige Tage bis Jahre dauern.

Man geht davon aus, dass es weltweit ca. 500 Millionen Infizierte gibt.

Dringen die Ruhramöben in die Dickdarmwand ein, führt dies nach meist langsamem Beginn ohne Fieber zunächst zu Obstipation (Verstopfung) und leichtem Durchfall. In der Folge entwickeln sich dann schmerzhafte, meist glasig – schleimige und blutige Durchfälle. Unbehandelt kann die Krankheit zu Geschwüren und Entzündungen des Dickdarms führen. Durch die Übertragung des Erregers auf die Leber können Leberabszesse entstehen.

Wurmbefall
Hakenwurmbefall

Hakenwurminfektionen (engl. hookworm disease) sind in allen warmen und feuchten Gebieten der Tropen und Subtropen weit verbreitet. Weltweit sind ca. 900 Millionen Menschen infiziert.

Die Wurmlarven dringen beim Barfußgehen in die Haut der Fußsohle ein, wandern und können bis zum Darm vordringen. Dort setzen sie sich in der Dünndarmwand fest und saugen täglich 0,1 bis 0,5 ml Blut/pro Wurm. Als Beschwerden können Bauchschmerzen, Durchfälle, Blähungen und Appetitlosigkeit auftreten. Ein Befall mit vielen Würmern kann durch den hohen Blut- und Proteinverlust zu Apathie, Entwicklungsstörungen und Infektanfälligkeit führen.

Durch spezielle Medikament gegen Würmer kann die Erkrankung problemlos behandelt werden.

Hakenwurmbefall lässt sich problemlos behandeln

Spulwurmbefall

Der Spulwurmbefall (sog. Askariasis) ist weltweit verbreitet und stellt den häufigsten Darmwurmbefall dar. Nach Schätzungen ist ein Viertel der Weltbevölkerung infiziert. Betroffen sind vor allem Kinder.

Spulwürmer werden durch verunreinigte Lebensmittel (Salat, Obst, ungekochtes Gemüse) aufgenommen.

Meist bleibt der Befall ohne Symptome. Oft wird die Infektion erst dann bemerkt, wenn das Kind einen großen weißen, bleistiftgroßen Wurm ausscheidet. Es können jedoch auch Symptome wie Lungenbeschwerden, Magen-Darm-Beschwerden und Bauchkoliken auftreten.

Madenwürmer

Der Madenwurmbefall (Oxyuriasis) kommt weltweit vor und betrifft vor allem Kinder. In der Regel verläuft der Befall ohne oder nur mit sehr geringen Beschwerden. Häufigstes Zeichen ist ein Juckreiz am After.

Auch Appetitlosigkeit, Blässe und Gewichtsverlust können auf einen Madenwurmbefall hinweisen.

Die Therapie ist problemlos. Meist genügt eine einmalige Medikamentengabe.

Krätze

Krätze: sehr starker Juckreiz

Viele Adoptivkinder kommen mit stark juckenden und geröteten Hautpartien in ihre neue Familie. Ursache hierfür kann die Krätze (Scabies) sein.

Die Krankheit ist sehr ansteckend. Soweit das Kind an Krätze leidet, ist deshalb sorgfältigst darauf zu achten, dass es nicht seine Eltern und Bekannten ansteckt.

Verantwortlich sind Milben, die ihre Gänge an weichen, dünnen, feuchtwarmen Hautstellen, insbesondere zwischen den Fingern, den Beugeseiten der Handgelenke und Unterarme, den vorderen Achselfalten, dem Brustwarzenhof und im Genitalbereich graben. Typisch sind Krusten, Knötchen und Pusteln an den betroffenen Stellen. Es kommt zu einem sehr starken, meist nächtlichen Juckreiz, der unbehandelt Jahre andauern kann.

Therapie:

Da Scabies in Deutschland nicht sehr häufig auftritt, kommt es in vielen Fällen zu Fehldiagnosen und verspätetem Behandlungsbeginn.

Selbst Hautärzte behandeln oft lange auf allerlei Krankheiten, bis endlich die richtige Diagnose gestellt wird. Doch auch wenn die Ursache des Juckreizes festgestellt worden ist, entspricht die Therapie in vielen Fällen nicht den neuesten wissenschaftlichen Erkenntnissen. So kommt häufig selbst bei sehr kleinen Kindern das äußerst gesundheitsschädliche Lindan zum Einsatz, mit dem dann teils mehrere Behandlungen durchgeführt werden.

Mittel der Wahl: Permethrin

Sehr wirksam und gut verträglich ist Permethrin (5 prozentig für Erwachsene, 2, 5 prozentig für Kinder), das von der WHO und nationalen Fachgesellschaften als Mittel der Wahl bei Skabies und Kopfläusen empfohlen wird[52]. Permethrin ist in Deutschland bisher nur über eine internationale Apotheke oder als Individualrezeptur erhältlich.

2,5%ig (Kinder) Verdünnung 10 fach
Rp.:
Permethrin 25% RK InfectoPharm 10,0
Ungt. emulsific. aquos.
ad 100,0

Ein Erfolg der Behandlung kann nur erreicht werden, wenn gezielt Hygienemaßnahmen ergriffen werden.
So müssen alle Personen, die in Hautkontakt mit dem Betroffenen standen, mitbehandelt werden. Bekleidung, Bettwäsche und Handtücher müssen regelmäßig bei 60 °C gewaschen werden. Spielzeug, Plüschtiere und Schuhe können durch Einfrieren von den Milben befreit werden.

Läuse

Ob das Kind von Läusen befallen ist, lässt sich leicht feststellen, indem bei gutem Licht die Ansätze der Haare nach Läusen oder kleinen weißen Nissen abgesucht wird.
Beim Kopflausbefall kommt es zu einem starken Juckreiz der Kopfhaut, der durch den Läusespeichel beim Saugakt hinterlassen wird.
Es empfiehlt sich immer, bei der Reise ins Ausland für den Fall der Fälle einen Läusekamm und ein Läusemittel (Permethrin) mitzunehmen.
Zur Vorbeugung hat es sich bewährt, ein paar Tropfen Teebaumöl auf den Kamm aufzutragen und damit das Haar zu kämmen.

Infektionskrankheiten

Hepatitis (Gelbsucht)

Hepatitis, oder Gelbsucht, wird durch Viren verursacht. Unterschieden wird in:
- Hepatitis A (Hepatitis infectiosa)
- Hepatitis B (oder Serum-Hepatitis)
- Hepatitis C
- Hepatitis D
- Hepatitis E

Durch die Entzündung des Lebergewebes, die durch die Viren verursacht wird, sind die Beschwerden bei allen Formen der Hepatitis sehr ähnlich. Es kann zu Erschöpfung, Kopfschmerzen, Juckreiz, Appetitlosigkeit, Übelkeit, Erbrechen, Schmerzen im Bereich des rechten Rippenbogens, Dunkelfärbung des Urins, Hellfärbung des Stuhles und schließlich zur Gelbfärbung der Haut kommen.
Es existiert keine spezifische Therapie der akuten Hepatitis.

Hepatitis A

Die Hepatitis A ist weltweit verbreitet, tritt gehäuft in Entwicklungsländern auf und ist auch in Deutschland die häufigste Form der Hepatitis.

Vor allem im Nahen und Mittleren Osten, Westafrika, Mexiko, Indien, Nepal und Südamerika besteht eine hohe Wahrscheinlichkeit, an Hepatitis A zu erkranken.

Übertragen wird die Erkrankung durch verunreinigtes Essen oder Wasser.

Die Inkubationszeit beträgt 10 – 40 Tage. Die Erkrankung kann einige Wochen dauern und verläuft nur in sehr seltenen Fällen tödlich. Chronische Verläufe sind nicht bekannt.

Es besteht die Möglichkeit, sich mit einer Hepatitis A Schutzimpfung vor der Krankheit zu schützen.

Hepatitis B

In Afrika, Asien und in den Pazifischen Regionen stellt der Leberkrebs, der durch Hepatitis B - Virus Infektionen verursacht wird, eine der drei häufigsten Krebsursachen dar. Kinder können sich unter anderem bei Operationen oder bei der Geburt mit Hepatitis B infizieren.

Die Inkubationszeit beträgt 1 – 6 Monate. In 10 % der Fälle verläuft die Erkrankung chronisch.

Wirksamen Schutz bietet die Hepatitis B Schutzimpfung.

Hepatitis C

Ca. 1 – 2 % der Weltbevölkerung sind chronisch mit Hepatitis C (HCV) infiziert. Die Inkubationszeit beträgt zwei bis 26 Wochen. Nur bei etwa 25 % der HCV-Infizierten entwickelt sich eine akute Hepatitis, wobei die akute Phase der Erkrankung zumeist recht mild verläuft.

Bei akuter Hepatitis C (Infektion erfolgte innerhalb der vorangegangenen vier Monate) kann durch eine sofort nach Diagnosestellung begonnene 24-wöchige Interferon-Monotherapie ein chronischer Verlauf der HCV-Infektion in nahezu 100 % der Fälle verhindert werden.

Amerikanische Kinderärzte: Adoptivkinder haben kein erhöhtes Hepatitis C Risiko

70 – 80 % der Hepatitis C Fälle haben einen chronischen Verlauf. Bei ca. 20 % der Patienten mit chronischer Hepatitis C entwickelt sich eine Leberzirrhose. Durch Interferon und andere Medikamente lässt sich der Krankheitsverlauf abmildern.

Nach Angaben des Zentrums für Kinderheilkunde der Universität Bonn[53] und der American Academy of Pediatrics[54] haben adoptierte Kinder aus der 'Dritten Welt' kein erhöhtes Hepatitis C Risiko.

Eine Testung sollte jedoch dann vorgenommen werden, wenn entsprechende Hinweise über ein erhöhtes Hepatitis - Risiko der Mutter vorliegen.

Eine Schutzimpfung ist nicht möglich.

Hepatitis D

Das Hepatitis D-Virus ist ein inkomplettes Virus, das nur zusammen mit dem Hepatitis B Virus zum Krankheitsbild der Hepatitis D führen kann.

Die Hepatitis D Erkrankung kann zur Zerstörung der Leber führen.

Wirksamen Schutz bietet die Hepatitis B Impfung.

Hepatitis E

Im Vergleich mit anderen Hepatitisformen ist die Hepatitis E keine schwerwiegende Erkrankung. Bei Schwangeren kann es allerdings zu ernsthaften Komplikationen kommen, die bis zum Tod führen können.

Salmonellose

Salmonellosen wird durch Bakterien (sog. Salmonellen) verursacht, die zu Störungen im Magen-Darm-Trakt führen. Salmonellen treten weltweit auf.

Infektionsquellen sind besonders von Geflügel, Rindern und Schweinen stammende Lebensmittel und der Kontakt mit Ausscheidungen von Infektionsträgern. Die Inkubationszeit beträgt 5 - 72 h (max. sieben Tage) und ist abhängig von der Infektionsdosis.

Die Salmonellose beginnt meist plötzlich mit zahlreichen wässrigen Stühlen (im Verlauf der Erkrankung zunehmend blutig), Leibschmerzen, teilweise mit Fieber, Übelkeit, Erbrechen und Kopfschmerzen. Die Symptome dauern in der Regel nur wenige Stunden oder Tage. Eine Behandlung mit Antibiotika sollte nicht erfolgen, da dadurch die Bakterienausscheidung verlängert werden kann.

Syphilis

Syphilis verursacht bei Babys nur selten Krankheitserscheinungen, kann aber nach einiger Zeit zu Komplikationen im Knochenbau und im Gehirn führen. Da die Erkrankung in Entwicklungsländern viel häufiger vorkommt als in Deutschland, sollten die Kinder stets auf Syphilis untersucht werden. Die Behandlung ist problemlos und besteht aus einer Reihe von Penizillininjektionen.

Syphilis kann problemlos behandelt werden

Aids

Alle Babys, deren Mütter HIV – positiv sind, haben Antikörper der Mutter in ihrem Blut. Die meisten dieser Kinder sind jedoch nicht selbst infiziert. Die Antikörper der Mutter verschwinden im Lauf der ersten 18 Lebensmonate. Erst danach kann eine Aussage getroffen werden, ob ein Kind, das HIV – positiv getestet wurde, tatsächlich infiziert ist.

Erst mit 18 Monaten ist eine zuverlässige Diagnose auf HIV möglich

➤ **Beispiel:**

Die 6 Monate Vu aus Vietnam soll vom Ehepaar Müller aus Braunschweig adoptiert werden. Zum Entsetzen der Müllers zeigt sich bei einer Untersuchung, dass das Kind HIV - Antikörper im Blut hat.

In diesem Fall ist keineswegs klar, ob das Kind tatsächlich HIV positiv ist. Es ist gut möglich, dass sich im Blut nur noch die Antikörper ihrer Mutter befinden. Erst wenn die Antikörper auch noch mit 18 Monaten nachweisbar sind, kann man davon ausgehen, dass Vu selbst HIV positiv ist.

Tuberkulose

Tuberkulose wird durch Tuberkelbakterien (Mykobakterium tuberkulosis) hervorgerufen, die durch Tröpfcheninfektionen übertragen werden. Ein schlechter Ernährungszustand, niedere soziale Verhältnisse und ein geschwächtes Immunsystem begünstigen die Infektion.

Weltweit sterben jährlich 3 Millionen Menschen an den Folgen der Krankheit.

Die Symptome der Lungentuberkulose sind im Kindesalter wenig charakteristisch. Husten, fehlender Appetit, Gewichtsverlust, Nachtschweiß und allgemeine Abgeschlagenheit können ein Hinweis auf die Erkrankung sein.

In Ländern, in denen Tuberkulose weit verbreitet ist (China, frühere Sowjetunion, Südostasien), werden viele Kinder kurz nach der Geburt geimpft. Diese so genannte BCG-Impfung (Bacille-Calmette Guerin) geschieht mit einem abgeschwächten Tuberkelbakterium und hinterlässt ein kleines Geschwür an der Stelle der Impfung.

Diese Impfung kann jedoch nicht einer Infektion mit Tuberkulosebakterien vorbeugen, sondern lediglich die Bildung spezieller Abwehrzellen bewirken. Damit sinkt das Erkrankungsrisiko bzw. die Komplikationsrate.

Sie schützt also nicht generell vor einer Ansteckung mit Tuberkulosebakterien.

Tuberkulose ist eine mit Antibiotika gut behandelbare Krankheit, die nach sechs- bis achtmonatiger Medikamenteneinnahme geheilt werden kann.

Sonstige Beeinträchtigungen

Mongolenfleck

Der Mongolenfleck ist eine völlig harmlose Erscheinung, die unvorbereitete Adoptiveltern dennoch erschrecken kann.

Es handelt sich dabei um einen vor allem bei Asiaten vorkommenden blaugrauen Pigmentfleck in der Kreuz – Steiß – Gesäßgegend (selten auch im Schulterbereich und im Gesicht).

Der Fleck bildet sich bis zur Pubertät langsam zurück.

Laktoseintoleranz (Milchunverträglichkeit)

Bei einer Laktoseintoleranz kann der Körper den in Milch und Milchprodukten enthaltenen Milchzucker (Laktose) nicht verdauen.

Normalerweise spaltet das Enzym Laktase im Dünndarm den Milchzucker in Glukose und Galaktose auf, denn nur die Glukose kann durch die Darmwand in die Blutbahn aufgenommen werden. Bei einer Überempfindlichkeit besteht ein Mangel am Enzym Laktase. Milchzucker gelangt in ungespaltener Form in den Dickdarm. Die dort ansässigen Bakterien lösen eine Vergärung und damit Bauchkrämpfe, Blähungen und Durchfälle aus.

Besonders bei erwachsenen Asiaten und Afrikanern ist die Laktoseintoleranz sehr verbreitet. Sie kann auch bei Kindern vorkommen.

Es ist möglich, das fehlende Enzym über Tabletten (Laluk®) aufzunehmen und dadurch die Folgen der Laktoseintoleranz abzumildern.

Lippen – Kiefer – Gaumen –Spalte

Jedes Jahr kommen in Deutschland ca. 1800 Kinder mit einer Lippen – Kiefer – Gaumen Spalte auf die Welt und auch unter Adoptivkindern ist die Erkrankung häufig anzutreffen, da viele dieser Kinder wegen fehlender Behandlungsmöglichkeiten und der Intoleranz der Bevölkerung zur Adoption freigegeben werden.

Die Behandlung in Deutschland ist langwierig, aber erfolgreich. In der Regel müssen die Kinder viermal operiert werden und können danach normal reden.

Adressen von Fachkliniken und Fachärzten vermittelt die:

Deutsche Gesellschaft für Zahn-, Mund- und Kieferheilkunde (DGZMK)
Lindemannstraße 96, 40237 Düsseldorf
Tel.: 0211/66 93 95

Altersbestimmung

Alle Kinder, die zur Adoption kommen, erhalten im Ausland ein offizielles Geburtsdatum. Da es in vielen Ländern aber keine Meldepflicht bei Geburten gibt, wird das Geburtsdatum oft erst nachträglich festgelegt, bzw. geschätzt. Es besteht daher keine Sicherheit, dass das in den Dokumenten angegebene Alter dem tatsächlichen Alter des Kindes entspricht. Eine Altersbestimmung in Deutschland stößt meist auf einige Schwierigkeiten.

Handröntgenuntersuchung

Vielfach wird hierfür die Methode der Handröntgenuntersuchung angewendet. Die Methode beruht auf der Tatsache, dass der menschliche Stützapparat zu Beginn des Lebens überwiegend aus Knorpeln besteht und erst im Laufe der Zeit von Knochen ersetzt wird. Auf dem Röntgenbild des Handskeletts sind die einzelnen Phasen der Verknöcherung erkennbar.

Das Röntgenbild wird dann nach einem bestimmten Schema ausgewertet. Der Arzt greift hierfür auf Tabellen zurück, die erstellt wurden, indem eine Vielzahl von Jugendlichen untersucht und in verschiedene Stadien der Skelettreifung eingeteilt wurde. Für jedes dieser Stadien wird das Durchschnittsalter der Untersuchten ausgerechnet. Dies ergibt das sog. ´Knochenalter´.

Mit einer Handröntgenuntersuchung lässt sich das Alter nicht zuverlässig bestimmen

Bereits bei der Untersuchung deutscher Kinder führt die Untersuchung nicht unbedingt zu einer exakten Messung des tatsächlichen Alters des Kindes, da jedes Stadium nur den rechnerischen Durchschnitt des Lebensalters aller Mitglieder der Gruppe angibt, die einen bestimmten Grad der Skelettreifung aufweist.

Besonders unzuverlässig ist diese Methode jedoch bei südamerikanischen, afrikanischen und asiatischen Kindern.

Die in Deutschland verwendeten Tabellen von Bayley – Pinneau und von Tanner beruhen auf der Untersuchung von nordamerikanischen bzw. englischen Kindern. Das Knochenwachstum von Kindern anderer Rassen verläuft jedoch meist anders. Für Kinder aus Afrika wurde etwa festgestellt, dass sich Abweichungen von bis zu drei Jahren ergeben können.

Die Methode der Handröntgenuntersuchung ist deshalb nur sehr bedingt geeignet, das Alter des Kindes zu bestimmen.

Zahnuntersuchung

Eine weitere Möglichkeit der Altersbestimmung ist die Untersuchung der Gebissentwicklung des Kindes. Man spricht hier vom sog. 'Zahnalter' oder 'dentalen Alter'. Auch hier stehen wieder Tabellen zur Verfügung.

Zahlreiche Studien haben ergeben, dass auch die Altersbestimmung über die Gebissuntersuchung sehr unzuverlässig ist. Es zeigten sich Abweichungen zwischen Zahnalter und Alter des Kindes von bis zu sechs Jahren.

Die Einreise nach Deutschland

Für die Einreise nach Deutschland benötigt das Kind ein Visum.

> ### ➤ Beispiel

Das Ehepaar Müller hat einen kleinen Jungen in Vietnam adoptiert. Das vietnamesische Adoptionsverfahren ist abgeschlossen und der Junge hat bereits einen vietnamesischen Reisepass erhalten. Die Müllers müssen nun mit allen Unterlagen zur deutschen Botschaft, um dort ein Visum für das Kind zu beantragen. Erst nach Erteilung des Visums dürfen sie zusammen nach Deutschland einreisen. Sollte die deutsche Botschaft feststellen, dass es bei der Adoption zu Unregelmäßigkeiten gekommen ist, wird sie das Visum nicht ausstellen.

Das Visum darf die deutsche Auslandsvertretung erst nach Zustimmung der Ausländerbehörde ausstellen, die für den vorgesehenen Aufenthaltsort oder für den Ort des Sitzes der beteiligten inländischen Adoptionsvermittlungsstelle zuständig ist[55].

In der Regel ist die Einholung der Zustimmung der Ausländerbehörde eine reine Formalität. Vor allem, wenn die Adoption über eine anerkannte Adoptionsvermittlungsstelle betrieben wird, ist kaum mit dem Auftreten von Schwierigkeiten zu rechnen.

Falls Probleme auftreten, ist es wichtig, die rechtlichen Grundlagen zu kennen, aus denen sich ein Anspruch des Kindes auf Einreise ergeben kann.

Anspruch auf Familienzusammenführung

Das ausländische minderjährige ledige Kind eines Deutschen hat einen Anspruch auf Familienzusammenführung[56]. Da der Schutzbereich des Artikels 6 Grundgesetz (Schutz von Ehe und Familie) auch die seit längerem bestehende Pflegefamilie mit gewachsenen Bindungen zwischen Pflegeeltern und Pflegekindern umfasst[57] könnte auch das im Ausland angenommene Adoptivkind bzw. Adoptivpflegekind einen Anspruch auf Familienzusammenführung haben.

Dies ist jedoch nur der Fall, wenn tatsächlich schon gewachsene Bindungen zwischen dem Kind und seinen neuen Eltern entstanden sind. In der Regel haben die Adoptiveltern jedoch das Kind im Ausland allenfalls wenige Wochen in Pflege, sodass sie sich auf diese Vorschrift nicht berufen können. Ein Anspruch auf Familienzusammenführung liegt deshalb in der Regel nicht vor.

In der Regel besteht kein Anspruch auf Familienzusammenführung

Vermeiden einer außergewöhnlichen Härte

Ausländische Familienangehörige eines Deutschen können nach § 23 Abs. 4, §§ 22, 17 Abs. 1 Ausländergesetz eine Aufenthaltserlaubnis erhalten, wenn es erforderlich ist, um eine außergewöhnliche Härte zu vermeiden.

Fraglich ist hier zum einen, ob das Kind bereits als Familienangehöriger anzusehen ist. Selbst wenn man dies bejaht, kann die Einreise immer noch daran scheitern, dass eine ´außergewöhnliche Härte` verneint wird.

Allgemeine Vorschriften

In der Regel kommt die Einreise eines Kindes, das von seinen Adoptiveltern in Pflege genommen wurde und das noch nicht adoptiert wurde, nur nach den allgemeinen Vorschriften der §§ 7 ff.,15 AuslG in Betracht. Danach ist die Entscheidung in das Ermessen der Ausländerbehörde gestellt. Den Ermessensentscheidungen der Ausländerbehörden werden keine zuwanderungspolitischen Belange entgegengestellt[58].

Die Tatsache, dass die Entscheidung im Ermessen der Behörde liegt, bedeutet nicht, dass der Beamte nach Belieben entscheiden kann, ob er die Zustimmung zur Einreise erteilt oder nicht. Ermessen bedeutet immer pflichtgemäßes Ermessen. Die Entscheidung muss ermessensgerecht und ermessensfehlerfrei sein, d.h. die Behörde muß eine Lösung ermöglichen, die angesichts der besonderen konkreten Umstände nach Abwägen allen Für und Wider dem Zweck der Ermächtigung am besten gerecht wird.

Nach der Adoption – Anerkennung der Adoption

Grundsätzlich wirkt eine Adoption nur in dem Staat, in dem sie ausgesprochen wurde. Ein Paar, das nach Nigeria fliegt und dort vor dem Gericht ein Kind adoptiert, wird nach nigerianischem Recht zu Eltern des Kindes. Dies bedeutet aber nicht, dass nun automatisch auch nach deutschem Recht eine Adoption stattgefunden hätte und sich aus der Adoption im Ausland Rechte in Deutschland ableiten lassen. Die Adoption in Nigeria muss zuerst in Deutschland anerkannt werden. Bei jeder im Ausland ausgesprochenen Adoption stellt sich die Frage, wie die ausländische Entscheidung in Deutschland zu behandeln ist. Auch wenn die Adoption im Ausland nach den dort geltenden Vorschriften wirksam ist, muss immer geprüft werden, ob die Annahme des Kindes die gleichen Rechtswirkungen hat wie eine Adoption in Deutschland.

Für Adoptiveltern ist die Anerkennung einer Adoption sehr leicht, wenn sie in einem Vertragsstaat des Haager Übereinkommens adoptiert haben.

Vertragsstaaten

Adoption in einem Vertragsstaat des Haager Überein-kommens werden in einem anderen Vertragsstaat kraft Gesetzes anerkannt

Nach Artikel 23 des Haager Übereinkommens wird eine Adoption *'in den anderen Vertragsstaaten kraft Gesetzes anerkannt, wenn die zuständige Behörde des Staates, in dem sie durchgeführt worden ist, bescheinigt, dass sie gemäß dem Übereinkommen zustande gekommen ist.'*

Adoptionen in Vertragsstaaten des Übereinkommens, die nach den Vorschriften des Übereinkommens durchgeführt wurden, werden in allen Vertragsstaaten kraft Gesetzes anerkannt, ohne dass es einer gerichtlichen Entscheidung im Annahmestaat bedarf. Handelt es sich bei der Adoption im Ausland um eine schwache Adoption, so erlaubt es § 27 Abs. 1 des Haager Übereinkommens unter bestimmten Voraussetzungen, die schwache Adoption in eine Volladoption umzuwandeln.

Anerkennungsverfahren

Für Eltern eines Adoptivkindes aus einem Vertragsstaat des Haager Übereinkommens stellt sich die Frage, wo sie sich nun die Adoption im Ausland anerkennen lassen können.

➤ **Beispiel**

Maria und Peter Raab haben die kleine Marisol aus Brasilien adoptiert. Da das Haager Übereinkommen hier Anwendung findet – Brasilien ist Vertragsstaat – wird die Adoption kraft Gesetzes anerkannt. Dennoch stellen die Raabs fest, dass viele deutschen Behörden mit den brasilianischen Dokumenten nichts anfangen können. Es wäre ihnen deshalb am liebsten, wenn sie die Bescheinigung einer deutschen Behörde oder eines deutschen Gerichts vorzeigen könnten, aus der hervorgeht, dass Marisol nun ihr Kind ist.

Die Raabs haben hier die Möglichkeit, die ausländische Adoption dem deutschen Vormundschaftsgericht vorzulegen. Dieses prüft:
• ob die Adoption anzuerkennen ist
• ob das Eltern-Kind-Verhältnis des Kindes zu seinen bisherigen Eltern durch die Annahme erloschen ist.
Mit der positiven Entscheidung des deutschen Vormundschaftsgerichtes halten die Adoptiveltern dann die Bescheinigung in Händen, dass die Adoption anzuerkennen ist.

Nicht – Vertragsstaaten

Nachadoption

Für Adoptionen in Nicht – Vertragssaaten gibt es keine Anerkennung kraft Gesetzes. Um eine klare Rechtssituation zu bekommen, wurde in der Vergangenheit den Adoptiveltern geraten, die Adoption in Deutschland zu wiederholen. Man spricht hier von einer sogenannten 'Nachadoption' oder 'Zweitadoption'. Dies stieß oft auf große Schwierigkeiten, wenn etwa die von den leiblichen Eltern erteilten Einwilligungen den strengen Anforderungen des deutschen Rechts nicht genügten.

Erleichterungen sind hier durch das neue Adoptionswirkungsgesetz zu erwarten.

Anzuwenden ist das Gesetz sowohl auf Adoptionen außerhalb als auch auf solche innerhalb des Haager Übereinkommens.

Es besteht die Möglichkeit, eine Anerkennungs- und Wirkungsfeststellung (§2) bzw. einen Umwandlungsausspruch (§3) zu beantragen. Die Verfahren werden dabei auf bestimmte Vormundschaftsgerichte konzentriert. Man kann davon ausgehen, dass nach Abschluss der Anlaufschwierigkeiten des Gesetzes ausländische Verfahren schneller anerkannt werden als bisher.

Anerkennungs- und Wirkungsfeststellung

Auf Antrag stellt das Vormundschaftsgericht nach § 2 Adoptionswirkungsgesetz fest, ob eine Annahme eines Kindes im Ausland anzuerkennen oder wirksam ist und ob das Eltern – Kind Verhältnis des Kindes zu seinen bisherigen Eltern durch die Annahme erloschen ist.

'Im Falle einer anzuerkennenden oder wirksamen Annahme ist zusätzlich festzustellen,

1. wenn das in Absatz 1 genannte Eltern-Kind-Verhältnis erloschen ist, dass das Annahmeverhältnis einem nach den deutschen Sachvorschriften begründeten Annahmeverhältnis gleichsteht.

2. andernfalls, dass das Annahmeverhältnis in Ansehung der elterlichen Sorge und der Unterhaltspflicht des Annehmenden einem nach den deutschen Sachvorschriften begründeten Annahmeverhältnis gleichsteht.'

Die Wirkungen der ausländischen Adoption ändern sich durch die gerichtliche Feststellung nicht. Es ist deshalb empfehlenswert, beim Standesamt einen Antrag auf Namensänderung für das Kind zu stellen. Zusätzlich sollten alle in Frage kommenden Erblasser ein Testament zu Gunsten des Kindes errichten. Nach § 22 Abs. 3 EGBGB steht das adoptierte Kind im Erbfall damit einem nach deutschen Sachvorschriften angenommenem Kind gleich.

Diese erbrechtliche Regelung gilt nur für Kinder, nicht aber für die Adoption von Erwachsenen.

Den Antrag auf Anerkennungs- und Wirkungsfeststellung können die Annehmenden, das Kind, dessen leibliche Eltern oder der Standesbeamte bzw. die Aufsichtsbehörde stellen, die mit der Eintragung der Adoption in das Familienbuch der Adoptiveltern oder mit der Beurkundung der Geburt des Kindes befasst sind.

Im Verfahren auf Anerkennungs- und Wirkungsfeststellung wird der Generalbundesanwalt beim Bundesgerichtshof als Bundeszentralstelle für Auslandsadoptionen beteiligt.

Wann ist eine Adoption aus einem Nicht – Vertragsstaat anzuerkennen?

Die Anerkennung einer Adoption außerhalb des Anwendungsbereiches des Haager Übereinkommens richtet sich nach § 16 a FGG:

'Die Anerkennung einer ausländischen Entscheidung ist ausgeschlossen:

1. wenn die Gerichte des anderen Staates nach deutschem Recht nicht zuständig sind;

2. wenn einem Beteiligten, der sich zur Hauptsache nicht geäußert hat und sich hier-

auf beruft, das verfahrenseinleitende Schriftstück nicht ordnungsmäßig oder nicht so rechtzeitig mitgeteilt worden ist, daß er seine Rechte wahrnehmen konnte;

3. wenn die Entscheidung mit einer hier erlassenen oder anzuerkennenden früheren ausländischen Entscheidung oder wenn das ihr zugrunde liegende Verfahren mit einem früher hier rechtshängig gewordenen Verfahren unvereinbar ist;

4. wenn die Anerkennung der Entscheidung zu einem Ergebnis führt, das mit wesentlichen Grundsätzen des deutschen Rechts offensichtlich unvereinbar ist, insbesondere wenn die Anerkennung mit den Grundrechten unvereinbar ist.`

Verlangt wird also:

- dass entweder die Adoptiveltern oder das Adoptivkind die Staatsangehörigkeit des Staates haben, der die Adoption ausgesprochen hat oder dort zumindest ihren gewöhnlichen Aufenthalt haben.
- dass sich kein Beteiligter (Adoptivkind, Adoptiveltern und deren Abkömmlinge, leibliche Eltern) darauf beruft, er habe keine Gelegenheit gehabt, sich gegenüber dem entscheidenden Gericht zu äußern.
- dass die ausländische Gerichtsentscheidung nicht mit einer in Deutschland erlassenen oder anzuerkennenden ausländischen Entscheidung unvereinbar ist.
- dass die ausländische Entscheidung mit den wesentlichen Grundsätzen des deutschen Rechts vereinbar ist. Dabei führen schwerwiegende Verstöße gegen deutsche Rechtsgrundsätze dazu, dass die ausländische Entscheidung nicht anerkannt wird. In die Entscheidung, ob die Adoption anerkannt werden kann oder nicht, fließt auch ein, welche Folgen eine positive oder negative Entscheidung im Anerkennungsverfahren für das Kind hat, ob sich die ausländische Entscheidung am Kindeswohl orientierte und ob wesentliche Mitwirkungsrechte des Kindes und seiner leiblichen Eltern beachtet wurden.

Umwandlungsausspruch

Umwandlung einer schwachen in eine starke Adoption

Weichen die Wirkungen der ausländischen Adoption von den Wirkungen des nach deutschen Sachvorschriften begründeten Annahmeverhältnisses ab, besteht die Möglichkeit, einen Antrag auf Umwandlung des Annahmeverhältnisses zu stellen.

Eine im Ausland ausgesprochene schwache Adoption kann also in eine starke Adoption umgewandelt werden, wodurch das adoptierte Kind die volle Rechtsstellung eines nach deutschen Vorschriften adoptierten Kindes erhält. Voraussetzung ist, dass:

1. dies dem Wohl des Kindes dient,

2. die erforderlichen Zustimmungen zu einer Annahme mit einer das Eltern-Kind-Verhältnis beendenden Wirkung erteilt sind und

3. überwiegende Interessen des Ehegatten oder der Kinder des Annehmenden oder des Angenommenen nicht entgegenstehen.

Den Antrag auf Umwandlung können nur die Annehmenden stellen.

Im gerichtlichen Verfahren wird das Jugendamt und die zentrale Adoptionsstelle des Landesjugendamtes beteiligt.

Zuständige Stelle

Über einen Antrag auf Anerkennungs- und Wirkungsfeststellung bzw. auf Umwandlungsausspruch entscheidet das Vormundschaftsgericht, in dessen Bezirk ein Oberlandesgericht seinen Sitz hat, für den Bezirk dieses Oberlandesgerichtes. Für den Bezirk des Kammergerichtes entscheidet das Amtsgericht Schöneberg.

Wer wissen will, welches Gericht für seinen Antrag zuständig ist, schafft sich am besten mit einem Anruf bei der Geschäftsstelle seines örtlichen Amtsgerichts / Vormundschaftsgerichts Klarheit.

Staatsangehörigkeit des Kindes

Das adoptierte Kind kann bereits durch seine Adoption im Ausland und vor einer eventuellen Anerkennung bzw. Umwandlung die deutsche Staatsangehörigkeit erworben haben.

deutsche Staatsangehörigkeit durch Adoption

§ 6 Staatsangehörigkeitsgesetz regelt:

'Mit der nach den deutschen Gesetzes wirksamen Annahme als Kind durch einen Deutschen erwirbt das Kind, das im Zeitpunkt des Annahmeantrages das achtzehnte Lebensjahr noch nicht vollendet hat, die Staatsangehörigkeit.'

Wann aber liegt eine nach den deutschen Gesetzen wirksame Annahme als Kind vor? Das Bundesinnenministerium hat hierzu in der allgemeinen Verwaltungsvorschrift zum Staatsangehörigkeitsrecht nähere Angaben gemacht.

Allgemeine Verwaltungsvorschrift zum Staatsangehörigkeitsrecht

6.1.2 Adoption im Ausland

Eine nach den deutschen Gesetzen wirksame Annahme als Kind hat bei einer Adoption aufgrund einer Entscheidung eines ausländischen Gerichts oder einer ausländischen Behörde (Dekretadoption) den Erwerb der deutschen Staatsangehörigkeit nur zur Folge, wenn es sich um eine Volladoption handelt.

6.1.2.1 Beruht die Annahme als Kind auf der Entscheidung eines ausländischen Gerichts oder einer ausländischen Behörde, so richtet sich deren Anerkennung nach § 16a des Gesetzes über die Angelegenheiten der freiwilligen Gerichtsbarkeit. Danach setzt die Anerkennung insbesondere voraus, dass

a) der Annehmende oder einer der annehmenden Ehegatten oder das Kind zur Zeit der Adoptionsentscheidung entweder die Staatsangehörigkeit des Entscheidungsstaates besaß oder dort seinen gewöhnlichen Aufenthalt hatte und

b) die durch den ausländischen Adoptionsakt herbeigeführte Rechtslage wesentlichen Grundsätzen des deutschen Rechts nicht offensichtlich widerspricht und insbesondere mit den Grundrechten in Einklang steht (Beachtung des Kindeswohls sowie der Mitwirkungsrechte des Kindes und seiner leiblichen Eltern).

6.1.2.2 Beruht die Annahme als Kind auf einem Rechtsgeschäft (Adoptionsvertrag), so beurteilt sich deren Wirksamkeit nach dem jeweils anwendbaren Recht. Hierbei ist auf die Wahrung der deutschen öffentlichen Ordnung besonders Bedacht zu nehmen. Kommt deutsches Sachrecht zur Anwendung, so ist eine durch Rechtsgeschäft vollzogene Adoption stets unwirksam.

Die Frage, wann eine nach deutschen Gesetzen wirksame Annahme vorliegt, ist eine Frage des Einzelfalles und muß bei jeder Adoption individuell geprüft werden.

Mehrstaatigkeit

Wird das angenommene Kind durch die Adoption deutscher Staatsbürger, so folgt daraus noch nicht automatisch der Verlust der früheren Staatsangehörigkeit. Nach deutschem Recht ist es durchaus möglich, dass das Kind mehrere Staatsangehörigkeiten hat.

Adoptivkinder können mehrere Staatsangehörigkeiten haben

So erklärte der zuständige Bundesinnenminister Otto Schily am 4.2.1999 zu Äußerungen des Abgeordneten Dr. Jürgen Rüttgers:

'Bisher hat Mehrstaatigkeit zu keinen nennenswerten Schwierigkeiten weder in Deutschland noch in unseren europäischen Nachbarstaaten geführt. Um die unerträgliche Zahlendiskussion zu beenden, wie viele Mehrstaater es überhaupt gibt, lege ich hierzu eine Berechnung des Statistischen Bundesamtes vom 2. Februar dieses Jahres vor (Anlage).'

Nach den in der Anlage vorgelegten Berechnungen des Statistischen Bundesamtes ergab sich für den Zeitraum 1982 – 1997 in der Fallgruppe `Adoption eines ausländischen Kindes durch deutsche Eltern` eine Zahl von 16.561 Kindern, die mehrstaatig waren.

Geburtsurkunde

Für das Kind wird vom Standesamt I in Berlin eine neue Geburtsurkunde ausgestellt. Die Antragstellung erfolgt über das Standesamt am Wohnort der Eltern. Aus der neuen Geburtsurkunde ist nicht zu erkennen, dass es sich um ein Adoptivkind handelt.

Wen das Kind später (etwa für eine Heirat) eine Abstammungsurkunde benötigt, so sind darin auch die Geburtsnamen und Name und Familienstand der leiblichen Eltern vermerkt.

Nach der Adoption - Erziehung

Die Erziehung eines Kindes ist keine einfache Sache. Das gilt für leibliche Kinder und es gilt auch für Adoptivkinder.

In manchen Adoptivfamilien gelingt es trotz aller Mühen nicht, eine fruchtbare Eltern Kind Beziehung aufzubauen und im äußersten Fall muss das Kind nach einiger Zeit wieder die Familie verlassen.

Dies ist jedoch nicht die Regel. Der Prozentsatz gescheiterter Adoptionen bewegt sich im unteren einstelligen Bereich und es gibt keine Erkenntnisse darüber, dass das Eltern-Kind Verhältnis bei Adoptivfamilien weniger eng ist als bei anderen Familien. Eltern und Kinder teilen zwar nicht ihre genetischen Codes, aber unzählige gemeinsame Erlebnisse und Erfahrungen, die sie zu einer Familie zusammenschweißen.

Der Alltag einer Adoptivfamilie unterscheidet sich nicht sehr vom Alltag anderer Familien. Viele Eltern, die sowohl leibliche als auch adoptierte Kinder erziehen, geben an, sie würden alle Kinder gleichermaßen lieben und sich um die einen genauso intensiv kümmern wie um die anderen.

Für die Erziehung eines Adoptivkindes gilt in erster Linie all das, was auch für die Erziehung eines leiblichen Kindes gilt. Hier lassen sich Forschungsbefunde auf folgenden Nenner bringen:

'Kompetente Eltern haben auch kompetente Kinder'[61].

kompetente Eltern – kompetente Kinder

Je höher die Erziehungskompetenz der Eltern ist, desto höher ist auch die Wahrscheinlichkeit, dass sich die Kinder zu verantwortungsvollen und leistungsfähigen Personen entwickeln.

Als wichtig für die Eltern – Kind Beziehung haben sich folgende Faktoren herausgestellt:

Positiv für die Eltern – Kind Beziehung sind:
- Zuneigung
- emotionale Wärme
- klare verständliche Regeln und Handlungsspielräume, die sich im Laufe der Entwicklung des Kindes erweitern

Nachteilig für die Eltern – Kind Beziehung sind:
- Eltern mit geringem Selbstvertrauen
- Unbefriedigende Arbeitsbedingungen der Eltern
- Eltern, die in ihrem sozialen Umfeld auf wenig Unterstützungsmöglichkeiten zurückgreifen können
- Armut, Einkommensverluste und Arbeitslosigkeit
- 'schwieriges' Temperament des Kindes

Die erste gemeinsame Zeit

Die Erziehung des Kindes beginnt schon kurze Zeit nachdem die Eltern das Kind bei sich aufgenommen haben. Viele merken schon bald nach der Adoption, dass das neue Kind doch einige Anforderungen an das erzieherische Geschick stellt.

> **Beispiel**

Frau Lehmann hat die 5 – jährige Seema aus Nepal adoptiert. Schon kurz nachdem das Mädchen das Kinderheim in Katmandu verlassen hat und zu ihrer neuen Mutter gezogen ist, entpuppt sie sich als ausgesprochen lebhaftes und selbstbewusstes Mädchen. Frau Lehmann hatte eigentlich erwartet, dass Seema in der ersten Zeit eine große Zurückhaltung an den Tag legen würde und ängstlich auf die vielen Veränderungen reagieren würde. Stattdessen zeigt sich bald, dass Seema nicht unbedingt dem klassischen Bild eines sich unterordnenden asiatischen Mädchens entspricht, sondern vielmehr versucht, mit Vehemenz ihre eigenen Vorstellungen und Ansichten durchzusetzen.

Frau Lehmann hatte sich vorgestellt, das Kind langsam und vorsichtig an sein neues Leben heranzuführen. Statt dessen sieht sie sich nun plötzlich damit beschäftigt, Grenzen zu setzen und sich Seema gegenüber durchsetzen zu müssen.

Bereits bei leiblichen Kindern ist es eine höchst schwierige Aufgabe, einen adäquaten Erziehungsstil zu finden. Immer mehr Eltern scheinen an dieser Herausforderung zu scheitern:

Die Zeit schrieb in einem Artikel vom 26.4.2001 unter dem Titel: ´Die Elternkatastrophe´:

Aktives Erziehen

´ *"Aktives Erziehen" ist die dürre Umschreibung für Selbstverständlichkeiten, die keine mehr sind. Dazu gehört, dass Kinder vor der Schule ein Frühstück bekommen; dass es irgendjemanden interessiert, ob und wie sie ihre Schularbeiten erledigen; dass sie ausgeschlafen zur Schule gehen; dass sie am Nachmittag Gelegenheit zu Sport und Spiel haben; dass die kulturellen Anregungen im Elternhaus sich nicht auf Dauerfernsehen beschränken; dass Schuleschwänzen zu Hause nicht verharmlost wird; dass Jugendliche nicht mehr Zeit beim Jobben als im Unterricht verbringen; dass Kinder sich halbwegs artikulieren können; dass Eltern die Elternversammlungen besuchen.*

Kinderärzte beobachten immer öfter Konzentrationsverlust und Hyperaktivität. Sprachheilpädagogen notieren alarmiert Sprachstörungen bei rund 20 Prozent der Erstklässler. Motorische Defizite haben den Unterricht im Geräteturnen dezimiert: Zu gefährlich, wenn man nicht einmal sicher auf einem Bein stehen kann, lautet die Begründung.´

Offensichtlich haben also auch viele Eltern leiblicher Kinder große Probleme damit, ihre Kinder gut zu erziehen.

Die Aufgabe ist bei Adoptivkindern aber nicht eben leichter.

Die 3 – Phasen Theorie

Nach der herkömmlichen 3 – Phasen Theorie verläuft die Entwicklung der Beziehung zwischen Adoptiveltern und Adoptivkind in 3 Phasen.

Anpassung

Anpassungsphase

Die erste Zeit des Adoptivkindes in seiner neuen Familie wird üblicherweise Anpassungsphase genannt, da das Kind hier eine Überanpassung zeigt und Konflikte vermeidet. Das Kind ist in dieser Phase sehr bemüht, sich so gut wie möglich anzupassen und alle Normen und Erwartungen zu erfüllen. Der Grund liegt darin, dass das Kind unsicher ist und erst Ordnung und Sicherheit gewinnen muß.

Übertragungsphase

Übertragung

Nach der 3 – Phasen Theorie beginnt das Kind, sobald es größere Sicherheit gewonnen hat, seine Situation durch die Brille seiner eigenen Geschichte zu sehen und die Beziehungen nach alten Mustern zu gestalten. Die mit seinen Herkunftseltern verbundenen Gefühle versucht es wiederzubeleben, indem es seine Eltern bis zum äußersten provoziert. Von den Eltern wird hier erwartet, dass die Konflikte so gelöst werden, dass das Kind die verlässliche Erfahrung macht, dass die Ausgänge anders sind als früher.

Das Kind kann auf diese Weise seine ursprünglichen Erfahrungen aufarbeiten und zwischen seinen ursprünglichen Erfahrungen und der neuen Beziehung unterscheiden.

Regressionsphase

Regression

In der Regressionsphase zeigen die Kinder ein für frühere Entwicklungsstufen typisches Verhalten, indem sie sich klein machen und babyhaft verhalten.

Dadurch wird dem Kind ermöglicht, noch einmal Bindungen wie ein kleines Kind aufzubauen.

Die 3 – Phasen Theorie kann eine wichtige Hilfe beim Versuch sein, das Verhalten des Kindes zu verstehen.

Adoptiveltern sollten allerdings nicht überrascht sein, wenn sich ihr Kind ganz anders verhält als es nach der Theorie zu erwarten ist.

Viele Eltern haben sich darauf vorbereitet, ein von seinem bisherigen schweren Leben entmutigtes Kind zu bekommen, das sich erst langsam trauen muss, zu seinem eigenen Willen zu stehen.

Oft stellen sie dann fest, dass die Anpassungsphase, in der sich das Kind überangepasst zeigt, nur wenige Stunden anhält und sich das Kind dann als überaus selbstbewusster und durchsetzungsfähiger Mensch erweist.

Während es auf der einen Seite Kinder gibt, die sich noch Monate lang überaus angepasst verhalten, gibt es auch viele Kinder, die es schon nach kürzester Zeit auf Konflikte mit ihren neuen Eltern ankommen lassen.

Für Eltern und Kinder ist die erste Zeit meist sehr schön, manchmal aber auch gleichzeitig recht schwierig.

Die Eltern haben sich oft jahrelang auf das Kind gefreut und sich oft ebenso lange um eine Adoption bemüht. Endlich nun haben sie das ersehnte Kind bei sich. Sie wollen dem Kind Gutes tun und ihm so viel wie möglich von dem Glück verschaffen, das es bislang entbehrt hatte.

Das Kind selbst muß eine Vielzahl neuer Eindrücke verarbeiten. Es kann in einem eigenen Bett schlafen, es gibt ausreichend zu essen, gute Kleider ...

Dennoch sind manche Kinder anfangs recht enttäuscht. Viele dachten, sie könnten in dem anderen Land wie eine Prinzessin oder ein Prinz leben. Sie stellen dann enttäuscht fest, dass ihre neuen Eltern keine Diener haben, dass es kein Personal gibt, das all die Arbeiten erledigt und dass sie selber gezwungen werden, kleinere Aufgaben im Haushalt mit zu erledigen.

Eltern sollten nicht erwarten, dass ihre Kinder mit Dankbarkeit auf die Adoption reagieren. In den Augen der Kinder hat sich die Situation für sie zwar verbessert, es hätte aber durchaus noch besser kommen können – etwa bei der Vermittlung in einen Prinzenhaushalt.

Austesten von
Grenzen

Über kurz oder lang versuchen die meisten Kinder, ihre Grenzen auszutesten.

Darf man bei den neuen reichen Eltern ins Bett, wann man will, darf man auch nachts essen, darf man Anordnungen nicht befolgen, darf man tun und lassen was man will? Das sind Fragen, deren Beantwortung für die Eltern klar und offensichtlich ist. Für das Kind ist es das nicht.

➤ Beispiel

Seema, die die ersten Jahre ihres Lebens in einem Kinderheim verbracht hat, kannte bislang nur einen sehr strukturierten Tagesablauf. Alle Kinder standen immer um eine bestimmte Uhrzeit auf und gingen abends pünktlich ins Bett, alle Kinder aßen zu einer bestimmten Zeit und hatten genau definierte Aufgaben zu erfüllen. Zu Seemas Tätigkeitsbereich gehörte es etwa, beim Kehren des Bodens, beim Wäschewaschen und beim Abräumen des Geschirrs mitzuhelfen. Wenn sie ihre Aufgaben gut erledigte, hatte sie keine Schwierigkeiten zu erwarten. Alles war genau vorgegeben. Ganz anders stellt sich das Leben bei Frau Lehmann dar:
Hier sind die Dinge viel mehr im Fluss. An manchen Tagen stehen alle früh auf, während es an anderen erlaubt ist, länger im Bett zu bleiben. Manchmal spielt ihre neue Mutter mit ihr, und manchmal ist sie aber auch recht streng. Gegessen wird oft dann, wenn man Hunger hat und nicht zu ganz festgelegten Essenszeiten. Seema muss also plötzlich eine Flexibilität zeigen, die bislang nicht von ihr verlangt worden war. Dies fällt ihr am Anfang ziemlich schwer, da es jetzt im Gegensatz zu früher auch keine älteren Kinder gibt, an denen sie sich orientieren kann.

Auftauchende Schwierigkeiten können ihre Ursache darin haben, dass die Kinder schlechte Erfahrungen auf die neuen Eltern übertragen (3 Phasen Theorie), oder darin, dass sie sich Orientierung über ihre Rechte und Pflichten in der neuen Umgebung verschaffen wollen. Die Eltern haben die schwierige Aufgabe, dem Kind die Orientierung geben, in seiner neuen Umwelt zurecht zu kommen. Sie sollen weder überfordernd, noch überfürsorglich sein, sie sollen konsequent sein, aber auch nicht zu streng – alles in allem eine schwierige Gratwanderung.

Die Autoren können und wollen hier kein Patentrezept bieten. Jedes Kind ist unterschiedlich, jedes Elternteil ist unterschiedlich und pauschale Empfehlungen sind in der Regel nur schlecht umsetzbar.

Es soll lediglich versucht werden, ein paar Denkanstöße zu geben.

Vergangenes lässt sich nicht rückgängig machen

Was immer auch dem Kind in seiner Vergangenheit zugestoßen sein mag – es lässt sich nicht rückgängig machen.

Alle Ängste, Verlassenheitserlebnisse und Missbrauchserfahrungen, so tragisch sie für das Kind auch sein mögen, bleiben für immer Bestandteil im Leben des Kindes. Mit etwas Geschick und Glück mag es gelingen, einen guten Weg zu finden um das Erlebte zu verarbeiten – verschwinden wird es dadurch nicht.

Viele Adoptiveltern glauben, sie müssten dem Kind nun einen Ausgleich für entstandene Entbehrungen geben. Sie verzichten dann darauf, Kritik am Verhalten des Kindes zu üben. Fehlverhalten wird schnell toleriert und damit entschuldigt, das Kind habe es ja früher so schwer gehabt. Meist funktioniert diese Art der Erziehung nicht. Ein Kind, das von seinen Eltern wegen seiner seelischen Verletzung laufend besonders rücksichtsvoll behandelt wird, kann nicht in die Normalität finden. Es ist für das Kind leichter, wenn bestimmte Regeln gelten, an das es sich zu halten hat und wenn es feststellt, dass Fehler auch zu Konsequenzen führen. Nur dann wird es ihm gelingen, Orientierung in seinem neuen Leben zu finden.

Es ist für das Kind leichter, wenn es sich an Regeln orientieren kann

Die Ursache liegt nicht immer in der Adoption

Stellen die Adoptiveltern fest, dass ihr Kind Auffälligkeiten zeigt und etwa stiehlt, lügt oder Schwierigkeiten mit anderen Kindern hat, so kann das viele Ursachen haben.

Manche Kinder versuchen damit Aufmerksamkeit auf sich zu ziehen, manche sind solche Verhaltensweisen noch von früher gewöhnt.

Sicherlich ist immer genau darauf zu achten, warum es zu dem Fehlverhalten gekommen ist. Man sollte allerdings nicht allzu schnell die Erklärung in der Adoption suchen. Diese kann die Ursache sein – muss aber nicht.

Vor allem dann, wenn professionelle Hilfe aufgesucht wird und die Ursache der Schwierigkeiten unklar sind, werden oft übereilt die Adoption und die Vorerfahrungen des Kindes als Kern des Problems identifiziert. Dies erspart den Eltern, ihr eigenes Verhalten und das ihrer Kinder genauer und unter verschiedenen Blickwinkeln unter die Lupe zu nehmen. Vielfach ist dies für eine Problemlösung nicht förderlich.

Die Kunst, konsequent zu sein

Wenn die Eltern etwas von ihrem Kind verlangen, sollten sie dies auch durchsetzen. Eine Regel, die nicht durchgesetzt wird, macht keinen Sinn.

In Ratgebern zur Erziehung wird üblicherweise zwischen Bestrafung und Konsequenzen unterschieden.

Bei der Bestrafung sagen die Eltern: ´Du darfst heute nicht Fernseh schauen, weil du Dein Zimmer nicht aufgeräumt hast.´

´*Das schlimmste an der Bestrafung ist jedoch, dass sie sowohl entmutigend als auch respektlos ist. Mit einer Bestrafung sagen Sie ihrem Kind, dass es etwas verkehrt gemacht und Sie enttäuscht hat; das ist entmutigend für das Kind. Die Respektlosigkeit geht von den Eltern aus, die ihrem Kind oft in erniedrigender Weise ihren Willen aufnötigen. Selbst das, was manche Menschen als 'kleinen Klaps auf den Po' bezeichnen, ist respektlos.'* [62]

Konsequenzen Empfohlen wird statt dessen, Konsequenzen aufzuzeigen.

Unterschieden wird dabei in:

- natürliche Konsequenzen
- logische Konsequenzen

Natürliche Konsequenzen folgen daraus, dass etwas passiert, ohne dass die Eltern eingreifen. Ein Beispiel ist etwa, wenn ein Kind Hunger bekommt, weil es nichts gegessen hat. Logische Konsequenzen sind Konsequenzen, die von den Eltern in die Wege geleitet werden, um ihnen zu zeigen, dass ihr Handeln Auswirkungen hat und dass sie selbst für ihr Verhalten verantwortlich sind [63]. Dies ist z. B. 'Wenn Du Deine Schuhe nicht anziehst, kannst Du nicht mitkommen'.

Der Unterschied zur Bestrafung besteht darin, dass die Konsequenz in Zusammenhang mit dem Verhalten steht.

Das Problem bei Adoptivkindern ist nur, dass sie aus ihrem Herkunftsland oft einen bestimmten Erziehungsstil erfahren haben, der es schwierig macht, mit den hier verwendeten Erziehungsregeln Erfolg zu haben.

➤ **Beispiel**

Othelia hatte vor ihrer Adoption nach Deutschland ein hartes Leben in Haiti. Mit 2 Jahren starb ihre Mutter und von ihrem Vater wurde sie vernachlässigt. Es kam vor, dass sie oft tagelang nicht ausreichend zu Essen bekam. Während dieser Zeit und auch während eines 1–jährigen Heimaufenthaltes hat Othelia die Erfahrung gemacht, dass nur der Stärkere überlebt, dass man sich auf andere niemals verlassen kann und dass Bestrafungen schicksalhaft und unabwendbar sind.

Nach der Adoption stellen ihre Eltern fest, dass sich Othelia von Sanktionen für Fehlverhalten kaum beeindrucken lässt. Wenn etwa die anderen Kinder der Familie nach draußen zum Spielen gehen und Othelia einmal zur Strafe auf ihrem Zimmer bleiben muss, so scheint ihr dies nichts auszumachen. Manchmal haben ihre Eltern den Eindruck, als ob Othelia Bestrafungen geradezu provoziert, um beweisen zu können, dass sie sich dadurch nicht beeinflussen lässt.

Manche Kinder haben im Ausland unter widrigsten Bedingungen nur deshalb überlebt, weil sie durch eine ungeheure Willenskraft auch den größten Schwierigkeiten widerstanden haben. Solche Kinder lassen sich häufig von Erziehungsmaßnahmen wenig beeinflussen.

- Wer in seinem Leben noch kein eigenes Zimmer gehabt hat, empfindet es meist nicht als besonders unangenehm, wenn er zur Strafe einmal auf seinem Zimmer bleiben muss. Es macht ihm nichts aus, dort ein Weilchen zu warten, bis sich die Situation wieder beruhigt hat.

- Wer in einem Kinderheim die ersten Lebensjahre mit dem Stock Disziplin beigebracht bekommen hat, wird meist einen Klaps auf dem Po weder als Bestrafung noch als Konsequenz empfinden.
- Vielen Kindern, die oft jahrelang Hunger und Entbehrungen kennengelernt haben, macht es nichts aus, wenn einmal das Mittag- oder Abendessen ausfällt. Andere fühlen sich regelrecht in ihrer Existenz bedroht, wenn sie nicht am Essen teilnehmen können und reagieren über. Auch hier ist es oft schwierig, das richtige Maß zu finden.

Von den Adoptiveltern wird hier also einiges verlangt. Erwartet wird eine große Flexibilität und die ständige Bereitschaft, nach guten Lösungen zu suchen. Niemand sollte dabei versuchen, die Sache perfekt zu machen. Die perfekte Erziehung gibt es nicht. Wer ein Kind erzieht, trifft täglich Hunderte von Entscheidungen und es ist völlig unmöglich, dass immer alle gerecht und weise sind. Es ist nicht immer einfach, ein Kind zu erziehen, das schon eine Vielzahl von Erfahrungen mitbringt. Die Wahrscheinlichkeit, dass bei dieser schwierigen Aufgabe auch Fehler gemacht werden, ist deshalb recht groß.

Es ist normal, dass man auch Fehler macht

Wie sage ich es meinem Kind?

In der Vergangenheit wurde von vielen Experten die Meinung vertreten, es sei besser, ein Kind nicht über seine Adoption aufzuklären, sondern es in dem Glauben zu belassen, es sei das leibliche Kind seiner Adoptiveltern. Es sei ein zu großer Schock für das Kind, die Wahrheit über seine Herkunft zu erfahren. Das Wissen um die Adoption würde die kindliche Identitätsentwicklung behindern.

Diese Auffassung wird heute zum Glück kaum noch vertreten. Es scheint sich die Erkenntnis durchgesetzt zu haben, dass es für die positive Entwicklung des Kindes unverzichtbar ist, die Wahrheit über seine Herkunft zu erfahren.

Manche Eltern haben Schwierigkeiten damit, ihr Kind über seine Herkunft aufzuklären, da sie befürchten, das Kind könne seine Adoptivfamilie verlassen, oder an dem Wissen über seine leiblichen Eltern leiden.

Diese Furcht ist meist unbegründet. Kinder können in der Regel auch mit unangenehmen Wahrheiten gut umgehen, wenn in der Familie ein offenes und aufgeschlossenes Klima herrscht und Fragen vorurteilsfrei besprochen werden und die meisten finden es überaus spannend zu erfahren, dass sie doppelt so viele Eltern haben wie die anderen Kinder.

Kommt es später zu einem Zusammentreffen zwischen Adoptierten und leiblichen Eltern, so bleibt es meist bei ein bis zwei Treffen. *'Die Adoptierten erleben ein Zusammentreffen in der Regel positiv, sind anschließend glücklicher und leiden weniger unter Identitätskonflikten. Auch verbessert sich zumeist die Beziehung zu den Adoptiveltern, da die Adoptivkinder sich der Tiefe ihrer emotionalen Bande bewusst werden'* [64].

Die Angst, das Kind könne zu seinen leiblichen Eltern zurückwollen, ist unbegründet

125

Die Furcht mancher Adoptiveltern, das Kind können sich von ihnen entfremden und zu seinen leiblichen Eltern zurückkehren, ist deshalb unbegründet.

Manchmal scheitert die Aufklärung aber auch daran, dass sich die Eltern über die Frage der Aufklärung des Kindes überhaupt keine Gedanken machen. Sie nehmen das Kind als ihr eigenes an und sehen keine Notwenigkeit, ihm von der Adoption zu erzählen.

Diese Eltern neigen oft dazu, sämtliche Wurzeln des Kindes zu kappen, indem etwa der ursprüngliche Name des Kindes in einen deutschen Namen geändert wird und auch nicht als Namensbestandteil weitergeführt wird.

Wenn das Kind nicht über seine Herkunft aufgeklärt wird, ergeben sich viele Probleme

Über kurz oder lang ergeben sich jedoch viele Probleme, wenn das Kind nicht über seine Herkunft informiert wird:

- Nichts zu sagen, zwingt die Eltern, ihr Kind zu belügen - etwa dann, wenn das Kind fragt: 'Mama, war ich auch in deinem Bauch?'
- Wenn das Kind nicht von seinen Adoptiveltern aufgeklärt wird, erfährt es die Wahrheit von anderen. Die meisten fremdländischen Adoptivkinder sind schon äußerlich als Adoptivkinder zu erkennen. Spielkameraden, Kindergartenfreunde und Fremde werden das Kind darauf ansprechen, wie es denn komme, dass es so ganz anders aussehe als seine Eltern. Darüber hinaus wissen Freunde, Nachbarn, Arbeitgeber, das Ausländeramt, die Krankenkasse und viele mehr über die Adoption Bescheid. Die Wahrscheinlichkeit, dass das Kind irgendwann von einer dieser Stellen von seiner Adoption erfährt, ist daher relativ groß.
- Jeder Mensch hat ein Bedürfnis, etwas über seine Herkunftsfamilie, über seine Wurzeln zu erfahren. Ein Kind, das den Wunsch hat, zu wissen, wer seine leiblichen Eltern sind, wie sie leben, wie seine Vorfahren gelebt haben ..., verspürt ein ganz normales, in jedem Menschen angelegtes Verlangen. Das hat nichts mit Misstrauen gegenüber den Adoptiveltern zu tun. Es ist keine Gefahr für die neuen Eltern, sondern erleichtert dem Kind das Finden einer eigenen Identität in der Jugend- und jungen Erwachsenenphase. Wird dem Kind die Auskunft über seine leiblichen Eltern verweigert, kann dies zu großer Verzweiflung führen. 1997 landete die Klage einer Tochter gegen ihre leibliche Mutter auf Auskunft über den Namen ihres leiblichen Vaters vor dem Bundesgerichtshof[65]. Die Tochter war an der fehlenden Bereitschaft der Mutter Auskunft zu geben psychisch zerbrochen und hatte sich nicht mehr anders zu helfen gewusst, als die Gerichte anzurufen. Dass es für die Entwicklung von Adoptierten wichtig ist, etwas über ihre Wurzeln zu erfahren, ist auch ausdrücklich in der UN – Erklärung vom 3.12.1986 festgelegt. *'Das Bedürfnis eines Pflege – oder Adoptivkindes nach Information über seine Herkunft soll von den für Pflege und Erziehung eines Kindes Verantwortlichen anerkannt werden, es sei denn, dieses steht im Widerspruch zum Wohl des Kindes.'* Wann aber steht es im Widerspruch zum Wohl des Kindes? Selbst wenn die Adoptiveltern unangenehme Wahrheiten über die leiblichen Eltern wissen, ist dies kein Grund, diese vor dem Kind geheimzuhalten. Die Mutter bzw. die Eltern des Kindes

leben meist unter Umständen, wie man sie in Deutschland seit langem nicht mehr kennt. Wer kann sagen, zu welchen Taten er fähig wäre, wenn er in einem Slum ohne Einkommen, ohne Geld, ohne medizinische Versorgung und ohne irgendeine Art von Unterstützung für sein Überleben und das seiner Familie kämpfen müsste? Die meisten Kinder sind durchaus in der Lage auch unangenehme Wahrheiten zu verkraften. Viele zeigen in diesen Dingen eine weit tolerantere und flexiblere Einstellung als Erwachsene. Es sind deshalb kaum Fälle denkbar, in denen es nicht zum Wohl des Kindes sein sollte, die Wahrheit über seine Abstammung zu erfahren.

Der richtige Zeitpunkt

Es ist schwierig zu sagen, wann der richtige Zeitpunkt dafür gekommen ist, mit dem Kind über die Adoption zu sprechen. Vielfach wird angenommen, ein Kind müsse erst ein gewisses Alter erreicht haben, bis es verstehe, was eine Adoption sei. Kleinkinder seien mit dem Wissen, adoptiert zu sein, völlig überfordert.

Auch Kleinkindern sollte man von der Adoption erzählen

Sicherlich sind Kleinkinder nicht in der Lage, vollständig zu erfassen, was eine Adoption bedeutet. Das ist jedoch kein Grund, aus der Adoption ein Geheimnis zu machen. So sollte man bereits von Anfang an seinem Kind von der Adoption und seinem Geburtsland erzählen. Das gilt auch dann, wenn das Kind die Worte noch nicht verstehen kann. Es hat sich bewährt, Bücher und Photos jederzeit zur Verfügung zu stellen und gemeinsam zu besprechen. Wenn das Kind schon etwas älter ist, ergeben sich beim Sprechen über Land und Leute oft zwanglos Fragen zur Herkunft und zu Einzelheiten der Adoption. Das Sprechen über das Herkunftsland fällt naturgemäß den Eltern leichter, die auch einige Zeit vor Ort verbracht haben. Wer die Situation im Land des Kindes nur aus Büchern kennt und zwar die Adoption vor Ort betrieben hat, sich dort aber aus Angst vor der fremden Umgebung im Hotel verschanzt hat, wird kaum in der Lage sein, ein kenntnisreiches Gespräch über das Land zu führen.

Auch Eltern die sich vorgenommen haben, offen über die Adoption zu sprechen, fürchten sich dann oft im entscheidenden Moment davor, etwas Falsches zu sagen oder bei dem Kind negative Gefühle hervorzurufen. Diese Sorgen sind in der Regel unbegründet. Die meisten Kinder finden diese Gespräche sehr spannend.

➤ Beispiel

Marianne und Klaus Müller aus Dormund haben den kleinen Manuel aus Guatemala als Säugling adoptiert. Beide nehmen sich vor, ihn so bald wie möglich über die Adoption aufzuklären. Dieses Thema soll in ihrer Familie kein Tabu sein. Dennoch sind sie ziemlich aufgeregt, als es endlich so weit ist. Kurz nach seinem vierten Geburtstag setzen sich die Müllers mit Manuel zusammen und erzählen ihm von der Adoption. Als Manuel wenig später seiner Oma stolz berichtet, er sei adoptiert, sind seine Eltern sehr froh. Offensichtlich hat Manuel es verstanden und akzeptiert.

Dass die Müllers ihren Sohn über die Adoption aufgeklärt haben, ist sehr vernünftig. Schon mit kleinen Kindern sollte so offen wie möglich über das Thema gesprochen werden. Ihr Freude darüber, dass Manuel es verstanden und akzeptiert hat, ist jedoch vermutlich etwas verfrüht. Nach einer Untersuchung an Adoptivkindern[66] konnten vier- bis fünfjährige Kinder, die über ihre Adoption aufgeklärt worden waren, die Bedeutung der Adoption überhaupt nicht begreifen. Selbst von den untersuchten Kindern, die schon etwas älter waren (Durchschnittsalter 5 Jahre und 6 Monate) glaubte der eine Teil, dass alle Kinder adoptiert werden und der andere Teil, dass Adoption und Geburt das gleiche sei. Erst mit sieben Jahren waren die Kinder in der Lage, eindeutig zwischen Adoption und Geburt zu unterscheiden.

Die Adoption wird deshalb auch in Zukunft oft ein Gesprächsthema bei den Müllers sein, da Manuel mit zunehmendem Alter immer neue Fragen haben wird.

Dabei verändern sich die Fragen des Kindes, je älter es wird.

Mögliche Fragen des Kindes

Im Vorschulalter wird häufig gefragt:
- Komme ich aus deinem Bauch?
- Woher kommen die Babies?
- Wie bin ich zu euch gekommen?

Ab etwa 8 Jahren werden die Fragen dann zunehmend konkreter:
- Warum konnte ich nicht bei meinen Eltern bleiben?
- Wer ist mein Vater, wer ist meine Mutter?
- Hat mich meine Mutter nicht gemocht?
- Wie kam es zur Adoption?
- Wie sieht meine Geburtsurkunde aus?

Ab etwa 10 Jahren:
- Wie geht es meinen Eltern jetzt?
- Warum sind die Menschen in dem Land, aus dem ich komme, arm?
- Habe ich Geschwister?
- Warum habt ihr keine leiblichen Kinder?
- Wenn ihr leibliche Kinder hättet, hättet ihr sie dann lieber als mich?

Nicht alle Kinder interessieren sich für das Thema Adoption

Wenn das Kind von sich aus nur sehr selten auf das Thema zu sprechen kommt, obwohl es Möglichkeiten dazu gibt, kann es auch damit zusammenhängen, dass es sich wenig dafür interessiert. Nicht alle Kinder interessieren sich gleichermaßen für ihre Adoption. Während es für manche ein Thema ist, das sie am liebsten täglich besprechen würden, beschäftigt es andere allenfalls alle paar Monate. Für viele ist es lästig und unangenehm, immer wieder auf ihre Adoption angesprochen und daran erinnert zu werden. Sie fühlen sich als Deutsche, verstehen sich gut mit ihren Eltern, haben wenig Probleme damit, adoptiert zu sein und sehen deshalb keine Notwendigkeit, immer wieder mit dem Thema konfrontiert zu werden.

In jedem Fall sollte für das Kind stets die Möglichkeit bestehen, Fragen zu stellen und Einzelheiten zu diskutieren. Es kann jedoch nicht zu jedem Zeitpunkt jede Frage des Kindes ausreichend beantwortet werden.

Wer gerade konzentriert an einer schwierigen Aufgabe arbeitet, kann nicht schnell

Fragen zur Adoption beantworten. Es ist auch nicht der richtige Moment, um Fragen über die leibliche Mutter zu beantworten, wenn es Probleme in der Familie gibt und eine gereizte und aggressive Stimmung herrscht.

In solchen Fälle kann man dem Kind sagen, dass die Frage erst zu einem späteren Zeitpunkt beantwortet werden kann. Man sollte dies dann allerdings nicht vergessen.

Warum wurde ich zur Adoption freigegeben?

Auf viele Fragen des Kindes können die Eltern keine ausreichenden Antworten geben. Meist sind die Informationen, die sie über die Herkunft des Kindes erhalten haben, recht spärlich und vieles wird auch infolge des mit der Adoption verbundenen Stresses oder durch den Verlauf der Zeit vergessen.

Es empfiehlt sich daher immer, so bald wie möglich Aufzeichnungen zu machen, ein Fotoalbum anzulegen und die Videokamera einzusetzen. Wenn die Eltern selbst keine Antworten haben, sollten sie auch keine Antworten erfinden. Es ist für das Kind wesentlich leichter zu verstehen, dass auch den Eltern manchmal nicht alles klar ist, als später festzustellen, dass sich die gegebenen Antworten bei näherem Nachfragen als ziemlich schwammige Erfindungen herausstellen.

Auf Fragen, warum die leibliche Mutter das Kind zur Adoption freigegeben hat, wie es wohl den leiblichen Eltern geht .. können deshalb vielfach keine befriedigenden Antworten gegeben werden.

Deine Mutter hat dich sehr geliebt ...

Manchmal wird den Adoptiveltern empfohlen, dem Kind zu sagen, es sei zur Adoption freigegeben worden, weil es von seiner Mutter sehr geliebt worden sei. Für Kinder ist diese Erklärung oft nicht leicht zu verstehen. Die Adoptiveltern lieben das Kind auch. Bedeutet dies, dass auch sie das Kind eines Tages aus Liebe zur Adoption freigeben werden?

Die meisten Adoptiveltern wissen nicht, ob die leibliche Mutter das Kind geliebt hat. Sie können deshalb meist auch keine glaubhafte Aussage darüber machen.

Freigabe zur Adoption aus Liebe

Das Kind wurde zur Adoption freigegeben, weil es seine leibliche Mutter nicht aufziehen konnte. Das ist der Grund. Es mag sein, dass die Mutter das Kind sehr geliebt hat. Das war aber nicht der Grund für die Adoption. Der Grund war, dass die leiblichen Eltern, aus welchen Gründen auch immer, nicht in der Lage waren, für das Kind zu sorgen.

Deine Eltern waren arm ...

In den meisten Ländern, aus denen Kinder adoptiert werden, herrscht große Armut. Bei der Entscheidung, ein Kind zur Adoption freizugeben, spielt deshalb in der Regel die Armut eine gewichtige Rolle.

Dennoch empfiehlt es sich nicht, dem Kind gegenüber zu betonen, dass die Adoption in erster Linie deshalb zustande gekommen ist, weil die leiblichen Eltern arm waren. Armut ist meist nicht der einzige Grund für die Adoption und es kann auch ungerecht gegenüber den leiblichen Eltern sein, diesen Punkt besonders zu betonen. So stehen in vielen Ländern alleinerziehende Mütter außerhalb der Gesellschaft und auch rigide

Freigabe zur Adoption aus Armut

Bestimmungen zur Begrenzung des Bevölkerungswachstums können ein Grund für die Freigabe zur Adoption sein.

In der Regel hat die Entscheidung, das Kind zur Adoption freizugeben, viele Ursachen. Mit der Erklärung, die Adoption sei erfolgt, weil die Eltern arm sind, werden alle anderen Gründe ausgeblendet.

Zusätzlich kann sich beim Kind leicht die Frage einstellen, was denn eigentlich passiert, wenn seine Adoptiveltern selbst einmal arm werden sollten. Hätte dies zur Folge, dass es erneut zur Adoption freigegeben wird? Schließlich haben die Adoptiveltern selbst behauptet, es sei akzeptabel, ein Kind wegen Armut zur Adoption freizugeben.

Es ist nicht deine Schuld!

In jedem Fall sollte dem Kind vermittelt werden, dass es die Umstände waren, die zur Adoption geführt haben und es nicht die Schuld des Kindes ist.

Du trägst keine Schuld! Kinder glauben manchmal, dass es zur Adoption kam, weil sie nicht gut genug waren. Um dieser Fehleinschätzung vorzubeugen, kann herausgestellt werden, dass sich die meisten Mütter bereits lange vor der Geburt darüber klar sind, dass sie das Kind nicht selbst aufziehen können. Wenn die Entscheidung aber bereits vor der Geburt getroffen worden ist, kann es nichts mit dem Aussehen oder dem Verhalten des Kindes zu tun haben.

Wenn das Kind bereits älter war, als es zur Adoption freigegeben wurde, kann darauf hingewiesen werden, dass der Grund für die Adoption darin lag, dass die leiblichen Eltern aus irgendeinem Grund nicht in der Lage waren, für das Kind zu sorgen und es nichts mit dem Kind selbst zu tun hatte. Hätten die leiblichen Eltern zum damaligen Zeitpunkt ein anderes Kind zu erziehen gehabt, so wären sie auch hierzu nicht in der Lage gewesen.

Viele Adoptiveltern sind vor der Adoption von so vielen Behörden geprüft und durchleuchtet worden, dass sie später das Gefühl haben, Supereltern sein zu müssen. Sie wollen besser sein als andere Eltern, so wenig Fehler machen wie möglich und sie sind davon überzeugt, sämtliches Glück oder Leid des Kindes werde durch ihr eigenes Verhalten bestimmt. Ihre Beschäftigung besteht in erster Linie darin, die Bedürfnisse des Kindes zu erfüllen und ihm Enttäuschungen zu ersparen. Dabei neigen besonders Mütter dazu, sich unter einen besonderen Erfolgsdruck zu setzen und sich damit völlig zu überfordern.

Niemand ist ohne Fehler Adoptiveltern sind jedoch nicht besser als andere Eltern. Niemand ist ohne Fehler. Das gilt auch für das Gespräch über die Adoption. Wenn manche Fragen des Kindes nicht ausreichend beantwortet werden können, so sollte man auch dazu stehen. Keiner kennt auf alle Fragen die Antworten.

Vielleicht verläuft das Gespräch nicht so, wie es sich die Eltern vorgestellt hatten, aber es wird sicherlich nicht bei diesem einen Gespräch bleiben. Viele werden folgen und sicherlich wird es gelingen, die Sache das nächste mal besser zu machen.

Platz zum Trauern

Ein Adoptivkind lebt in einer Sondersituation und daran wird sich auch nichts ändern, wenn es einmal erwachsen ist. Es hat einen Verlust erlitten, der zu einem Bestandteil seines Lebens wird. Dieser Verlust bleibt und wird auch nicht dadurch aufgehoben, dass das Kind adoptiert wird.

Das Kind hat nicht nur seine leiblichen Eltern verloren, sondern auch seine vertraute Umgebung, seine Sprache, seine Spielkameraden, seine früheren Bezugspersonen und all die Gerüche, Stimmen und Sinneseindrücke, die in der ersten Lebenszeit Bestandteil seines Lebens waren.

Diesen Verlust muss es verarbeiten und ausdrücken dürfen, um ihn dann in sein Leben integrieren zu können. Dazu ist es erforderlich, trauern zu dürfen, ohne dadurch bei den Adoptiveltern auf Unverständnis, Vorwürfe oder auch Angst zu stoßen.

Unter anderem können folgende Trauerreaktionen auftreten:

Trauerreaktionen

Das Kind kann sich in sein Zimmer zurückziehen und laut zetern, brüllen und toben. Es kann ohne ersichtlichen Grund zu weinen anfangen. Es kann eine Bestrafung provozieren, um danach einen Grund zum Weinen zu haben...

Alle diese Verhaltensweisen können eine gesunde Reaktion sein und brauchen die Eltern nicht zu beunruhigen. Es muss dem Kind auch erlaubt sein, seine Trauer auszuleben, ohne dass die Eltern sofort fürsorglich und tröstend eingreifen. Nur wer seine Trauer ausleben darf, kann sie überwinden.

Natürlich ist es immer schwierig zu erkennen, ob ein aktuelles Problem vorliegt, das in der Familie besprochen werden soll, oder ob es sich um eine Trauerreaktion handelt, die das Kind möglicherweise unbeobachtet ausleben will.

Je länger man mit einem Kind zusammenlebt, desto mehr entwickelt man ein Gefühl dafür, wann das Kind Hilfe braucht und wann nicht. Man sollte sich hier auf seine eigene Intuition verlassen und nicht vergessen, dass niemand Situationen immer richtig einschätzen kann.

Es ist oft sehr heilsam, wenn die Kinder Trauer und Wut durch Schreien, Zuschlagen und Zerstörung ausleben. Nur unkontrollierte Aggression, die unerwartet jeden treffen könnte, wird nicht akzeptiert. Nach Möglichkeit sollte deshalb das Ausleben von Trauer und Aggression einen Rahmen bekommen, indem etwa festgelegt wird:

- ´Du darfst in Deinem Zimmer toben und schreien, aber Du darfst keine Sachen kaputtmachen, die nicht Dir gehören.´
- ´Geh raus und hau die Äste kurz und klein´
- ´Ich häng Dir einen großen Boxsack ins Zimmer, in den Du treten und schlagen kannst, wann Du willst.´
- u.ä.

In der Regel sind die meisten Kinder so kreativ, dass ihnen selbst ein Weg einfällt, ihre Aggressionen sozialverträglich auszuleben. Dies kann dadurch gefördert werden, indem das Kind an einen Sportverein herangeführt wird. Sportarten wie etwa Judo, Karate, Teakwondo, Tennis, Fußball oder ähnliches sind gut geeignet, um Wut abzulassen.

Das Trauern über das eigene Schicksal wird immer wieder einmal auftauchen und kann sich in verschiedenen Entwicklungsphasen jeweils anders darstellen.

Je mehr es gelingt, Trauer und Wut auszuleben, desto weniger besteht die Gefahr, dass es zu ernsthaften Schädigung kommt.

Meine richtigen Eltern lieben mich mehr als ihr!

Die meisten Adoptiveltern werden diesen Satz irgendwann einmal zu hören bekommen.

Vorpubertät Wenn Kinder mit ca. 10 Jahren in die Vorpubertät kommen, beginnt die Loslösung von den Eltern. Dabei spielt es keine Rolle, ob es sich um die leiblichen Eltern oder um Adoptiveltern handelt. Kinder suchen in dieser Zeit nach neuen Vorbildern und oft werden dabei die leiblichen Eltern zu fehlerlosen Supereltern stilisiert.

➤ **Beispiel**

Die 12-jährige Thao aus Vietnam hat wieder einmal eine lautstarke Diskussion mit ihrer Adoptivmutter. Während diese großen Wert darauf legt, dass die Hausaufgaben ordentlich angefertigt werden, ist Thao hier ganz anderer Meinung.

Mitten im Gespräch schimpft sie: 'Meine richtigen Eltern haben mich viel mehr geliebt als ihr! Niemals hätten sie mich wegen einer solchen Kleinigkeit geschimpft.'

Viele Adoptiveltern reagieren hier sehr verletzt und gekränkt. Sie haben sich um das Kind bemüht und es als ihr eigenes angenommen. Sie lieben es und haben versucht, ihm gute Eltern zu sein – und jetzt das! Dem Satz sollte jedoch nicht mehr Bedeutung beigemessen werden, als ihm zukommt. Er bedeutet nicht, dass das Kind mit seinen Eltern grundsätzlich unzufrieden ist, sondern, dass das Kind auf der Suche nach seiner Identität ist. Auch Kinder, die bei ihren leiblich Eltern aufwachsen, erträumen sich bisweilen andere, bessere, und verständnisvollere Eltern herbei, ohne die Beziehung zu ihren Eltern grundsätzlich in Frage zu stellen.

Viel Gelassenheit und Gleichmut und das Wissen darum, dass auch andere Adoptiveltern sich mit solchen Aussagen herumschlagen müssen, helfen am besten.

Ihr seid nicht meine richtigen Eltern!

Jedes Adoptivkind hat zwei Eltern, seine leiblichen Eltern und seine Adoptiveltern. Welches aber sind die richtigen Eltern? Die leiblichen Eltern, die das Kind gezeugt und geboren haben oder die Adoptiveltern, die das Kind erziehen?

Die Antwort ist einfach: Beide Eltern sind die richtigen Eltern. Es gibt hier keine Abstufung in richtig und falsch. Die leiblichen Eltern haben das Kind zur Welt gebracht und Adoptiveltern tragen die Verantwortung, das Kind zu erziehen.

Viele Adoptiveltern fühlen sich dennoch zutiefst verletzt, wenn ihnen ihr Kind im

Streit zuruft: 'Du bist gar nicht meine richtige Mutter' 'Du bist gar nicht mein richtiger Vater`.

Die Gefahr, solche Kommentare allzu oft zu hören, kann man wohl am besten dadurch ausschalten, indem man dem Kind klar macht, dass man sich nicht in Konkurrenz zu den leiblichen Eltern sieht.

Alle Elternteile haben ihre Daseinsberechtigung. Ohne die leiblichen Eltern gäbe es das Kind nicht und ohne die Adoptiveltern würde es keine Familie haben. Eine Konkurrenzsituation gibt es deshalb eigentlich nicht.

Es gibt Auseinandersetzungen, die sind so unergiebig, dass man sie nicht allzu oft führen muss. In Diskussionen, wer die richtigen Eltern sind, sollte man sich deshalb weder durch seine Kinder, noch durch andere verstricken lassen. *unergiebige Diskussionen*

1 Familie – 2 Hautfarben

Viele Adoptivkinder unterscheiden sich durch ihre Hautfarbe und ihrem sonstigen Äußeren sehr stark von ihren Adoptiveltern. Sobald das Kind einige Zeit in der Familie ist, fällt dies jedoch innerhalb der Familie keinem mehr auf.

Wer viel Zeit mit seinem Kind verbringt, ist meist schnell der Meinung, dass es das wunderbarste und schönste Kind ist und Adoptiveltern, die einige Zeit mit ihrem Kind zusammengelebt haben, merken meist gar nicht, dass es doch eigentlich ganz anders ausschaut als sie selbst. Das adoptierte Kind ist für sie zum Inbegriff eines völlig normal aussehenden Kindes geworden.

Es kann da leicht passieren, dass die Eltern irgendwann ein kleines deutsches Kind im Arm tragen und sich denken: 'Irgendwie ist das hier auch hübsch, aber leider hat es keine wunderschönen Mandelaugen, seine Nase ist eigentlich viel zu spitz und seine blonden Haare und seine helle Hautfarbe lassen es doch arg kränklich ausschauen.` Innerhalb der Familie spielt die Hautfarbe und das sonstige Äußere deshalb meist keine Rolle.

Außerhalb der Familie kann das Aussehen des Kindes allerdings zu Problemen führen.

Ausländerfeindlichkeit

Viele kinderlose Paare fragen sich, ob sie es einem ausländischen Kind angesichts zahlreicher Medienberichte über rassistische Übergriffe zumuten können, sein Leben in Deutschland zu verbringen. *Rassismus*

Manche Berichte sind sehr alarmierend. So berichtete etwa der Spiegel[66], die 13. Shell Jugendstudie sei zu dem Ergebnis gekommen, daß 27 Prozent aller deutschen Jugendlichen 'hoch ausländerfeindlich` seien.

Die Zahl wurde jedoch nicht korrekt wiedergegeben, da sie sich ausschließlich auf das methodische Verfahren des Kontrastgruppenvergleichs bezog. Die Verantwortlichen der Shell Studie haben sich deshalb vom der Aussage des Spiegel distanziert.

Richtig sei, dass sich die Frage, wie viele Jugendliche ausländerfeindlich sind, wissenschaftlich nicht seriös beantworten lasse, da es dafür keinen objektiven Maßstab gebe. Die Studie enthalte jedoch Hinweise, dass das Ausmaß des Problems erheblich geringer einzuschätzen sei, als vom Spiegel angegeben.

Der Streit um die genauen Zahlen hilft jedoch einem Kind nicht weiter, das wegen seines Äußeren gehänselt und beleidigt wird. Meist sind sich Eltern, Lehrer, Kindergärtnerinnen und sonstige Beteiligte einig, dass dies nicht zu tolerieren ist. Aus den verbalen Verurteilungen kann das Kind jedoch keine Lösungsstrategien für weitere Probleme dieser Art ableiten. Nicht die Eltern oder Lehrer, sondern nach Möglichkeit das Kind selbst sollte sich gegen ausländerfeindliche Bemerkungen zur Wehr setzen können.

➤ **Beispiel**

Die kleine Feben aus Äthiopien geht in die 2. Klasse der Grundschule. Leider gibt es einen Jungen in ihrer Klasse, der sie immer wieder wegen ihres Äußeren hänselt. Die Ermahnungen durch die Lehrerin, damit aufzuhören, beeindrucken ihn wenig. Nachdem Feben wieder einmal mit dem Ausspruch 'Ihr Nigger seid doch eh alle blöd' beleidigt worden ist, rennt sie weinend zu ihrem Vater. Dieser hat den Spruch 'Was schert es die Eiche, wenn sich die Sau an ihr wetzt' zu seinem Lebensmotto erhoben und antwortet: 'Ach Feben, achte einfach nicht darauf. Er weiß es einfach nicht besser. Wir wissen doch beide, dass das nicht stimmt, was er sagt.'

Es ist fraglich, ob Feben mit diesem Rat sehr geholfen ist. Schließlich kann von ihr nicht erwartet werden, dass sie sich über eine längere Zeit beschimpfen lässt, ohne dass dies irgendwelche Konsequenzen für den Beleidiger nach sich zieht. Unter Umständen ist es sehr sinnvoll, auf eine Beleidigung nicht zu reagieren. Manchmal fallen in einem Streit Worte, die so eigentlich nicht gemeint waren und die es nicht wert sind, zu einem größeren Problem gemacht zu werden. Ob es über die Bemerkungen hinweggehen will oder nicht, muss das Kind allerdings selbst entscheiden können. Falls es sich zur Wehr setzen will, sind folgende Handlungsmöglichkeiten denkbar:

- *Argumente* • Manchmal ist es möglich, den Streitgegner argumentativ zu überzeugen. Dafür sollten gemeinsam mit dem Kind bestimmte Argumentationsmuster eingeübt werden, die dann im Bedarfsfall schnell abgerufen werden können. In der Regel ist es aber schwierig, gegen dumpfe unsachliche Behauptungen argumentativ vorzugehen. Einen Versuch ist es aber sicher wert.
- *verbale* • Das Kind sollte über einen Fundus an Ausdrücken verfügen, mit denen es sich gegen *Gegenwehr* die Hänseleien wehren kann. Viele Pädagogen halten es nicht für sinnvoll, wenn das Kind mit gleicher Münze zurückzahlt, da dies nur zu einer Eskalierung der Situation beitrage. Nach Meinung der Autoren muss sich kein Kind Beleidigungen und Hänseleien gefallen lassen. Eine Beleidigung ist kein Kavaliersdelikt. Wer keinen Respekt vor anderen hat, darf nicht erwarten, dass er selbst mit Samthandschuhen angefasst wird. 'Ein Rüpel hat keinen Anspruch darauf, als Gentlemen behandelt zu werden'[67].

- Als ultima ratio kann es erforderlich sein, sich auch körperlich gegen Beleidigungen zur Wehr zu setzen. Nach den Wertungen des Strafrechts ist eine Verteidigung nicht rechtswidrig, wenn sie ´erforderlich ist, um einen gegenwärtigen rechtswidrigen Angriff von sich oder einem anderen abzuwenden`[68]. Ehrangriffe sind nach der Rechtsprechung erst einmal verbal zu beantworten. Wenn sich der Angreifer aber davon nicht beeindrucken lässt, ist auch eine tätliche Abwehr zulässig.

➤ **Beispiel**

Der 12-jährige Silvio aus Italien, der von anderen Mitschülern häufig geschlagen und beleidigt wird, kommt mit aufgeschürften und blutigen Ellbogen und Knien nach Hause. Sein Vater stellt daraufhin einen der strafunmündigen Angreifer zur Rede, fragte ihn, warum er seinen Sohn geschlagen habe und erhält zur Antwort: ´Weil ihr Ausländer seid`. Daraufhin schlägt der Vater ihm mit der flachen Hand auf die linke Wange, was ein zehnpfenniggroßes Hämatom und eine leichte Schwellung zur Folge hat. Das Bayerische Oberste Landesgericht, vor dem der Fall 1990 verhandelt wurde, konnte diese Reaktion gut nachvollziehen. Der Vater habe sich in einer Notwehrsituation befunden, weil weitere ausländerfeindliche Beleidigungen nicht ausgeschlossen gewesen seien. Bei einem verbalen ehrverletzenden Angriff eines Kindes könne tätliche Abwehr durch eine leichte Ohrfeige bei Vorliegen enger Voraussetzungen erforderlich sein. Durch eine Erwiderung nur mit Worten sei hier keine sofortige Beendigung gewährleistet gewesen, da die ausländerfeindlichen Beschimpfungen innerhalb kurzer Zeit wiederholt worden seien.

Bayerisches Oberstes Landesgericht

Hätte Silvio sich selbst körperlich gegen die Beleidigung zur Wehr gesetzt, wäre es gar nicht zu einem Gerichtsverfahren gekommen, da Kinder unter 14 Jahren nicht strafmündig sind. Das Urteil wurde in der juristischen Fachliteratur mit den Worten kommentiert: ´Wahrscheinlich hätten Ohrfeige und Geldstrafe den Eltern oder anderen verantwortlichen Bezugspersonen besser zu Gesicht gestanden. Aber auch Kinder brauchen unter diesen Voraussetzungen nicht mit Samthandschuhen angefasst werden`[67].

Die Schule

Adoptionsbewerber hören oft, sie müssten sich darauf einstellen, dass ihr Kind infolge von Heimaufenthalten, mangelnder Ernährung und Vernachlässigung dauerhafte Schädigungen und bleibende geistige Beeinträchtigungen davon getragen habe. Diese Aussage ist sicherlich richtig. In der Tat kann das Kind so stark geschädigt sein, dass später der Besuch einer Sonderschule erforderlich wird. Nach vorliegenden Untersuchungen kommt dies jedoch selten vor. Adoptivkinder haben danach keine nennenswert größeren Schwierigkeiten in der Schule als Gleichaltrige.
In einer holländische Studie zeigte sich zwar, dass 13% der Adoptivkinder gegenüber 4 % der Gleichaltrigen eine Sonderschule besuchten[69]. Nach anderen Untersuchungen sind Adoptivkinder allerdings seltener an Sonderschulen als Gleichaltrige.

So müssen Adoptivkinder nach einer deutschen Studie zwar etwas häufiger eine Klasse wiederholen als Gleichaltrige, sind jedoch an Sonderschulen eher unterrepräsentiert[70]. *´Rund 4 % von rund 130 Jugendlichen besuchten Sonderschulen, 18 % Hauptschulen, 31 % Realschulen, 29 % Gymnasien und 18 % sonstige Schulen wie Waldorf- und Gesamtschulen. Der Autor meinte, dass Adoptivkinder eher eine überdurchschnittliche Schulbildung erhielten, da nahezu alle in Mittelschichtfamilien aufwachsen und höchstwahrscheinlich von ihren Eltern besonders gefördert würden´*[71].

Schulerfolg

Auch in einer schwedischen[72] und amerikanischen[73] Untersuchung wurde festgestellt, dass Adoptivkinder eher überdurchschnittliche Schulleistungen zeigten.

In einer Studie von Seglow, Pringle und Wedge wurden die Sprachfertigkeiten britischer Adoptivkinder in 37% der Fälle von ihren Lehrern als überdurchschnittlich bezeichnet.

´Die Lehrer waren auch der Meinung, dass die Adoptivkinder besser über das Weltgeschehen um sie herum informiert wären als ihre Klassenkameraden. Kein Kind war für die Sonderschule vorgesehen.´[74]

Auch zahlreiche weitere Untersuchungen zeigen, dass es für die immer wieder gehörte Behauptung, Adoptivkinder seien schulisch weniger erfolgreich, kein wissenschaftlich begründetes Fundament gibt.

Schule oder Kindergarten?

Wird ein Kind mit etwa 7 Jahren adoptiert, stellt sich die Frage, ob es erst den Kindergarten besuchen soll, oder sofort eingeschult wird.

➤ **Beispiel**

Familie Bremer will die 6 – jährige Natcha aus Thailand adoptieren. Die Bremers stellen sich die Frage, ob Natcha zuerst in einen Kindergarten gehen soll, oder gleich nach der Ankunft in Deutschland die Schule besuchen soll.

Nach Meinung ihrer zukünftigen Eltern ist Natcha für den Kindergarten schon zu alt, aber gegen einen Schulbesuch sprechen vor allem die fehlenden Sprachkenntnisse.

Die schulrechtlichen Bestimmungen unterscheiden sich von Bundesland zu Bundesland. Möglichkeiten, die es in dem einen Bundesland gibt, muss es deshalb nicht notwendigerweise auch im anderen Bundesland geben.

Grundsätzlich gilt jedoch, dass Kinder, die bis zum 30. Juni des jeweiligen Jahres das 6. Lebensjahr vollendet haben, zum Besuch der Grundschule verpflichtet sind. Kinder, die nicht ausreichend entwickelt sind, um mit Erfolg am Unterricht teilzunehmen, können um ein Jahr vom Schulbesuch zurückgestellt werden.

Wenn es vom Alter her möglich ist, kann ein Kindergartenbesuch vor der Einschulung sicherlich hilfreich sein. Ein Kind, das noch ein paar Monate einen Kindergarten besucht, erlernt in dieser Zeit oft so viel Deutsch, dass der Einschulung keine sprachlichen Probleme mehr entgegenstehen.

Integrations-klassen

An vielen Orten ist es auch möglich, das Kind in eine sogenannte Integrationsklasse zu schicken, in der es auf den normalen Schulbesuch vorbereitet wird. Integrations-klassen haben meist deutlich weniger Schüler als reguläre Klassen und sind oft eine sehr sinnvolle Alternative.

Zeichnet sich die Adoption eines älteren Kindes ab, sollten die Bewerber baldmöglichst Kontakt zum zuständigen Schulamt aufnehmen, um sich über vorhandene Möglichkeiten zu informieren.

Nach der Adoption – soziale Leistungen

Für Adoptivkinder und Kinder in Adoptionspflege können mehrere Sozialleistungen in Anspruch genommen werden.

Kindergeld

Wie für jedes leibliche Kind kann auch hier Kindergeld in der üblichen Höhe bezogen werden.

Bundeserziehungsgeld:

Die Gewährung von Erziehungsgeld richtet sich nach den §§ 1 bis 14 des Bundeserziehungsgeldgesetzes (BErzGG).

Anspruch auf Erziehungsgeld hat jede Mutter und jeder Vater, wenn

- sie oder er die Personensorge für das Kind hat,
- mit dem Kind in einem Haushalt lebt,
- das Kind selbst betreut und erzieht und
- keine oder eine auf höchstens wöchentlich 30 Stunden begrenzte Beschäftigung oder eine Beschäftigung zur Berufsausbildung ausübt.

Dies gilt auch bei der Erziehung eines Adoptivkindes, bzw. eines Kindes, das mit dem Ziel der Annahme als Kind in die Obhut des Annehmenden aufgenommen worden ist. Auch für Adoptivkinder und Kinder in der Adoptionspflege kann somit Erziehungsgeld beansprucht werden.

Erfüllen beide Elternteile die Anspruchsvoraussetzungen, so bestimmen sie, an wen von Ihnen das Erziehungsgeld gezahlt werden soll, da das Erziehungsgeld nur einer Person gewährt wird. Die Eltern können sich auch abwechseln. Die Gesamtdauer des Bezugs von Erziehungsgeld verlängert sich dadurch jedoch nicht. Werden gleichzeitig mehrere Kinder betreut und erzogen, wird das Erziehungsgeld für jedes Kind gewährt. Bundeserziehungsgeld wird vom Tag der Geburt entweder bis zur Vollendung des 24. bzw. 12. Lebensmonats des Kindes gewährt.

Bei Adoptivkindern und Kindern in Adoptionspflege beginnt der Anspruchszeitraum mit dem Beginn der Inobhutnahme und wird für die Dauer von bis zu zwei Jahren und längstens bis zur Vollendung des achten Lebensjahres gewährt.

Beginn des *Anspruchs-* *zeitraumes*

Für ein Adoptivkind, das im Alter von 6 Jahren zu seinen neuen Eltern gekommen ist, kann der Förderzeitraum voll ausgeschöpft und 2 Jahre bis zur Vollendung des 8. Lebensjahres Erziehungsgeld bezogen werden. Bei einem 7 – jährigen Kind ist dies nicht mehr möglich. Hier wird nur für ein Jahr Erziehungsgeld bezahlt.

Eltern können zwischen zwei Varianten wählen:
- In der ersten Variante können sie sich für die volle Bezugsdauer in Höhe von monatlich 307 EUR für jedes Kind entscheiden.
- Die zweite Variante enthält eine zeitlich verkürzte Inanspruchnahme des Erziehungsgeldes (1 Jahr) mit Erziehungsgeld in Höhe von monatlich 460 EUR für jedes Kind.

Die einmal getroffene Entscheidung ist für die volle Bezugsdauer verbindlich.

Das Erziehungsgeld entfällt, wenn das jährliche Einkommen in den ersten sechs Monaten der Inobhutnahme des Kindes bei Verheirateten 51.130 EUR und bei Alleinerziehenden 38.350 EUR übersteigt.

Ab dem siebten Monat der Inobhutnahme des Kindes wird das Erziehungsgeld gemindert, wenn das Jahreseinkommen bei Verheirateten 16.470 EUR und bei Alleinerziehenden 13.498 EUR übersteigt.

Landeserziehungsgeld

In Bundesländern, in denen Landeserziehungsgeld gewährt wird, kann dieses auch für Adoptivkinder, bzw. Kinder in Adoptivpflege beantragt werden.

Elternzeit

Die Gewährung von Elternzeit (früher: 'Erziehungsurlaub') richtet sich nach den §§ 15, 16 des Bundeserziehungsgeldgesetzes.

Unter anderem können Arbeitnehmer (Frauen und Männer) Elternzeit geltend machen für die Betreuung eines Kindes, das mit dem Ziel der Annahme in Obhut genommen wurde.

Es ist erforderlich, das der Arbeitnehmer
- mit dem Kind in einem Haushalt lebt,
- das Kind selbst betreut und erzieht, und
- während der Elternzeit nicht mehr als 30 Wochenstunden beschäftigt ist.

max. 3 Jahre *Elternzeit*

Bei Adoptivkindern und Kindern in Adoptionspflege beginnt die Elternzeit frühestens mit dem Tag der Inobhutnahme. Sie dauert höchstens drei Jahre vom Tag der Inobhutnahme an und längstens bis zur Vollendung des achten Lebensjahres des Kindes. Mit Zustimmung des Arbeitgebers ist eine Übertragung von bis zu einem Jahr Elternzeit bis zum achten Geburtstag des Kindes möglich.

Die Eltern können entscheiden, wie sie die Elternzeit unter sich verteilen wollen. Die Elternzeit kann gemeinsam oder auch nur von einem Elternteil in Anspruch genommen werden. Sie kann auch aufgeteilt werden, dabei ist eine Aufteilung in bis zu vier Zeitabschnitten möglich. Zwischen diesen Abschnitten können auch Zeiten der Erwerbstätigkeit liegen.

Krankenversicherung

Adoptivkinder und Kinder in Adoptionspflege sind nach § 10 SGB V in der gesetzlichen Krankenversicherung mitversichert. Die Meldung an die Krankenkasse, dass ein Kind im Ausland adoptiert wird, sollte möglichst frühzeitig gemacht werden, damit schon kurz nach Ankunft des Kindes die Versichertenkarte zur Verfügung steht. Immer wieder gibt es hier Schwierigkeiten, da die Bearbeitung oft einige Zeit in Anspruch nimmt und sich manche Ärzte weigern, Kinder ohne Vorliegen der Versicherungskarte zu behandeln. Die Mitversicherung in der gesetzlichen Krankenversicherung erfolgt in der Regel ohne weitere Probleme. In Einzelfällen kommt es jedoch auch zu schwerwiegenden Problemen.[75]

Meldung an die Krankenkasse

➤ **Beispiel**

Die kleine Ashley aus Haiti wird von Familie Merser adoptiert. Kurz nach ihrer Ankunft in Deutschland wird ein Hirntumor festgestellt und zu allem Unglück bricht sich Ashley auch noch den Arm. Frau Merser ist bei einer gesetzlichen Krankenkasse, Herr Merser bei einer privaten Krankenkasse versichert.

Die Krankenkasse von Frau Merser lehnt die Kostenübernahme unter Berufung auf § 10 Abs. 3 SGB V ab. Danach kann die Mitversicherung abgelehnt werden, wenn der mit den Kindern verwandte Ehegatte des Mitglieds nicht Mitglied einer Krankenkasse ist und sein Gesamteinkommen regelmäßig im Monat ein Zwölftel der Jahresarbeitsentgeltgrenze übersteigt und regelmäßig höher als das Gesamteinkommen des Mitglieds ist.

Die private Krankenversicherung des Adoptivvaters weigert sich ebenfalls, die Kosten zu übernehmen, da ihrer Meinung nach kein Versicherungszwang besteht.

Ashley ist deshalb trotz ihrer erheblichen Erkrankungen ohne Versicherungsschutz.

In dem vor dem Sozialgericht Düsseldorf verhandelten Fall konnte die gesetzliche Krankenversicherung erst durch Klageerhebung dazu gebracht werden, das Kind in die Familienversicherung aufzunehmen.

Um solche Fälle zu verhindern, ist es deshalb dringend zu empfehlen, möglichst noch vor der Einreise des Kindes mit der Krankenversicherung die Voraussetzungen einer Mitversicherung zu besprechen.

Steuer

Nach § 32 EStG werden folgende Kinder steuerlich berücksichtigt:

- im ersten Grad mit dem Steuerpflichtigen verwandte Kinder,
- Pflegekinder (Personen, mit denen der Steuerpflichtige durch ein familienähnliches, auf längere Dauer berechnetes Band verbunden ist, sofern er sie in seinen Haushalt aufgenommen hat und das Obhuts- und Pflegeverhältnis zu den Eltern nicht mehr besteht und der Steuerpflichtige sie mindestens zu einem nicht unwesentlichen Teil auf seine Kosten unterhält)

Besteht bei einem angenommenen Kind das Kindschaftsverhältnis zu den leiblichen Eltern weiter, ist es vorrangig als angenommenes Kind zu berücksichtigen.

Steuerliche Gleichstellung von Adoptivkindern und leiblichen Kindern

Auch steuerlich werden damit adoptierte Kinder und Kinder in Adoptionspflege den leiblichen Kindern gleichgestellt.

Steuerliche Geltendmachung der Adoptionskosten

Fraglich ist, ob die Kosten für die Adoption des Kindes als außergewöhnliche Belastungen geltend gemacht werden können. Voraussetzung hierfür wäre, dass den Adoptiveltern:

- Notwendige und angemessene Aufwendungen entstehen,
- die sie außergewöhnlich und
- zwangsläufig belasten und
- die zumutbare Eigenbelastung übersteigen.

In einem Fall, indem es um die steuerliche Anerkennung von Kosten ging, die durch die Adoption eines koreanischen Kindes über terre des hommes entstanden waren, hat das Finanzgericht Berlin das Vorliegen der Voraussetzungen bejaht[76].

Entscheidend für die Anerkennung als außergewöhnliche Belastung sei die familienrechtliche Beziehung zwischen den Adoptiveltern und ihrem Adoptivkind.

BFH: Kosten der Adoption sind steuerlich nicht absetzbar

Nach Meinung des Finanzgerichts Berlin sei es *'schwer einzusehen, daß Ausgaben zur Förderung mildtätiger, kirchlicher, religiöser, wirtschaftlicher, staatspolitischer und bestimmter gemeinnütziger Zwecke im Rahmen des §10 b EStG anerkannt werden, nicht aber außergewöhnliche Aufwendungen, die zur Rettung eines in Korea ausgesetzten Kindes und zu seiner Aufnahme in eine Familie führen.'*

Die Adoption lasse sich mit einer Familienzusammenführung vergleichen.

Leider ist der Bundesfinanzhof in späteren Urteilen dieser nachvollziehbaren Argumentation nicht gefolgt. Nach mittlerweile ständiger Rechtsprechung sind die Kosten einer Adoption nicht zwangsläufig und können deshalb nicht als außergewöhnliche Belastungen geltend gemacht werden[77]. Dies gilt auch dann, wenn der Adoption ein Pflegekindverhältnis vorgeschaltet war[78].

Adoptiveltern können deshalb versuchen, unter Hinweis auf das Urteil des Finanzgerichts Berlin eine steuerliche Berücksichtigung als außergewöhnliche Belastung zu erreichen. Im Hinblick auf die eindeutige Rechtsprechung des Bundesfinanzhofes sind die Erfolgsaussichten jedoch ziemlich gering.

Nach der Adoption – Therapiemöglich-keiten

Soweit eine Therapie des Kindes erforderlich ist, kann man auf alle Therapien zurückgreifen, die sich auch für leibliche deutsche Kinder bewährt haben. Gute Erfolge speziell in der Behandlung von Adoptivkindern wurden mit folgenden Therapieverfahren erzielt:

Physiotherapie

Physiotherapie (früher: Krankengymnastik) kann bei Vorliegen einer Bewegungsstörung vom Arzt verordnet werden. Bei Vorliegen einer ärztlichen Verordnung übernimmt die Krankenkasse die Kosten. Eine Zuzahlung muß bei Kindern nicht geleistet werden und darf vom Therapeuten auch nicht gefordert werden.

Als Frühtherapiemethoden haben sich vor allem die Therapie nach Bobath und die Therapie nach Vojta bewährt. Von den Eltern wird meist die Therapie nach Bobath bevorzugt, da die Vojtamethode unsanft ist und das Kind während der Behandlung viel schreit.

Bobath und Vojta

Es ist darauf zu achten, dass auch tatsächlich der behandelnde Therapeut über die Fortbildung in Bobath oder Vojta verfügt. Mitunter kommt es vor, dass zwar der Praxisinhaber die Therapiefortbildung hat und dadurch zur Abrechnung gegenüber der Krankenkasse berechtigt ist, die Therapie aber von einem Behandler ohne Fortbildung durchgeführt wird.

Logopädie

Bei allen Sprach – Sprech – und Stimmstörungen kommt die Logopädie zur Anwendung. Auch die Kosten der Logopädie werden nach ärztlicher Verordnung von den Krankenkassen übernommen.

Auch hier gibt es Praxen, die sich auf die Therapie von Kindern spezialisiert haben. Meist kann einem der Kinderarzt einen guten Therapeuten empfehlen.

Alle Kinder mit Sprachentwicklungsverzögerungen tragen ein großes Risiko, später Lese – Rechtschreibprobleme zu entwickeln. Zur frühen Prävention und zur Vorbereitung des Schulbesuches gibt es inzwischen ausgesprochen wirkungsvolle Programme, mit denen drohenden Problemen in vielen Fällen effektiv vorgebeugt werden kann. Eines dieser Programme ist das 'Würzburger Trainingsprogramm zur phonologischen Bewusstheit`.

Informationen finden sich in Internet unter:
http://www.psychologie-multimedia.de
http://www.phonologische-bewusstheit.de

Ergotherapie

Die Ergotherapie (früher: Arbeits- und Beschäftigungstherapie) kommt immer dann zur Anwendung, wenn Störungen in der Verarbeitung von Sinnesreizen oder ein Entwicklungsrückstand gegenüber Gleichaltrigen im seelischen, geistigen oder körperlichen Bereich vorliegt. Auch hier werden bei Vorliegen einer ärztlichen Verordnung die Kosten von der Krankenkasse übernommen.

Hippotherapie

Bei infantilen Cerabralparesen, Wahrnehmungsstörungen, Gleichgewichtsproblemen, Verhaltensauffälligkeiten und Hyperaktivität kommt die Hippotherapie zur Anwendung.
Das Kind sitzt dabei auf einem Pferd, das von einem Helfer am Langzügel durch die Halle geführt wird. Der Therapeut geht neben dem Pferd oder sitzt hinter dem Kind.
Die Kosten der Hippotherapie werden von den Krankenkassen nicht übernommen, sondern müssen von den Eltern privat bezahlt werden.

Wachstumsbehandlung

Verzögerung der Pubertät

Die meisten ausländischen Adoptivkinder zeigen nach der Adoption ein Aufholwachstum. Sehr negativ auf das Wachstum wirkt sich jedoch aus, dass es in vielen Fällen zu einem frühzeitigen Eintritt der Pubertät und damit verbundenem Schließen der Wachstumsfugen kommt. Vom Sophia Children´s Hospital in Rotterdam[79] wurde deshalb eine Studie durchgeführt, wie sich die Gabe von Medikamenten hinsichtlich einer Verzögerung der Pubertät auswirkt.
Ein Bericht hierüber findet sich im Internet unter:
> http://fsos.che.umn.edu/mtarp/lcarpapers/mul4.htm

Zur Überprüfung des Wachstumsverlaufes kann auf Wachstumskurven zurückgegriffen werden, die im Internet unter
> http://www.cdc.gov/growthcharts/ abgerufen werden können.

Spezielle Wachstumskurven für asiatische Kinder findet man unter:
> http://www.adoptvietnam.org/adoption/growth-chart.htm

Kinesiologie

Bei der Kinesiologie geht es darum, das Zusammenspiel und den Austausch zwischen rechter und linker Gehirnhälfte zu verbessern. Vor allem bei Kindern, die in den ersten zwei Lebensjahren nicht kindgerecht ernährt, umsorgt und gefördert wurden, geht man oft davon aus, dass sich die neuronalen Verbindungen im Gehirn nicht optimal verbinden und vernetzen. Daraus können Lernschwierigkeiten, Wahrnehmungsstörungen und auch Koordinationsstörungen entstehen. Hier kann Kinesiologie unter Umständen sehr förderlich sein.

Literatur:

EK für Kinder
v. Paul und Gail Dennison
VAK Verlags GmbH

EMDR

In Fällen, in denen Kinder durch Missbrauch, Vernachlässigung, Gewalt oder Unfälle traumatisiert wurden, kann EMDR (Eye Movement Desensitization and Reprozessing) zur Anwendung kommen. Es handelt sich dabei um eine traumabearbeitende Psychotherapiemethode, die von der American Psychological Assotiation (APA) und der International Society für Traumatic Stress Studies (ISTSS) als effektiv anerkannt ist und zur Behandlung von Traumafolgeerkrankungen eingesetzt wird.

Die Therapie geht davon aus, dass normalerweise Erlebnisse vom Verstand bearbeitet werden. Durch ein Trauma kann es jedoch zu einer Blockade der Informationsverarbeitung kommen, das System gerät in eine Art Schockzustand und das traumatische Erlebnis wirkt als Störquelle weiter. Ein Auslösereiz kann genügen und das Geschehene wird immer und immer wieder durchlebt.Ziel der Therapie ist es, die Informationsblockade zu beenden, das Trauma aufzulösen und dauerhaft zu verarbeiten.

Das Behandlungskonzept basiert auf der Beobachtung, dass sich psychische Belastungen verringern, wenn die Augen schnell und rhythmisch bewegt werden, während der Betroffene an das belastende Ereignis denkt.

Der hohe Erfolgsrate der Methode wurde in zahlreichen Studien nachgewiesen, allerdings ist die genaue Wirkungsweise noch unbekannt. In der Regel sind nur wenige Sitzungen erforderlich. Es sollte ein Therapeut aufgesucht werden, der eine Fortbildung in EMDR gemacht hat und sich auf die Behandlung von Kindern spezialisiert hat.

Literatur zur Traumatherapie:

EMDR mit Kindern
Robert Tinker und Sandra Wilson
Junfermann Verlag, Paderborn

EMDR Grundlagen & Praxis
Handbuch zur Behandlung traumatisierter Menschen
Francine Shapiro
Junfermann Verlag, Paderborn

Kleine Wunder
Heilung von Kindheitstraumata mit Hilfe von EMDR
Joan Lovett
Junfermann Verlag, Paderborn

Trauma Heilung
Das Erwachen des Tigers
Peter A. Levine
Synthesis Verlag

Familienstellen nach Hellinger

Das Familienstellen nach Hellinger geht davon aus, dass die einzelnen Mitglieder eines Familienverbundes mit ihren Eltern und Geschwistern und auch allen Angehörigen eng verbunden sind. Verhaltensweisen und Gefühle der Vorfahren werden von den Nachkommen stillschweigend übernommen. Dies gilt sogar dann, wenn die Vorfahren - etwa durch eine Adoption - unbekannt sind.

Hellinger geht davon aus, dass sich Adoptivkinder auf die Suche nach ihren leiblichen Eltern machen und hoffen, dass wenn sie sie finden, vielleicht etwas rückgängig gemacht werden kann.

'Diese Suche und diese Hoffnung machen es den Adoptivkindern schwer, sich ihren Adoptiveltern zuzuwenden und sich an sie als ihre Rettung und Sicherheit zu halten. Dazu kommt, dass die inneren Vorwürfe, die das Kind seinen leiblichen Eltern macht, oft auf die Adoptiveltern verschoben wird. Dann kann das Kind weder seine eigenen Eltern, noch die Adoptiveltern wirklich haben und nehmen.'[80]

Eine Familienaufstellung kann sich sowohl für das Adoptivkind, als auch für leibliche Eltern und Adoptiveltern anbieten. Dabei muss das Adoptivkind nicht selbst anwesend sein.

Die Aufstellung findet meist in einer Gruppe statt, kann aber auch durch die Aufstellung von Symbolen in der Einzelarbeit erfolgen.

Der Gruppenteilnehmer, dessen Problem bearbeitet wird, sucht sich aus der Gruppe Personen aus, die dann als Stellvertreter für Eltern, Geschwister, Vorfahren... so im Raum aufgestellt werden, wie es seinem Bild von der Familie entspricht. Anschließend werden die Stellvertreter befragt, wie sie sich fühlen.

Die Aufgabe des Therapeuten liegt darin, die Aufstellung so zu verändern, dass sich eine 'gute Lösung' ergibt und sich alle Teilnehmer wohl fühlen.

Am Ende wird der Teilnehmer an seinen Platz in der Familie gestellt und nimmt das neue Bild in sich auf. Nach Hellinger stellt sich Friede erst dann ein, wenn die Eltern gewürdigt sind, egal, wie sie sind und was sie getan haben.

Erste Voraussetzung einer gesunden inneren Entwicklung sei es, die Eltern so zu nehmen wie sie sind.

Das Familienstellen bringt das im Raum aufgestellte innere Bild der Familie und Verstrickungen ans Licht und dient damit aus Ausgangsbasis für die Lösung des Problems. Dieses Therapieverfahren kennt keine spezielle Ausbildung. Für den Interessierten ergibt sich die Schwierigkeit, einen Therapeuten zu finden, der über die große Erfahrung verfügt, die ein erfolgreiches Arbeiten verlangt. Die Methode hat in den letzten Jahren einen regelrechten Boom erfahren und wurde deshalb von zahlreichen Therapeuten oder Laien angeboten, die hierfür nicht qualifiziert waren.

Literatur:

Ordnungen der Liebe
Bert Hellinger
Knaur Verlag

Haltet mich, dass ich am Leben bleibe
Lösungen für Adoptierte
Bert Hellinger
Carl – Auer – Systeme Verlag

Ohne Wurzeln keine Flügel
Bertold Ulsamer
Goldmann Verlag

Spielregeln des Familienlebens
Gabriele und Bertold Ulsamer
Herder Verlag

Andere Psychotherapien

Es gibt zahlreiche weitere psychotherapeutische Verfahren, die anerkannt sind und mit denen gute Ergebnisse erzielt werden können, deren Darstellung aber den Rahmen dieses Buches sprengen würde.
Bei der Auswahl eines Therapeuten sollte darauf geachtet werden, dass nicht alle Probleme klischeehaft auf die Adoption zurückgeführt werden.
Ein Therapeut, der Vorurteile gegenüber einer Adoption hat, der glaubt, in Adoptivfamilien könne kein Eltern – Kind Verhältnis wie zwischen Eltern und leiblichen Kindern entstehen und der alle Verhaltensauffälligkeiten des Kindes darauf zurückführt, dass das Kind früher eine ungünstige Sozialisation erfahren hat, ist für eine Beratung oder eine Therapie nicht geeignet.
Adoptiveltern sollten hier auf ihr Gefühl und ihren gesunden Menschenverstand vertrauen.
Nicht jeder Therapeut ist gut für jedes Kind.

Die Länder

'Eine ständige Aktualisierung der Informationen zu den einzelnen Ländern erfolgt unter www.adoptionsinfo.de`

➤ ÄGYPTEN

Hauptstadt: Kairo
Bevölkerung: Ägypten hat ca. 69 Mio. Einwohner. 45 % der Bevölkerung sind unter 15 Jahre alt
Sprache: Arabisch, Englisch und Französisch
Religion: 90 % Moslems. Der Islam ist Staatsreligion

DIPLOMATISCHE VERTRETUNG:

Deutsche Botschaft in Ägypten:
8B, Sharia Hassan Sabri
Kairo-Zamalek
Telefon +20 2/739-9600
Fax +20 2/736-0530

Ägyptens Botschaft in der Bundesrepublik:
Waldstraße 15
D-13156 Berlin
Telefon +49-30/ 477-5470
Fax +49-30/477-1049
Generalkonsulate: Frankfurt a. M., Hamburg

Adoptionsverfahren in Ägypten:
Eine Adoption ist in Ägypten grundsätzlich illegal. Für Paare, die in Ägypten ein Kind adoptieren wollen, gibt es nur die Möglichkeit, eine Pflegschaft für das Kind zu beantragen und dann mit dem Kind auszureisen.
Hierfür ist erforderlich:
• der Beschluss eines ägyptischen Gerichtes, dass die Pflegschaft übertragen wird
• eine staatliche Anerkennung des Waisenhauses, in dem das Kind lebt
• eine Kopie des Polizeiberichts darüber, wie das Kind gefunden wurde
• ein Bericht des Waisenhauses darüber, wie das Kind abgegeben wurde
• ein Vertrag zwischen Waisenheim und Adoptiveltern darüber, dass das Kind offiziell an die Adoptiveltern abgegeben wird.

➤ ALBANIEN

Hauptstadt: Tirana
Bevölkerung: 3 Mio. Einwohner.
Sprache: Albanisch, Griechisch, Mazedonisch
Religion: 70 % Moslems, 20 % Albanisch – Orthodoxe, 10 % Katholiken

DIPLOMATISCHE VERTRETUNG:

Deutsche Botschaft in Albanien:
Rruga Skënderbej Nr. 8
Tirana
Telefon+355 42/32048
Fax +355 42 /33497

Albaniens Botschaft in Deutschland:
Friedrichstr. 231
D-10969 Berlin
Telefon +49-30/259-3050
Fax +49–30/2593-0599

Adoptionsverfahren in Albanien
Albanien ist Vertragsstaat des Haager Übereinkommens.
Adoptionsbewerber dürfen nicht direkt mit dem Albanischen Adoptionskomitee, mit einzelnen Waisenhäusern oder mit leiblichen Eltern über eine Adoption verhandeln. Alle Adoptionen müssen über eine vom Komitee zugelassene Adoptionsvermittlungsstelle abgewickelt werden.
Ein Kind das für die Adoption vorgesehen ist, erhält eine Bescheinigung vom Albanischen Adoptionskomitee.
Voraussetzung ist, dass das Kind die letzten sechs Monate ohne Kontakt zu seinen leiblichen Eltern in einem Waisenhaus war und dass es nicht gelungen ist, das Kind innerhalb einer albanischen Familie unterzubringen.

Zugelassene Adoptionsvermittlungsstellen
Folgende in den USA ansässige Adoptionsvermittlungsstellen sind berechtigt, in Albanien Adoptionen zu vermitteln:

Bethany Christian Services
901 Eastern Avenue, NE
Grand Rapids, Michigan 49503-1295
Tel: (616) 459-6273
Fax: (616) 459-0343

International Children's Alliance
1101 17th Street, NW, Suite 1002
Washington, D.C. 20036
Tel: (202) 463-6874
Fax: (202) 463-6880

Beide Adoptionsvermittlungsstellen sind zwar in Albanien akkreditiert, dürfen Kinder aber nur an amerikanische Staatsbürger vermitteln. In ganz speziellen Fällen dürfen Kinder auch an Staatsbürger anderer Staaten vermittelt werden. Voraussetzung ist aber, dass zwischen diesem Staat und Albanien ein spezielles Abkommen hierüber abgeschlossen wurde. Zwischen Deutschland und Albanien besteht ein solches Abkommen nicht.

➤ ARGENTINIEN

Hauptstadt: Buenos Aires
Bevölkerung: 36 Mio. Einwohner. Argentinien befindet sich in einer großen Wirtschaftskrise. Große Teile der Bevölkerung sind verarmt.
Sprache: Spanisch
Religion: 91 % Katholiken

DIPLOMATISCHE VERTRETUNG:

Deutsche Botschaft in Argentinien:
Calle Villanueva 1055
C1426 BMC Buenos Aires
Telefon + 5411-4778-2500
Telefax + 5411-4778-2550

Argentiniens Botschaft in Deutschland:
Dorotheenstr. 89
D-10117 Berlin
Telefon +49-30-226-6890
Telefax +49-30-229-1400

Adoptionsverfahren in Argentinien
Argentinien ist kein Vertragsstaat des Haager Übereinkommens.
Für Ausländer ist es nur dann möglich, ein Kind in Argentinien zu adoptieren, wenn sie in Argentinien wohnhaft sind und auch in Zukunft in Argentinien wohnen werden. Der Grund hierfür liegt darin, dass nach Meinung der argentinischen Regierung ein in Argentinien geborenes Kind nicht aus seinem Kulturkreis entfernt werden soll.

➤ ASERBAIDSCHAN

Hauptstadt: Baku
Bevölkerung: 7,7 Mio. Einwohner
Sprache: Aserbaidschanisch (Amtssprache), Russisch, Armenisch
Religion: 90 % Moslems

DIPLOMATISCHE VERTRETUNG:

Deutsche Botschaft In Aserbaidschan:
Ul. Mamedalieva 15
370 005 Baku
Telefon +994 12/987819
Fax +994 12/ 985419

Aserbaidschans Botschaft in Deutschland :
Schloßallee 12
D-53179 Bonn
Telefon +49-228/943890
Fax 858644

Adoptionsverfahren in Aserbaidschan

Bislang haben nur sehr wenige Ausländer in Aserbaidschan adoptiert.
Ausländer, die ein Kind in Aserbaidschan adoptieren wollen, müssen sich zuerst beim Außenministerium in Aserbaidschan registrieren.
Hierfür werden folgende Unterlagen benötigt:

- Sozialbericht
- Kopien des Reisepasses
- Kurzer Lebenslauf
- Ärztliche Gesundheitsatteste, die bestätigen, dass der Bewerber an keinen Krankheiten leidet, die einer Adoption im Wege steht.
- Verdienstbescheinigungen
- Heirats- und Geburtsurkunden

Alle vorgelegten Dokumente verlieren nach einem Jahr ihre Gültigkeit.
Nach der Registrierung stellen die Bewerber einen Antrag beim örtlich zuständigen Gericht in Aserbaidschan. Vom Gericht werden sowohl die örtlichen Behörden, als auch die Staatsregierung um Abgabe einer Stellungnahme ersucht. Wenn beide Stellen zugestimmt haben, fällt das Gericht eine endgültige Entscheidung.

➤ ÄTHIOPIEN

Hauptstadt: Addis Abeba

Bevölkerung: Äthiopien hat ca. 63 Mio. Einwohner und ein Bevölkerungswachstum von 2,16 % jährlich. Die Analphabetenrate beträgt 67 %. Die Säuglingssterblichkeit liegt bei über 10 %. 17 % der Kinder sterben vor dem fünften Lebensjahr. Das äthiopische Gesundheitsministerium geht davon aus, dass ca. 620.000 Kinder des Landes in Folge von Aids zu Vollwaisen geworden sind. Die durchschnittliche Lebenserwartung beträgt bei Männern 42 Jahre und bei Frauen 44 Jahre.

Sprache: Amharisch (Amtssprache) Englisch, Französisch

Religion: 45 % Moslems, 30 % äthiopisch – orthodoxe Kirche

DIPLOMATISCHE VERTRETUNG:

Deutsche Botschaft in Äthiopien:
Khabana,
Woreda 12, Kebele 20
Addis Abeba
Telefon +251 1/550433
Fax +251 1/551311

Botschaft Äthiopiens in der Bundesrepublik:
Boothstraße 20 a
D-12207 Berlin
Telefon +49-30/772060
Fax + 49-30/772-0624
Generalkonsulat: Genf
Konsulat: Wallisellen

Adoptionsverfahren in Äthiopien:
Äthiopien ist kein Mitglied des Haager Übereinkommens. Die zentrale Stelle in Äthiopien ist das Children Youth and Family Affairs Department (CYFAD)

Nach äthiopischem Recht wird das Kind durch Vertrag adoptiert. Vertragspartner sind auf der einen Seite das Kind, vertreten durch den äthiopischen Staat, und auf der anderen Seite die künftigen Adoptiveltern, die sich im Adoptionsverfahren von einem äthiopischen Rechtsanwalt vertreten lassen können.

Im Genehmigungsverfahren überprüft das Gericht, ob alle notwendigen Voraussetzungen vorliegen und die Adoption dem Wohl des Kindes dient.

Die Verlassenheit des Kindes muss nachgewiesen werden und die beabsichtigte Adoption dieses Kindes durch Ausländer muss in einer überregionalen äthiopischen Zeitung mehrfach aufgeboten worden sein.

Nachdem das Gericht die Genehmigung ausgesprochen hat und diese in schriftlicher Form vorliegt, kann die Ausreise des Kindes vorbereitet werden. Das Kind besitzt noch die äthiopische Staatsangehörigkeit und reist mit einem Passersatz nach Deutschland.

Auslandsadoptionen in Äthiopien sind nur möglich über die Adoptionsvermittlungsstelle

Evangelischer Verein Rheinland e.V
Einbrunger Straße 83
40489Düsseldorf
Tel: 0211 - 401793
Fax: 0211 - 4089515

Nach Angaben des Evangelischen Vereins werden die Unterlagen der Bewerber zu einem Zeitpunkt, zu dem mit einer baldigen Vermittlung zu rechnen ist, bei der Adoptionskommission (Children, Youth and Family Affairs Department) in Addis Abeba vorgelegt. Die Adoptionsvermittlung erfolgt im Zusammenwirken zwischen der äthiopischen Adoptionskommission und dem Evangelischen Verein. Die äthiopische Adoptionskommission benennt dem evangelischen Fachdienst Kinder, für die Eltern gesucht werden sollen. Manchmal schlägt sie bereits ein deutsches Bewerberpaar aus dem Kreis der bereits eingereichten Anträge vor. Der evangelische Fachdienst wählt geeignete Eltern aus, bespricht mit ihnen den Kindervorschlag und informiert das Jugendamt. Sind die Bewerber mit dem Vorschlag einverstanden, wird das Einverständnis an die äthiopische Adoptionskommission übermittelt. Anschließend wird in Äthiopien das Adoptionsverfahren nach äthiopischem Recht durchgeführt, das in ca. drei bis vier Monaten abgeschlossen ist. Danach können die Adoptiveltern ihr Kind in Addis Abeba abholen.

➤ BANGLADESH

Hauptstadt: Dhaka
Bevölkerung: 127 Mio. Einwohner. In Bangladesch sind 67 Prozent der Kinder mangelernährt.
Sprache: Bengali (Amtssprache), Englisch
Religion: 87 % Moslems

DIPLOMATISCHE VERTRETUNG:

Deutsche Botschaft In Bangladesh:
178, Gulshan Av.
Dhaka 1212
Telefon +880 2/882-4734
Fax +880 2/882-3141

Bangladeshs Botschaft in Deutschland :
Dovestr. 1

151

D-10587 Berlin
Telefon +49-30/398-9750
Fax +49-30/3989-7510

Verfahren in Bangladesh

In Bangladesh ist die Adoption verboten. Staatsbürger Bangladeshs dürfen eine Pflegschaft für Kinder beantragen und erhalten dadurch die Obhut über das Kind. Die Verordnung ´Guardianship and Wards Amendments Ordinance` von 1982 verbietet die Bewilligung einer Pflegschaft, wenn der Antragsteller kein Staatsbürger Bangladeshs ist. Für Ausländer ist es damit unmöglich, ein Kind zu adoptieren.

➤ BAHRAIN

DIPLOMATISCHE VERTRETUNG:

Deutsche Botschaft in Bahrain:
Alhasan Bldg. Sh. Hamad Causeway
Bldg. No. 668 Diplomatic Area 317
Manama
Telefon + 973 530210
Telefax +973 536282

Bahrains Botschaft in Deutschland:
Plittersdorfer Straße 91
D-53173 Bonn
Telefon +49-228-957-610
Telefax +49-228-957-6199

Adoptionsverfahren in Bahrain

Bahrain ist kein Vertragsstaat des Haager Übereinkommens.
In Bahrain sind Adoptionen nicht zulässig. Muslime dürfen ein Kind, dessen Vater nicht bekannt ist, unterstützen. Sie dürfen jedoch nicht Bahrain mit ihm verlassen.

➤ BARBADOS

Hauptstadt: Bridgetown
Bevölkerung: 269 000 Einwohner
Sprache: Englisch (Amtssprache)
Religion: 40 % Anglikaner

DIPLOMATISCHE VERTRETUNG:

Deutsche Botschaft:
7-9 Marli Street
Port of SpainTrinidad W.I.
Telefon + 1868 628-1630
Telefax + 1868 628-5278

Botschaft von Barbados:
42 Belgrave Square
GB-London SW1X 8NT
Telefon +44-207-245-9351
Telefax +44-207-823-1065

Adoptionsverfahren auf Barbados
Barbados ist kein Vertragsstaat des Haager Übereinkommens.
Nur Bürger aus Staaten, die mit Barbados diplomatische oder konsularische Beziehungen pflegen, dürfen in Barbados adoptieren. Eine Adoption im Land ist nur dann möglich, wenn die Bewerber ihren ständigen Wohnsitz auf Barbados haben. Alle anderen Bewerber müssen eine gerichtliche Erlaubnis beantragen, um mit dem Kind zur Adoption ins Ausland zu reisen.

Die zuständige Behörde ist das:

Child Care Board
Walrond Street
St. Michael, Barbados West Indies
Telefon: 246-426-2577
Telefax: 246-435-3172

➤ BELIZE

Hauptstadt: Belmopan
Bevölkerung: 235 000 Einwohner
Sprache: Englisch (Amtssprache)
Religion: 58 % Katholiken, 28 % Protestanten

DIPLOMATISCHE VERTRETUNG:

Botschaft von Belize:
22 Harcourt House, 19,

Cavendish Square
London WIG 9PN,
Großbritannien
Telefon: 0044-207-4 99 97 28
Fax: 0044-207-4 914139

Adoptionsverfahren in Belize:
Die Adoption in Belize ist nur dann möglich, wenn der Adoptionsbewerber Staatsbürger Belizes ist oder mindestens 6 Monate im Jahr in Belize wohnt.
Adoptionen dürfen nur über das staatliche Gerichtsverfahren stattfinden. Privatadoptionen sind untersagt.

➤ BOLIVIEN

Hauptstadt: Sucre
Bevölkerung: 8 Mio. Einwohner. Bolivien ist das ärmste Land Südamerikas. In Folge von Armut, ungewollter Schwangerschaften, sexueller Gewalt und fehlenden Ausbildungs- und Arbeitsmöglichkeiten werden viele Mädchen und Jungen verlassen und müssen ohne Familie aufwachsen. 63 Prozent der Bevölkerung leben unter der Armutsgrenze. Die Situation ist auf dem Land sogar noch dramatischer. Zwei Drittel der Familien dort schlafen in einem einzigen Zimmer, 86 Prozent verfügen über keine sanitären Anlagen. Zwischen 11 und 16 Prozent der Bauernkinder sterben vor Erreichen des zweiten Lebensjahres. Mindestens 600.000 Kinder sind regelmäßig erwerbstätig.
Sprache: Spanisch
Religion: 93 % Katholiken

DIPLOMATISCHE VERTRETUNG:

Deutsche Botschaft in Bolivien:
Embajada de la República Federal de Alemania
Avenida Arce 2395
Casilla 5265
La Paz
Telefon: 00591-2244 00-66
Fax: 00591-2 244 14-41

Botschaft Boliviens in der Bundesrepublik:
Wichmannstraße 6
10787 Berlin
Telefon: 030 / 26 3915 0
Fax: 030 / 26 3915 15

Verfahren in Bolivien

Bolivien ist dem Haager Übereinkommen beigetreten. Die Adoption durch Ausländer ist in Bolivien grundsätzlich möglich.

Alle in Bolivien tätigen Adoptionsvermittlungsagenturen müssen sich gegenüber der Regierung verpflichten:

- dass sie eingeschriebene gemeinnützige Institutionen sind,
- dass sie keine kommerziellen Interessen verfolgen,
- dass sie ein Rahmenabkommen mit der bolivianischen Regierung abschließen,
- dass sie eine/n Vertreter/in in Bolivien haben, der keine Vorstrafen hat oder für unmoralisches Verhalten bekannt wurde,
- dass sie sich verpflichten, die nationalen Adoptionen in Bolivien zu fördern.

Adoptionsbewerber, ob alleinstehend oder verheiratet, müssen älter als 25 Jahre sein. Es ist zulässig, dass die Adoptionsbewerber bereits leibliche oder adoptierte Kinder haben.

Die Verlassenheit des zu adoptierenden Kindes muß von einem Gericht bestätigt worden sein.

Gemäß Artikel 98 des Minderjährigengesetzes müssen Ausländer, die in Bolivien adoptieren wollen, einen Adoptionsantrag über eine in Bolivien zugelassene Adoptionsvermittlungsbehörde stellen.

Sobald die Adoptionsbewerber akzeptiert wurden und ein passendes Kind gefunden wurde, beginnt der Adoptionsprozess. Die zukünftigen Adoptiveltern müssen von ihrer ersten Anhörung bis zum endgültigen Adoptionsbeschluss in Bolivien bleiben.

Meist ist es notwendig, zwischen vier und sechs Wochen in Bolivien zu sein. In Einzelfällen kann es aber auch vorkommen, dass sich das Verfahren über 3 Monate hinzieht.

In Bolivien ist als Adoptionsvermittlungsstelle tätig:

Sozialdienst katholischer Frauen (SkF)
Agnes – Neuhaus Straße 5
44235 Dortmund

➤ BOSNIEN HERZEGOWINA

Hauptstadt: Sarajewo
Bevölkerung: 4 Mio. Einwohner
Sprache: Bosnisch, Kroatisch, Serbisch
Religion: 44 % Moslem, 31 % Serbisch – Orthodoxe, 17 % Katholiken

DIPLOMATISCHE VERTRETUNG:

Deutsche Botschaft in Bosnien Herzegowina:
ul. Bukabb
71000 Sarajevo
Telefon + 387 33-275000
Telefax + 387 33-652978

Bosnien Herzegowinas Botschaft in Deutschland:
Ibsenstr. 14
D-10439 Berlin
Telefon +49-30-8147-1210
Telefax +49-30-8147-1211

Adoptionsverfahren in Bosnien Herzegowina

Bosnien Herzegowina ist kein Vertragsstaat des Haager Übereinkommens.

Grundsätzlich dürfen Ausländer in Bosnien Herzegowina ein Kind adoptieren. Es ist jedoch erforderlich, dass außergewöhnliche Gründe vorliegen, die dies rechtfertigen. Ob ein solch außergewöhnlicher Grund vorliegt, ist eine Einzelfallentscheidung der zuständigen Behörden. Auslandsadoptionen kommen in der Regel nur dann in Betracht, wenn das Kind schwer erkrankt ist.

Da jeder Auslandsadoption vom Sozialministerium zugestimmt werden muss und diese Zustimmungen nur in ganz außergewöhnlichen Sonderfällen erteilt werden, ist es äußerst schwierig bis unmöglich, ein Kind aus Bosnien – Herzegowina zu adoptieren.

➤ BRASILIEN

Hauptstadt: Brasilia

Bevölkerung: Brasilien ist mit über 170 Millionen Menschen der volkreichste Staat in Südamerika. 28 % der Bevölkerung sind unter 15 Jahre alt. Rund 32 Millionen brasilianische Kinder und Jugendliche leben in Familien, die mit weniger als 110 Dollar im Monat auskommen müssen.

Sprache: Portugiesisch

Religion: 75 % Katholiken, 10 % Protestanten

DIPLOMATISCHE VERTRETUNG:

Deutsche Botschaft In Brasilien:
Av. das Nações, Lote 25,
Quadra 807,

70415-900 Brasília DF
Telefon + 55 61/443-7330
Fax +55 61/443-7508

Generalkonsulate:
Porto Alegre, Recife, Rio de Janeiro, São Paulo
Brasiliens Botschaft in Deutschland :
Wallstr. 57
D-10179 Berlin
Telefon +49-30/726280
Fax + 49-30/7262-8320

Generalkonsulate:
Frankfurt a. M., München

Adoptionsverfahren in Brasilien:
Brasilien ist Vertragsstaat des Haager Übereinkommens:

Zuständige Stelle in Brasilien:

State Secretariat for Human Rights
Program for Cooperation on International Adoption
Council of the Brazilian Central Authorities
Ministry of Justice
Esplanada dos Ministérios - Bloco T
Anexo II, 3o andar, sala 303
70.064-901 - BRASÍLIA D.F.
Tel +55 (61) 429.3225
Fax +55 (61) 223.4889

Adoptionsverfahren in Brasilien sind oft kompliziert und langwierig.
Grundsätzlich wird stets der Inlandsadoption der Vorrang eingeräumt.
Für jede Adoption ist ein Sozialbericht erforderlich, der von einem autorisierten Sozi-
alarbeiter angefertigt werden muss. Folgender Inhalt ist vorgeschrieben:
- Ausführungen über die Verwendung des Sozialberichtes
- Abklärung einer eventuellen Straffälligkeit der Bewerber
- Psychologische Untersuchung
- Ausführungen darüber, aufgrund welcher Informationen der Sozialbericht
  angefertigt wurde
- Medizinische Untersuchung
- Einkommensüberprüfung (Gewinn / Einkommen letzten beiden Jahre)
- Drei Empfehlungsschreiben
- Begutachtung des häuslichen Umfelds

Die Adoptionsbewerber müssen mindestens 21 Jahre alt sein.

Wenn das Adoptivkind unter 2 Jahre alt ist, müssen die Adoptiveltern mindestens 15 Tage zusammen mit dem Kind in Brasilien leben. Wenn das Kind älter als 2 Jahre ist, erhöht sich diese Zeit auf 30 Tage.

Adoptionsvermittlungsstellen:

In Brasilien ist folgende Adoptionsvermittlungsstelle tätig:

Eltern für Kinder e. V.

Burgsdorfstr. 1, 13353 Berlin

Tel.: 030/46507571

Fax: 030/4614520

e-mail: efk-berlin@t-online.de

Internet: www.eltern-fuer-kinder-ev.de

➤ BULGARIEN

Hauptstadt: Sofia

Bevölkerung: 8 Mio. Einwohner

Sprache: Bulgarisch, Türkisch

Religion: 86 % bulgarisch – orthodoxe Christen

DIPLOMATISCHE VERTRETUNG:

Deutsche Botschaft in Bulgarien:

Ulica Joliot Curie 25

1113 Sofia

Telefon + 359 2/918380

Fax +359 2 /963-1658

Botschaft Bulgariens in der Bundesrepublik:

Mauerstr. 11

D-10117 Berlin

Telefon +49-30/201-0922

Fax + 49 – 30/208-6838;

Außenstelle in Bonn

Adoptionsverfahren in Bulgarien:

Bulgarien ist dem Haager Übereinkommen beigetreten.

Zentrale Adoptionsbehörde ist das

Justizministerium (Ministry of Justice)
1, Slavinska Street
Sofia / Bulgaria

Bulgarien ist erst im September 2002 dem Haager Übereinkommen beigetreten. Es ist damit zu rechnen, dass sich das bislang etablierte System mit der Einschaltung von Rechtsanwaltskanzleien etc. gründlich ändern wird. Bis Januar 2003 gab es jedoch noch immer keine zentralen oder regionalen Adoptionsvermittlungsstellen, die über eine Aufstellung aller adoptionsfähigen Kinder verfügte. Wie in der Zeit vor dem Beitritt zum Übereinkommen suchten bis dahin weiterhin in erster Linie Rechtsanwälte nach adoptierbaren Kindern in den Heimen. Ob und wann sich dieses Verfahren ändern wird und ob sich im Zuge der Verfahrensänderungen auch die Kosten ändern werden (Bulgarien gehörte zu den Ländern mit den höchsten Kosten) muss sich erst noch zeigen.

Kinder werden nur dann ins Ausland vermittelt, wenn eine Bescheinigung vorliegt, dass das entsprechende Kind (häufig Sinti- und Roma- Kinder oder Kinder türkischer Abstammung) zuvor von 3 bulgarischen Paaren abgelehnt wurde und mindestens 1 Jahr alt ist. Geschwister können nur zusammen adoptiert werden.

Auch in Bulgarien lässt sich somit der Wunsch vieler Adoptivbewerber nach einem möglichst weißen Kind, das in Deutschland wegen seines Aussehens nicht sofort als angenommenes Kind erkennbar ist, nicht erfüllen. Ähnlich wie in Rumänien und anderen osteuropäischen Staaten kommen in erster Linie Kinder zur Adoption, die wegen ihrer Herkunft als Sinti - und Romakinder im Land nicht vermittelbar sind. Diese Kinder unterscheiden sich von Ihrem Äußeren deutlich von den hier geborenen deutschen Kindern.

Kinder unter einem Jahr dürfen nicht adoptiert werden und es ist ebenfalls unzulässig, ein Kind zu adoptieren, wenn die Adoptivbewerber bereits leibliche oder adoptierte Kinder haben.

Alleinstehende Frauen dürfen adoptieren.

In Bulgarien sind folgende Adoptionsvermittlungsstellen tätig:

Zukunft für Kinder e.V.
Benzstrasse 6,
68794 Oberhausen-Rheinhausen

1. Der Verein arbeitet mit Rechtsanwaltskanzleien als Ansprechpartner im bulgarischen Adoptionsverfahren zusammen.
2. Die Bewerbungsunterlagen werden an staatlich vereidigte Übersetzer in Bulgarien weitergeleitet. Die übersetzten Unterlagen werden anschließend an die entsprechenden Ministerien weitergeleitet;
3. Der Verein erhält einen Kindervorschlag von einem Verein;

4. Durch den Sozialarbeiter des Vereins erfolgt eine Bewerbervorauswahl der Bewerber

5. Absprache mit der Adoptionsvermittlungsstelle des örtlich zuständigen Jugendamtes hinsichtlich der vorab ausgewählten Bewerber;

6. Gespräch mit den vorab ausgewählten Bewerbern über den Kindervor-schlag durch die örtlich zuständige Adoptionsvermittlungsstelle und durch den Verein „Zukunft für Kinder e. V.";

7. Reise der Bewerber nach Bulgarien und persönliches Kennenlernen des Kindes in Begleitung des Rechtsanwaltes;

8 Nach dem Kennenlernen des Kindes – Annahme des Kindervorschlages und Einleitung des Adoptionsverfahrens in Bulgarien (mit Hilfe der Rechtsanwaltskanzlei in allen Schritten) bis zur Aussprache der Adoption durch das zuständige bulgarische Gericht (beim Gerichtstermin vertritt der Rechtsanwalt die Adoptionsbewerber – diese müssen nicht anwesend sein);

Gesamtaufenthaltszeit im Land ca. 6 – 10 Tage

Eltern-Kind-Brücke e. V.

Wormser Str. 13 a,

69123 Heidelberg

1. Bulgarien erhält mehrere Bewerberunterlagen (vorab in Kopie oder per Fax) und übernimmt die Zuordnung der Kinder. Diese wird den Bewerbern mitgeteilt. Beschreibung des Kindes und Photo, kurze Anamnese.

2. Nehmen die Bewerber den Vorschlag an, werden die Originaldokumente nach Bulgarien versandt und ein Termin für ein erstes Kennenlernen vereinbart. Hierfür ist in der Regel ein Aufenthalt von ca. 3 Tagen ausreichend, bei dem auch gleichzeitig die vor Ort vor einem Notar zu unterzeichnenden Dokumente (Bevollmächtigung der Anwältin etc.) erstellt werden.

3. Beim Besuch des Kinderheims bekommen die Adoptiveltern von der Heimleitung bzw. Arzt / Ärztin eine ausführliche Information über den Gesundheitszustand des Kindes.

4. Die weiteren formellen Schritte dauern ca. 6-8 Monate und werden von den beauftragten Stellen vor Ort eingeleitet, damit die Adoptiveltern erst wieder zum Abholen des Kindes nach Bulgarien kommen müssen.

ICCO e.V.

Postfach 302767

20309 Hamburg

1. Die vom ICCO überprüften Unterlagen werden an das Amtsgericht in Sofia gesandt.

2. Nach Prüfung der Dokumente geht ein Kindervorschlag an den ICCO, der den zukünftigen Eltern mitgeteilt wird.

3. Die Adoptionsbewerber reisen nach Bulgarien, um dort ihr Kind kennen zu lernen.

4. Wenn sie dem Adoptionsvorschlag zustimmen, wird das Adoptionsverfahren durch einen Rechtsanwalt eingeleitet.

5. Nach Abschluss der Adoption und nach Ausstellung des Visums für Deutschland können Eltern und Kind zusammen ausreisen.

➤ BURUNDI

Hauptstadt: Bujambura
Bevölkerung: 6, 5 Mio. Einwohner. Die Lebenserwartung beträgt 42 Jahre.
Sprache: Kirundi und Französisch (Amtssprachen)
Religion: 65 % Christen, 33 % Naturreligionen

DIPLOMATISCHE VERTRETUNG:

Deutsche Botschaft:
Williamson House
4th Ngong Av.
Nairobi
Telefon + 2542-712527
Telefax + 2542-714886

Burundis Botschaft in Deutschland:
Mainzer Str. 174
D-53179 Bonn
Telefon +49-228-345032
Telefax +49-228-340148

Adoptionsverfahren in Burundi
Burundi ist dem Haager Übereinkommen beigetreten.
Zuständig für Auslandsadoptionen sind das Sozial – und das Justizministerium.

Ministère de l'Action sociale et de la Promotion de la Femme
Bujumbura
Tel : +257 217988
Fax: +257 216102

Nur dann, wenn garantiert ist, dass keine finanziellen Vorteile mit einer Adoption ins Ausland verbunden sind und alle Vorschriften, die für Inlandsadoption gelten, erfüllt sind, kann eine Adoption ins Ausland stattfinden.

Das Kind muss jünger als 15 Jahre sein und mindestens 6 Monate lang mit seinen zukünftigen Adoptiveltern in Burundi zusammenleben.
Die Adoptionsbewerber müssen verheiratet sein und seit mindestens 5 Jahren zusammenleben.
Nur wenn sichergestellt ist, dass alle Einwilligungserklärungen ordnungsgemäß abge-

geben worden sind und für das zu adoptierende Kind die Möglichkeit einer Inlandsadoption nicht besteht, kann eine Auslandsadoption erfolgen.

➤ CHILE

Hauptstadt: Santiago
Bevölkerung: 15 Mio. Einwohner
Sprache: Spanisch (Amtssprache)
Religion: 77 % Katholiken

DIPLOMATISCHE VERTRETUNG:

Deutsche Botschaft In Chile:
Calle Agustinas 785, 7. St.,
Santiago de Chile,
Telefon + 56 2/ 4632-500,
Fax + 56 2/ 4632-525

Chiles Botschaft in Deutschland :
Mohrenstr. 42,
D-10117 Berlin,
Telefon +49-30/72620-35,
Fax 72620-3603,
Außenstelle in Bonn;

Generalkonsulate:
Frankfurt a. M., Hamburg, München

Adoptionsverfahren in Chile:
Chile ist Vertragsstaat des Haager Übereinkommens.
Zentrale Adoptionsbehörde ist das SENAME (Servicio Nacional de Menores), ein unselbständiger Teil des Justizministeriums. SENAME ist Chiles zentrale Jugendschutzbehörde.

SENAME
Servicio Nacional de Menores
(Unidad de Adopcion)
Avenida Petro de Valdivia 4070
Santiago de Chile
Chile

Dort wird ein zentrales Register geführt, in dem alle zu adoptierenden Kinder und alle Adoptivbewerber aufgeführt sind.

Bevorzugt werden Bewerber mit chilenischer Staatsbürgerschaft und Ausländer mit ständigem Wohnort in Chile.

Wird hier kein geeigneter Bewerber gefunden, werden die Kinder an Bewerber aus Staaten vermittelt, die die Haager Konvention unterzeichnet haben.

Bewerber müssen über 25 und unter 60 Jahren alt sein, seit mindestens vier Jahren verheiratet und mindestens 20 Jahre älter als das Adoptivkind sein.

Folgende Unterlagen müssen vorgelegt werden:
- Aktuelle Photographien der Adoptionsbewerber
- Geburtsurkunden
- Heiratsurkunden, falls das Paar verheiratet ist
- Sozialbericht, der von einem Jugendamt oder einer autorisierten freien Vermittlungsstelle angefertigt wurde.
- Einkommensbescheinigungen
- Bescheinigung des chilenischen Konsuls, dass alle Bedingungen für eine Adoption erfüllt wurden.
- Vorabzustimmung des Ausländeramtes zur Einreise
- Drei Empfehlungsschreiben.

➤ CHINA

Hauptstadt: Peking (Beijing)
Bevölkerung: 1267 Mio. Einwohner.
Sprache: Chinesisch
Religion: Zwei Drittel der Bevölkerung sind konfessionslos, sonst Buddhismus und Taoismus

DIPLOMATISCHE VERTRETUNG:

Deutsche Botschaft In China:
17, Dong Zhi Men Wai Da Jie, Chaoyang District,
100.600 Peking,
Telefon + 86 10 / 6532-2161,
Fax + 86 10 / 6532-5336;

Generalkonsulate:
Hongkong, Kanton, Schanghai

Chinas Botschaft in Deutschland :
Märkisches Ufer 54,
D-10179 Berlin,

Telefon +49-30/275880
Fax +49-2758-8221;
Außenstelle in Bonn;

Generalkonsulate:
Hamburg, München

Adoptionsverfahren in China:

China hat das des Haager Übereinkommens über die Zusammenarbeit auf dem Gebiet der internationalen Adoption nur gezeichnet. Das Übereinkommen gilt daher in China noch nicht.

Zentrale Stelle für Adoptionen in China ist das

China center of adoption affairs (CCAA)

103 Beiheyan St.
Dingcheng District
Beijing 100006
Tel: 681- 0652 - 23102

Das CCAA ist Teil des chinesischen Innenministeriums und zentrale Adoptionsbehörde in China. Sämtliche Adoptionen müssen über die CCAA und eine von der CCAA anerkannten Adoptionsvermittlungsstelle laufen. Alle sonstigen Adoptionen sind verboten. **Bislang ist keine deutsche Adoptionsvermittlungsstelle von der CCAA anerkannt.** Adoptionen in China sind deshalb z.Zt. für Deutsche nicht möglich.

Nach chinesischem Recht dürfen folgende Kinder unter 14 Jahren adoptiert werden:
• Waisenkinder
• Verlassene Kinder, deren Eltern nicht mehr gefunden oder festgestellt werden können
• Kinder, deren Eltern auf Grund ungewöhnlicher Schwierigkeiten nicht in der Lage sind, sie aufzuziehen.

Die Adoptivbewerber müssen folgende Anforderungen erfüllen:
• Sie müssen kinderlos sein und dürfen nur ein Kind adoptieren. Dies gilt dann nicht, wenn es sich bei den Adoptivkindern um Waisenkinder, behinderte Kinder, verlassene Kinder, oder Kinder handelt, die in sozialen Einrichtungen des Staates leben und deren Eltern nicht festgestellt oder gefunden werden können.
• Sie müssen in der Lage sein, das Kind aufzuziehen und zu erziehen
• Die Adoptivbewerber müssen mindestens 30 Jahre alt sein. Es gibt kein Höchstalter. Allerdings bekommen nur Adoptivbewerber unter 45 Jahren ein Kind das ca. 1 Jahr alt ist. Kinder über 3 Jahre gehen in der Regel an Bewerber, die zwischen 50 und 55 Jahre alt sind.

- Es wird den Bewerbern Priorität eingeräumt, die noch keine Kinder haben. Bewerber, die bereits mehr als 5 Kinder haben, werden nicht mehr berücksichtigt.
- Sie dürfen an keiner erheblichen Krankheit leiden
- Die Adoptionsbewerber dürfen nicht homosexuell sein. Der China Mental Disorder Classification and Diagnosis Standard klassifiziert Homosexualität als sexuelle Behinderung, die zu den psychiatrischen Krankheiten zählt. Nach chinesischen Moralvorstellungen verletzt Homosexualität die öffentliche Moral.
- Die Adoption durch eine einzelne Person ist zulässig. In diesem Fall muss eine Erklärung vorgelegt werden, dass die Person unverheiratet und nicht homosexuell ist. Es werden nicht mehr als 5 % der Kinder an Einzelbewerber abgegeben.

Nach den Vorgaben des CCAA vom 4.12.2000 müssen folgende Unterlagen vorgelegt werden:
- handschriftliche Bewerbung um eine Adoption
- Geburtsurkunden
- Heiratsurkunden, wenn das Paar verheiratet ist. Einzelpersonen müssen eine Bescheinigung vorlegen, aus der hervorgeht, dass sie nicht verheiratet sind.
- Einkommensbescheinigungen. China geht dabei davon aus, dass pro Haushaltsmitglied ein Einkommen von mindestens 10.000 $ pro Jahr vorhanden sein sollte.
- Gesundheitsbescheinigungen. Die Resultate der ärztlichen Untersuchung müssen in ein spezielles Formular eingetragen werden.
- Führungszeugnisse
- Eine staatliche Bescheinigung darüber, dass es dem Adoptivbewerber erlaubt ist, nach China zur Adoption zu reisen.
- Sozialbericht, der zahlreiche vorgegebenen Punkte ansprechen muss.

➤ COSTA RICA

Hauptstadt: San José
Bevölkerung: 4 Mio. Einwohner
Sprache: Spanisch (Amtssprache)
Religion: 90 % Katholiken

DIPLOMATISCHE VERTRETUNG:

Botschaft der Bundesrepublik in Costa Rica:
Barrio Rohrmoser, de la Casa de Oscar Arias
200m al norte y 50m al este,
1000 San José,
Telefon + 506/232-5533
Fax + 506/231-6403

Costa Ricas Botschaft in der Bundesrepublik:
Dessauer Straße 28 / 29, 2. Etage
10963 Berlin
Tel: 030 – 263 98 990
Fax: 030 – 265 57 210

Adoptionsverfahren in Costa Rica:
Costa Rica hat das Haager Übereinkommen ratifiziert.
Zentrale Adoptionsbehörde in Costa Rica ist das

PANI (Patronato Nacional de la Infancia)
Secretaría Técnica de Adopciones
P.O. Box 5000,
San Jose,
Costa Rica
Tel: + 506 – 257 85 51
Fax: + 506 – 233 10 15

Da das PANI in der Regel lange nach einer Möglichkeit sucht, ein Kind innerhalb Costa Ricas unterzubringen, sind die Kinder, die zur Adoption kommen, meist älter als vier Jahre.

Folgende Adoptionsvermittlungsstelle ist in Costa Rica tätig:

Sozialdienst Katholischer Frauen
Agnes-Neuhaus-Straße 5
44135 Dortmund

➤ DÄNEMARK

Hauptstadt: Kopenhagen
Bevölkerung: 5 Mio. Einwohner
Sprache: Dänisch
Religion: 90 % Lutheraner

DIPLOMATISCHE VERTRETUNG:

Deutsche Botschaft in Dänemark:
Stockholmsgade 57
DK-2100 Kopenhagen
Telefon + 45 3545-9900

Telefax + 45 3545-3526-7105

Dänemarks Botschaft in Deutschland:
Rauchstr. 1
10787 Berlin
Telefon +49-30-5050-2000
Telefax + 49-30-5050-2050

Adoptionsverfahren in Dänemark
Dänemark ist Vertragsstaat des Haager Übereinkommens.
Zuständige Stelle ist das:

Danish Ministry of Justice
Department of Private Law (Civilretsdirektoratet)
Æbeløgade 1
2100 Copenhagen
Denmark

Die Adoption eines dänischen Kindes ins Ausland sehr unwahrscheinlich, da es lange Wartelisten dänischer Bewerber auf eine Adoption gibt und eine Inlandsadoption immer Vorrang hat.

Adoptiveltern müssen mindestens 25 Jahre alt sein. Der Altersabstand zum Kind darf höchstens 40 Jahre sein.

➤ DOMINIKANISCHE REPUBLIK

Hauptstadt: Santo Domingo
Bevölkerung: 8,3 Mio. Einwohner
Sprache: Spanisch (Amtssprache)
Religion: 90 % Katholiken

DIPLOMATISCHE VERTRETUNG:

Deutsche Botschaft in der Dominikanischen Republik:
Condominio Pl. Intercaribe 5° Piso Esq. Lope de Vega Con Rafael Aug. Sanchez
Santo Domingo
Telefon + 1809 565-8811
Telefax + 1809 567-5014

Botschaft der Dominikanischen Republik in Deutschland:
Burgstr. 87
D-53177 Bonn
Telefon +49-228-364956
Telefax +49-228-352576

Adoptionsverfahren in der Dominikanischen Republik

Die Dominikanische Republik ist kein Vertragsstaat des Haager Übereinkommens. Grundsätzlich sind Auslandsadoptionen in der Dominikanischen Republik erlaubt. Das Verfahren ist aber äußerst langwierig und schwierig.

Zuständige Behörde :

Oversight Agency of the System for the Protection of Children and Adolescents
Calle Moises Garcia No.7 esq. Calle Galvan,
Ensanche Gazcue,
Santo Domingo,
Dominican Republic

Die einschlägigen gesetzlichen Vorschriften finden sich den Artikeln 27 bis 96 des Código para La Protección de Niños, Niñas, y Adolescentes - Ley 14-94.

Es ist vorgeschrieben, dass die Adoptionsbewerber mindestens 90 Tage (in Einzelfällen aber auch erheblich länger) in der Dominikanischen Republik bleiben, bis die Oversight Agency die Adoption geprüft hat. Ein Kind darf nur dann das Land verlassen, wenn die Adoption zuvor von einem Gericht ausgesprochen worden ist, die Einwilligung der deutschen Ausländerbehörde vorliegt und vom Generalstaatsanwalt eine Ausreiseerlaubnis erteilt wurde.
Nach Dominikanischem Recht dürfen sowohl unverheiratete Personen als auch verheiratete Paare adoptieren. Unverheiratete Paare dürfen adoptieren, wenn sie seit mindestens 5 Jahren ununterbrochen ein Paar sind.

➤ ECUADOR

Hauptstadt: Quito
Bevölkerung: 12 Mio. Einwohner
Sprache: Spanisch (Amtssprache), Ketschua
Religion: 93 % Katholiken

DIPLOMATISCHE VERTRETUNG:

Deutsche Botschaft in Ecuador:

Edificio Citiplaza Av. Naciones Unidas y República de El Salvador
Quito
Telefon + 593 2-970820
Telefax +593 2-970815

Ecuadors Botschaft in Deutschland:
Kaiser-Friedrich-Str. 90
D-10585 Berlin
Telefon +49-30-238-6295
Telefax +49-30-3478-7126

Adoptionsverfahren in Ecuador

Ecuador ist Vertragsstaat des Haager Übereinkommens.

Zuständige staatliche Behörde ist:

Corte Nacional de Menores
Av. Orellana 1725 y 9 de Octubre
QUITO
Ecuador

Bevor das Kind das Land verlassen darf, muss die Adoption von einem Gericht in Ecuador ausgesprochen worden sein. Sowohl verheiratete als auch unverheiratete Personen dürfen adoptieren. Eine unverheiratete Person darf jedoch nur ein Kind des selben Geschlechtes adoptieren. In diesen Fällen muss der Altersabstand mindestens 30 Jahre betragen, bei der Adoption durch ein Paar genügt ein Altersabstand von 25 Jahren.

➤ EL SALVADOR

Hauptstadt: San Salvador
Bevölkerung: 6 Mio. Einwohner
Sprache: Spanisch (Amtssprache)
Religion: 93 % Katholiken

DIPLOMATISCHE VERTRETUNG:

Deutsche Botschaft in El Salvador:
7a C. Poniente No. 3972 esq. 77a Av. Norte Colonia Escalón
San Salvador
Telefon +503 263-2088
Telefax +503 263-2091

El Salvadors Botschaft in Deutschland:
Joachim-Karnatz-Allee 47
D-10557 Berlin
Telefon +49-30-206-4660
Telefax +49-30-2248-8244

Adoptionsverfahren in El Salvador
El Salvador ist Vertragsstaat des Haager Übereinkommens.

Zuständige Behörde ist das:

El Instituto de Protección al Menor (ISPM)
Procuradoria General de la Republica
Centro de Gobierno
San Salvador,
El Salvador
Tel: + 503 – 222 – 3815
Fax: + 503 – 221 - 3602

Nachdem zwischen 1984 und 1992 sehr viele Auslandsadoptionen stattgefunden haben, kam es bis zu einer Neufassung der gesetzlichen Regelungen 1991 fast zu einem Stillstand. Seitdem finden Auslandsadoptionen wieder in bescheidenem Umfang statt.
Ein Komitee, das sich aus Vertretern der Generalstaatsanwaltschaft und der Jugendschutzbehörde INPM zusammensetzt, prüft, ob Kinder für eine Auslandsadoption zur Verfügung stehen und ob die Bewerber für eine Adoption geeignet sind. Erst wenn die Adoption von einem Gericht ausgesprochen worden ist, darf das Kind das Land verlassen. Nach den gesetzlichen Bestimmungen müssen beide Eltern nach El Salvador reisen, um dort ihr Kind zu treffen und vor Gericht zu erscheinen.

Die Bewerber müssen mindestens 25 Jahre alt und seit mindestens 5 Jahren verheiratete sein. Wollen die Bewerber ein Kind unter 1 Jahr adoptieren, so dürfen sie nicht älter als 45 Jahre sein. Ältere Kinder dürfen auch von älteren Bewerbern adoptiert werden. Außer einem Adoptionseignungsbericht muss auch ein psychologisches Gutachten vorgelegt werden. Darüber hinaus muss sich ein deutsches Jugendamt verpflichten, die Betreuung der Familie nach der Adoption zu übernehmen.

➤ ELFENBEINKÜSTE

Hauptstadt: Yamoussourko
Bevölkerung: 15 Mio. Einwohner. Die durchschnittliche Lebenserwartung beträgt 46 Jahre.

Sprache: Französisch, Baoulé, Béte
Religion: 60 % Naturreligionen

DIPLOMATISCHE VERTRETUNG:

Deutsche Botschaft in der Elfenbeinküste:
39 Boulevard Hassan II
Abidjan-Cocody
Telefon + 225 2244-2030
Telefax +225 2244-2041

Botschaft der Elfenbeinküste in Deutschland:
Königstr. 93
D-53115 Bonn
Telefon +49-228-212098
Telefax +49-228-217313

Adoptionsverfahren in der Elfenbeinküste
Die Elfenbeinküste ist kein Vertragsstaat des Haager Übereinkommens.
Zuständig für Adoptionen sind das Ministerium für Gesundheit und das Justizministerium. Personen, die ein Kind adoptieren wollen, müssen zuerst selbst mit Waisenhäusern Kontakt aufnehmen. Es gibt eine Vielzahl von Waisenheimen in der Elfenbeinküste, aber nicht alle Kinder in diesen Heimen können adoptiert werden. Sobald die Adoptivbewerber ein Kind gefunden haben, das sie adoptieren wollen, müssen sie einen schriftlichen Antrag beim zuständigen Gericht stellen. In diesem Schreiben müssen die Gründe angegeben werden, warum das Kind adoptiert werden soll und um welches Kind es sich genau handelt.
Nach Prüfung aller erforderlichen Dokumente (Geburtsurkunden, Heiratsurkunden, Verdienstbescheinigungen, Sozialbericht) wird dann vom Gericht bei positivem Ergebnis der Prüfung die vorläufige Adoption ausgesprochen ('Ordonnance de Garde Juridique en vue d'Adoption`).
Die Adoptiveltern sind dann verpflichtet, 6 Monate mit dem Kind zusammenzuleben, bevor die volle Adoption ausgesprochen wird. Vom Gericht wird erwartet, dass die Familie weiterhin in der Elfenbeinküste wohnt.
Adoptionsbewerber müssen mindestens 30 Jahre alt und seit mindestens 5 Jahren verheiratet sein.

➤ ESTLAND

Hauptstadt: Tallin
Bevölkerung: 1,4 Mio. Einwohner
Sprache: Estnisch
Religion: Lutheraner, Russisch - Orthodoxe

DIPLOMATISCHE VERTRETUNG:

Deutsche Botschaft in Estland:
Toom-Kuninga 11
15048 Tallinn
Telefon +372 627-5300
Telefax +372 627-5304

Estlands Botschaft in Deutschland:
Kurfürstendamm 56
D-10707 Berlin
Telefon +49-30-3270-5355
Telefax +49-30-3270-7263

Adoptionsverfahren in Estland
Estland ist kein Vertragsstaat des Haager Übereinkommens. Zuständig für Adoptionen ist das Sozialministerium (MSA). Grundsätzlich ist es möglich, als Ausländer ein Kind in Estland zu adoptieren. Es existieren allerdings lange Wartelisten einheimischer Bewerber. Da eine Auslandsadoption nur dann in Betracht kommt, wenn eine Inlandsadoption nicht möglich ist und meist ausreichende Vermittlungsmöglichkeiten im Inland zur Verfügung stehen, sind Auslandsadoptionen sehr selten.
Adoptionsbewerber dürfen ihre Bewerbung nur über eine anerkannte Adoptionsvermittlungsstelle, die auch von der MSA anerkannt ist, abgeben.

➤ FINNLAND

Hauptstadt: Helsinki
Bevölkerung: 5 Mio. Einwohner
Sprache: Finnisch, Schwedisch
Religion: 86 % Lutheraner

DIPLOMATISCHE VERTRETUNG:

Deutsche Botschaft in Finnland:
Krogiuksentie 4b
FIN-00340 Helsinki
Telefon + 358 9-4585-80
Telefax + 358 9-4585-8258

Finnlands Botschaft in Deutschland:
Rauchstr. 1

D-10787 Berlin
Telefon +49-30-505030
Telefax +49-30-5050-3333

Adoptionsverfahren in Finnland
Finnland ist Vertragsstaat des Haager Übereinkommens.

Zuständige staatliche Stelle:

The Finnish Board of Intercountry Adoption Affairs
Ministry of Social Affairs and Health
Kirkkokatu 14
00170 Helsinki
Finland

In Finnland ist es für Ausländer nicht zulässig, ein Kind zu adoptieren.

➤ FRANKREICH

Hauptstadt: Paris
Bevölkerung: 59 Mio. Einwohner
Sprache: Französisch
Religion: 81 % Katholiken

DIPLOMATISCHE VERTRETUNG:

Deutsche Botschaft in Frankreich:
13-15, Av. Franklin D. Roosevelt
F-75008 Paris
Telefon +33 1-5383-4500
Telefax +33 1-4359-7418

Frankreichs Botschaft in Deutschland :
Kochstr. 6-7
D-10969 Berlin
Telefon +49-30-2063-9000,
Telefax +49- 30-2063-9010

Adoptionsverfahren in Frankreich
Frankreich ist Vertragsstaat des Haager Übereinkommens.
Für Ausländer ist es sehr schwer, in Frankreich ein Kind zu adoptieren, da es im Land lange Wartelisten französischer Paare für die Adoption eines Kindes gibt und Adoptionen im Inland Vorrang vor der Adoption ins Ausland haben.

173

➤ GEORGIEN

Hauptstadt: Tiflis
Bevölkerung: 5 Mio. Einwohner
Sprache: Georgisch (Amtssprache)
Religion: Griechisch – Orthodoxe, Russisch - Orthodoxe

DIPLOMATISCHE VERTRETUNG:

Deutsche Botschaft in Georgien:
David Agmashenebeli Prosp. 166,
GE-380012 Tiflis,
Telefon +995 32-953326,
Telefax + 995 32-001131

Georgiens Botschaft in Deutschland:
Heinrich-Mann-Str. 32,
D-13156 Berlin,
Telefon +49-30-4849-070,
Telefax + 49-30-4849-0720

Adoptionsverfahren in Georgien
Georgien ist dem Haager Übereinkommen beigetreten.

Zuständige staatliche Stelle ist:

Ministry of Education of Georgia
2 Uznade Str.
TBILISI
Georgia 380002

Zur Adoption kommen meist Kinder, die wegen ihrer Behinderungen oder ihres Alters im Inland nicht vermittelt werden konnten.
Nach georgischem Recht ist die Einwilligung des leiblichen Vaters in die Adoption nur dann erforderlich, wenn er mit der Mutter verheiratet ist. Ein unverheirateter Vater hat keine Rechte.

Adoptionsbewerber müssen mindestens 16 Jahre älter als das zu adoptierende Kind sein. Die Adoption durch eine alleinstehende Person ist zulässig.

Ablauf der Adoption:
Alle Adoptionsunterlagen werden beim georgischen Erziehungsministerium eingereicht (Bewerbungsschreiben, Heiratsurkunde bzw. Scheidungsurkunde, Verdienstnachweise, Führungszeugnisse, Gesundheitszeugnisse, Sozialbericht).

Anschließend werden die Unterlagen zum örtlich zuständigen Gericht weitergeleitet. Im Lauf der folgenden Wochen wird der Termin zur Sitzung des Gerichts bekanntgegeben. Nachdem die Adoption vom Gericht ausgesprochen worden ist, wird ein neuer georgischer Pass beantragt.

➤ GRENADA

Hauptstadt: St. George´s
Bevölkerung: 93 000 Einwohner
Sprache: Englisch
Religion: 60 % Katholiken

DIPLOMATISCHE VERTRETUNG:

Deutsche Botschaft:
7-9 Marli Street
Port of SpainTrinidad W.I.
Telefon + 1868 628-1630
Telefax + 1868 628-5278

Grenadas Botschaft:
 Rue de Laeken 123
B-1000 Bruxelles
Telefon +322-223-7303
Telefax +322-223-7307

Adoptionsverfahren in Grenada
Grenada ist kein Vertragsstaat des Haager Übereinkommens.

Zuständige Behörde in Grenada:

Grenada adoption board
Ms. Jeannine Sylvester
Ministry of Social Services
Tanteen
St. George's
Grenada

Ein Adoptionsantrag kann durch einen in Grenada zugelassenen Anwalt gestellt werden. Es ist nur dann möglich, ein Kind aus Grenada zu adoptieren, wenn die Bewerber dort ihren ständigen Wohnsitz haben. Vor der Adoption muss das Kind mindestens 3 Monate in der Obhut der Bewerber gewesen sein.

➤ GRIECHENLAND

Hauptstadt: Athen
Bevölkerung: 10 Mio. Einwohner
Sprache: Griechisch
Religion: 97 % Griechisch Orthodoxe

DIPLOMATISCHE VERTRETUNG:

Deutsche Botschaft in Griechenland:
Karaoli & Dimitriou 3
GR-10675 Athen
Telefon + 30 1-728-5111
Telefax + 30 1- 725-1205

Griechenlands Botschaft in Deutschland:
Jägerstr. 54-55
D-10117 Berlin
Telefon +49-30-2062-60
Telefax +49-30-2062-6444

Adoptionsverfahren in Griechenland
Griechenland ist kein Vertragsstaat des Haager Übereinkommens.
Zuständiges Ministerium ist das Ministerium für Gesundheit und Familie.
Griechische Kinder können nur von Griechen oder griechischstämmigen Ausländern adoptiert werden.

➤ GUATEMALA

Hauptstadt: Guatemala
Bevölkerung: 11 Mio. Einwohner.
46% der Bevölkerung Guatemalas lebt in extremer Armut. 70% des anbaufähigem Landes ist im Besitz von 3% der Bevölkerung. Nur 60 % der Kinder ab 7 Jahren können lesen und schreiben; in ländlichen Gegenden sind 70% der Bevölkerung Analphabeten. 40% der indianischen Bevölkerung kann nicht die offizielle Landessprache Spanisch sprechen.
Sprache: Spanisch (Amtssprache)
Religion: 80 % Katholiken

DIPLOMATISCHE VERTRETUNG:

Deutsche Botschaft in Guatemala:

20 Calle 6-20
Edificio Pl. Marítima
Zona 10
Ciudad de Guatemala
Telefon + 502 337-0028
Telefax + 502 333-6906

Guatemalas Botschaft in Deutschland:
Joachim-Karnatz-Allee 45-47
Ecke Paulstr.
D-10557 Berlin
Telefon +49-30-206-4363
Telefax +49-30-206-43659

Adoptionsverfahren in Guatemala
Guatemala ist dem Haager Übereinkommen beigetreten.

Die zuständige Behörde ist:

Procuraduría General de la Nación
15 Ave. 9-69 Zona 13
C.P. 01013
Guatemala

Guatemala ist in den vergangenen Jahren sehr negativ in die Schlagzeilen geraten, da in erheblichem Umfang Unregelmäßigkeiten bei der Adoption von Kindern ins Ausland nachgewiesen werden konnten. Ein Bericht des UNO – Sonderbeauftragten vom 27.1.2000 kritisierte vor allem die damals übliche Praxis der Adoptionen außerhalb eines Gerichts, bei denen nicht sichergestellt sei, dass die Kind nicht entführt, oder Dokumente gefälscht worden seien.

Bislang gab es in Guatemala zwei Wege, um ein Kind zu adoptieren. Zum einen die Adoption außerhalb eines Gerichts und zum anderen die gerichtliche Adoption.

Bei der Adoption außerhalb eines Gerichts gaben die Eltern des Kindes vor einem Notar die Einwilligung zur Adoption. Die Rolle des Staates bei diesem Verfahrensweg lag lediglich darin, die vorgelegten Dokumente zu prüfen und nach Anweisung des Familiengerichts einen Bericht über die leiblichen Eltern und die Adoptiveltern zu verfassen. Im Bericht des UNO – Sonderbeauftragten wurde vor allem dieser Verfahrensweg als undurchsichtig bemängelt.

Bei der gerichtlichen Adoption war ein Gerichtsbeschluss erforderlich, der das Kind für verlassen erklärte. Der gerichtliche Weg musste deshalb immer dann beschritten werden, wenn es sich um ein verlassenes Kind handelte.

Durch den Beitritt zum Haager Übereinkommen wurde das zweigeteilte System abgeschafft. Es ist deshalb damit zu rechnen, dass in Zukunft keine negative Berichterstattung aus Guatemala mehr erfolgen wird.

➤ GUINEA

Hauptstadt: Conakry
Bevölkerung: 7,5 Mio. Einwohner
Sprache: Französisch (Amtssprache)
Religion: 95 % Moslems

DIPLOMATISCHE VERTRETUNG:

Deutsche Botschaft in Guinea:
B.P. 540
Conakry
Telefon + 224 411506
Telefax + 224 452217

Guineas Botschaft in Deutschland:
Rochusweg 50
D-53129 Bonn
Telefon +49-228-231098
Telefax +49-228-231097

Adoptionsverfahren in Guinea
Guinea ist kein Vertragsstaat des Haager Übereinkommens.
In Guinea gibt es zwei Formen von Adoptionen; eine sogenannte einfache Adoption und eine Volladoption. Nur die Volladoption ist unwiderruflich.
Leben die Eltern oder ein Elternteil des Kindes noch, so ist die Einwilligung in die Adoption von ihnen zu erteilen. Sind die Eltern verstorben, muss der Familienrat (le Conseil famille) die Einwilligung in die Adoption erteilen.

Die Adoptionsbewerber müssen mindestens 35 Jahre alt sein.

➤ HAITI

Hauptstadt: Port - au - Prince
Bevölkerung: 8 Mio. Einwohner. Haiti hat das niedrigste Prokopfeinkommen und die höchste Analphabetenquote (55 %) aller lateinamerikanischen Staaten. Die Säuglingssterblichkeit liegt bei 7 %.
Sprache: Französisch und Kreolisch
Religion: 80 % Katholiken

DIPLOMATISCHE VERTRETUNG:

Deutsche Botschaft in Haiti:
2, Impasse Claudinette
Pétionville
Port-au-Prince
Haiti
Telefon + 509/2576131
Fax +509/2574131

Botschaft Haitis in der Bundesrepublik:
Meineckestraße 5
D-10719 Berlin
Telefon +49-30/8855-4134
Fax + 49-30/8855-4135

Adoptionsverfahren in Haiti:
Haiti ist kein Vertragsstaat des Haager Übereinkommens.

Zentrale Stelle in Haiti:

L 'Institut Du Bien – Etre Social des Recherches (L'IBESR)
11, rue des marguerites
Port – au – Prince
Haiti

Kinder können nur aus Waisenhäusern adoptiert werden, die von L'IBESR hierfür autorisiert sind.

Folgende Papiere werden für die Adoption aus Haiti benötigt:
* Polizeiliches Führungszeugnis in überbeglaubigter Form:
* Internationale Geburtsurkunden
  Überbeglaubigung durch den Regierungspräsident.
* Internationale Heiratsurkunde
  Überbeglaubigung durch den Regierungspräsident.

179

- Gesundheitszeugnis mit AIDS-Test und Blutbild:
  Beglaubigung durch Ärztekammer oder Gesundheitsamt.
  Überbeglaubigung durch Regierungspräsidenten.
  Das Gesundheitszeugnis muss für jedes Elternteil einzeln ausgestellt werden.
  AIDS-Test und Blutbild werden mit auf dem Gesundheitszeugnis eingetragen.
- Psychologisches Gutachten:
  Wird durch einen Diplompsychologen oder einen Facharzt für Neurologie und
  Psychiatrie erstellt.
  Beglaubigung beim Diplompsychologen durch einen Notar. Überbeglaubigung
  durch das Landgericht.
  Beglaubigung beim Facharzt für Neurologie und Psychiatrie durch die
  Ärztekammer, oder das Gesundheitsamt. Überbeglaubigung durch den
  Regierungspräsidenten.
- Steuerbescheid:
  Der Original-Steuerbescheid muss vom Finanzbeamten unterschrieben werden.
  Überbeglaubigung durch den Regierungspräsidenten.
- Vermögensaufstellung der Bank:
  Aufstellung über Vermögen und Schulden durch die Hausbank. Beglaubigung
  durch den Notar. Überbeglaubigung durch das Landgericht.
- Bestätigung der Bank über geordnete finanzielle Verhältnisse und regelmäßigen
  Gehaltseingang. Beglaubigung durch den Notar. Überbeglaubigung durch das
  Landgericht.
- Verdienstbescheinigung
  z.B.: Original der letzten Lohnabrechnung oder bei Selbständigen Aufstellung
  des Steuerberaters. Beglaubigung durch den Notar. Überbeglaubigung durch das
  Landgericht
- Vorabzustimmung zur Einreise durch die Ausländerbehörde.
  Überbeglaubigung durch den Regierungspräsidenten
- Antrag auf Adoption an das Jugendamt in Haiti.
  Beglaubigung durch den Notar. Überbeglaubigung durch das Landgericht.
- Vollmacht für den Notar in Haiti in allen Angelegenheiten bezüglich der
  Adoption tätig werden zu dürfen.
  Beglaubigung durch den Notar. Überbeglaubigung durch das Landgericht
- Sozialbericht:
  Sozialbericht von der Vermittlungsstelle: Beglaubigung durch den Notar.
  Überbeglaubigung durch das Landgericht.
  Sozialbericht vom Jugendamt: Überbeglaubigung durch den
  Regierungspräsidenten.
- Zwei Referenzen gemeinsam für das Ehepaar:
  Beglaubigung durch den Notar. Überbeglaubigung durch das Landgericht
- Bescheinigung des Jugendamtes oder der Vermittlungsstelle, dass man
  grundsätzlich die gesetzlichen und persönlichen Vorraussetzungen für die
  Adoption erfüllt.
- Bescheinigung durch die Vermittlungsstelle. Beglaubigung durch den Notar.

Überbeglaubigung durch das Landgericht
- Bescheinigung durch das Jugendamt. Überbeglaubigung durch den Regierungspräsidenten.

Folgende Adoptionsvermittlungsstellen sind in Haiti tätig:

Eltern für Kinder e.V.
Burgsdorfstraße 1
13353 Berlin (Wedding)

ICCO e.V.
Postfach 302767
20309 Hamburg

➤ HONDURAS

Hauptstadt: Tegucigalpa
Bevölkerung: 6,3 Mio. Einwohner
Sprache: Spanisch (Amtssprache)
Religion: 90 % Katholiken

DIPLOMATISCHE VERTRETUNG:

Deutsche Botschaft in Honduras:
Contiguo al Edificio Los Jarros
Bd. Morazán
Tegucigalpa
Telefon + 504 232-3161
Telefax + 504 232-3162

Botschaft von Honduras in Deutschland:
Cuxhavener Str. 14
D-10555 Berlin
Telefon +49-30-3974-9710
Telefax +49-30-3974-9712

Adoptionsverfahren in Honduras
Honduras ist kein Vertragsstaat des Haager Übereinkommens.
Eine Adoption in Honduras ist sehr zeitaufwendig und kann bis zu einem Jahr dauern.

Alle Adoptionen laufen über das:

Instituto Hondureño del Niño y la Familia (IHNFA).

181

Colonia Humuya frente a Criollos
Oficinas del RIINFA,
Tegucigalpa,
Tel: + 504 2353564,
Fax: + 504 2353598, 2311079,
E-mail: riinfa@hotmail.com, HONDURAS

Der Bewerber erhält von der IHNFA ein Bewerbungsformular, samt einer Liste der vorzulegenden Dokumente.
Nach Vorlage der Bewerbung und der notwendigen Dokumente bleiben die Unterlagen bei der IHNFA, bis ein passendes Kind gefunden wird.
Es ist nicht möglich, sich ein spezielles Kind auszusuchen. Es ist möglich ein Kind
abzulehnen, nach der zweiten Ablehnung wird die Bewerbung jedoch gestrichen.
Adoptionsbewerber müssen mindestens 25 und höchstens 50 Jahre alt sein.

➤ INDIEN

Hauptstadt: Neu - Delhi
Bevölkerung: 998 Mio. Einwohner
Sprache: Hindi und Englisch (Amtssprachen)
Religion: 80 % Hindus, 11 % Moslems

DIPLOMATISCHE VERTRETUNG:

Deutsche Botschaft in Indien:
6, Shantipath
Chanakyapuri
Neu-Delhi 110021
Telefon + 91 11/687-1831
Fax + 91 11/ 687-3117

Generalkonsulate: Bombay, Kalkutta, Madras
Indiens Botschaft in der Bundesrepublik:
Tiergartenstraße 17
D-10785 Berlin
Telefon +49-30/257950
Fax + 49-30/25795-102

Außenstelle in Bonn
Generalkonsulate: Frankfurt a. M., Hamburg

Adoptionsverfahren in Indien:
Indien ist kein Vertragsstaat des Haager Übereinkommens.

Zentrale Behöre in Indien ist die

Central Adoption Resource Agency (CARA)
2nd Floor, Wing II, West Block – 8
Sector – 1 R.K.
Puram
New Delhi 110066

Nach einer Entscheidung des Obersten Gerichtshofes in Indien von 1992 dürfen Adoptionen durch Ausländer nur durch eine anerkannte Adoptionsvermittlungsstelle im Heimatstaat des Bewerbers erfolgen. Diese Adoptionsvermittlungsstelle muss vom der indischen Regierung anerkannt sein. Auf indischer Seite darf nur eine Adoptions-vermittlungsstelle, die von der indischen Regierung anerkannt ist, Kinder zur Adoption freigeben.

Die Aufgabe von CARA besteht unter anderem darin, sicherzustellen, dass kein Kind zur Adoption ins Ausland vermittelt wird, bevor nicht versucht wurde, es an indische Adoptiveltern zu vermitteln.

Die indischen Vormundschaftsgerichte erwarten, dass die Bewerber keine leiblichen Kinder mehr bekommen können und verlangen deshalb eine ärztliche Bescheinigung über die Sterilität.

Eltern mit zwei oder mehr Kindern haben kaum Chancen auf die Vermittlung eines Kindes. Die Altersgrenze für Adoptivbewerber liegt bei 50 Jahren, für die Adoption eines Kleinkindes bei 40 Jahren.

Folgende Unterlagen sind erforderlich:
Sozialbericht, der zu vorgegebenen Punkten Stellung nehmen muss:
- Sozialer Status der Familie
- Beschreibung der Wohnung / des Hauses der Bewerber
- Beschreibung des Lebensstandards
- Verhältnis von Ehemann und Ehefrau
- Verhältnis von Bewerbern zu ihren bereits vorhandenen Kindern. (Bewerbern mit zwei oder mehr leiblichen oder adoptierten Kindern haben in der Regel wenig Chancen auf eine Vermittlung).
- Falls bereits Kinder adoptiert wurden – Ausführungen zu deren Entwicklung
- Verhältnis der Bewerber zu ihren Herkunftsfamilien
- Beschäftigungsverhältnisse der Bewerber
- Ausführungen zur Gesundheit der Bewerber
- Wirtschaftliche Verhältnisse der Bewerber
- Unterbringung des zu adoptierende Kindes
- Ausführungen zu erreichbaren Schuleinrichtungen
- Ausführungen darüber, warum das Paar ein indisches Kind adoptieren will
- Einstellung der Großeltern und Verwandten zur Adoption
- Voraussichtliche Pläne für das adoptierte Kind
- Familienstand der zukünftigen Adoptiveltern

183

Alle Unterlagen müssen notariell beglaubigt und überbeglaubigt werden.

Der Sozialbericht wird dann von der zuständigen, in Indien anerkannten Adoptions-vermittlungsstelle an CARA weitergeleitet.

Im Gerichtsverfahren werden das Indian Council for Child Welfare (ICCW) und das Indian Council for Social Welfare (ICSW) um Stellungnahme gebeten. Beide Organisationen sichten und bewerten alle vorliegenden Unterlagen und geben dann eine Stellungnahme ab.

Hat sich das Gericht von der Adoptionseignung der Bewerber überzeugt, erhalten sie durch das Gericht die Erlaubnis, mit dem Kind aus Indien auszureisen.

Folgende ausländische Adoptionsvermittlungsstellen sind von der indischen Regierung anerkannt:

Pro Infante
Bahnstraße 68
47906 Kempen – St. Hubert

Deutscher Verein für öffentliche und private Fürsorge
Am Stockborn 1 – 3
60439 Frankfurt am Main

ICCO e.V.
Große Theaterstr.1 - "Haus Württemberg"
20354 Hamburg
oder
Postfach 302767
20309 Hamburg

➤ INDONESIEN

Hauptstadt: Jakarta
Bevölkerung: 209 Mio. Einwohner
Sprache: Indonesisch (Amtssprache), Javanisch, Chinesisch
Religion: 89 % Moslems

DIPLOMATISCHE VERTRETUNG:

Deutsche Botschaft in Indonesien:
Jalan M.H. Thamrin 1
Jakarta 10310
Telefon + 62 21-390-1750
Telefax + 62 21-390-1757

Indonesiens Botschaft in Deutschland:
Lehrter Str. 16-17
D-10557 Berlin
Telefon +49-30-4780-70
Telefax +49-30-4473-7142

Adoptionsverfahren in Indonesien

Indonesien ist kein Vertragsstaat des Haager Übereinkommens.

Grundsätzlich ist es zwar möglich, ein Kind in Indonesien zu adoptieren, die Adoptionsbewerber müssen sich jedoch seit mindestens 2 Jahren legal im Land aufhalten. Die Bewerber dürfen eigene oder adoptierte Kinder haben. Falls sie jedoch bereits Kinder aus einem anderen Land adoptiert haben, ist die Adoption eines Kindes aus Indonesien nicht mehr möglich. Das Verfahren beginnt, in dem die Bewerber sich in Jakarta mit der Sayap Ibu Foundation, Jalan Barito II/55 in Verbindung setzen und mitteilen, dass sie ein Kind adoptieren wollen. Sie werden dann zu einem Gespräch geladen, in dem sie nach ihren Gründen befragt werden.

Das Paar muss seit mindestens 5 Jahren verheiratet sein. Wenn die Foundation eine Adoption befürwortet und alle Unterlagen vorgelegt werden, wird das Gerichtsverfahren in Gang gesetzt und das Kind 6 Monate zur Probe in die Obhut der Bewerber gegeben. Nach Ablauf der Probezeit kann die Adoption erfolgen.

➤ IRAN

Hauptstadt: Teheran
Bevölkerung: 67 Mio. Einwohner
Sprache: Persisch
Religion: 99 % Moslems

DIPLOMATISCHE VERTRETUNG:

Deutsche Botschaft im Iran:
Av. Ferdowsi 324
Teheran
Telefon + 98 21-311-411.114
Telefax + 98 21-390-8474

Irans Botschaft in Deutschland:
Podbielskiallee 65-67
D-14195 Berlin
Telefon +49-30-84353-0
Telefax +49-30-8435-3535

Adoptionsverfahren im Iran
Der Iran ist kein Vertragsstaat des Haager Übereinkommens.
Grundsätzlich sind Adoptionen aus dem Iran ins Ausland zwar möglich. Eine Vermittlung erfolgt jedoch nur an Staatsbürger Irans. Dabei werden muslimische Kinder nur an Muslime und Kinder christlichen Glaubens nur an Christen vermittelt.

➤ IRLAND

Hauptstadt: Dublin
Bevölkerung: 3,7 Mio. Einwohner
Sprache: Irisch, Englisch
Religion: 90 % Katholiken

DIPLOMATISCHE VERTRETUNG:

Deutsche Botschaft in Irland:
31 Trimleston Av.
Booterstown
Blackrock-Co.
IRL-Dublin
Telefon + 353 1-269-3011
Telefax + 353 1-269-3946

Irlands Botschaft in Deutschland:
Friedrichstr. 200
D-10117 Berlin
Telefon +49-30-220720
Telefax +49-30-2207-2299

Adoptionsverfahren in Irland
Irland hat das Haager Übereinkommen gezeichnet.

Ausländische Adoptivbewerber müssen seit mindestens einem Jahr ihren ständigen Wohnsitz in Irland haben.

Die zuständige Behörde ist:

Adoption Board
Shelbourne House
Shelbourne Road
Ballsbridge, Dublin 4

➤ JAMAIKA

Hauptstadt: Kingston
Bevölkerung: 2,5 Mio. Einwohner
Sprache: Englisch (Amtssprache)
Religion: 56 % Protestanten, 5 % Katholiken, 5 % Rastafari

DIPLOMATISCHE VERTRETUNG:

Deutsche Botschaft in Jamaika:
10 Waterloo Road
Kingston 10
Telefon + 1876 926-6728
Telefax + 1876 929-8282

Jamaikas Botschaft in Deutschland:
Schmargendorfer Straße 32
D-12159 Berlin
Telefon +49-30-859-9450
Telefax +49-30-8599-4540

Adoptionsverfahren in Jamaika
Jamaika ist kein Vertragsstaat des Haager Übereinkommens.

Zuständige Behörde für alle Adoptionen ist das:

Adoption Board
2 King Street
Kingston, Jamaica
Tel: +1876-967-1100
Fax. +1876-924-9401

Bevor ein jamaikanisches Kind adoptiert werden kann, muss es zuerst für mindestens drei Monate auf Jamaika in Adoptivpflege genommen werden. Erst danach kann ein Antrag auf Adoption vor dem Familiengericht gestellt werden.

➤ JAPAN

Hauptstadt: Tokio
Bevölkerung: 126 Mio. Einwohner
Sprache: Japanisch
Religion: 86 % Schintoisten

DIPLOMATISCHE VERTRETUNG:

Deutsche Botschaft in Japan:
4-5-10 Minami-Azabu Minato-ku Tokio 106-0047
Telefon + 81 3-5791-7700
Telefax + 81 3-3473-4243;

Japans Botschaft in Deutschland:
Hiroshimastr. 6 D-10785 Berlin
Telefon +49-30-21094-0
Telefax +49-30-21094-222

Adoptionsverfahren in Japan
Japan ist kein Vertragsstaat des Haager Übereinkommens.
Zuständig für Adoptionen sind das Familiengericht und das örtlich zuständige Child Guidance Center.

➤ JUGOSLAWIEN

Hauptstadt: Belgrad
Bevölkerung: 10 Mio. Einwohner
Sprache: Serbisch (Amtssprache)
Religion: 44 % Serbisch – Orthodoxe, 32 % Katholiken

DIPLOMATISCHE VERTRETUNG:

Deutsche Botschaft in Jugoslawien:
Ulica Kneca Milosa 74-76
YU-11000 Belgrad
Telefon + 381 11-3614-255
Telefax + 381 11-3614-281

Jugoslawiens Botschaft in Deutschland:
Taubertstr. 18
D-14193 Berlin
Telefon +49-30-895-7700
Telefax +49-30-825-2206

Adoptionsverfahren in Jugoslawien
Jugoslawien ist kein Vertragsstaat des Haager Übereinkommens.
Die Republiken des früheren Jugoslawien erlauben Adoptionen nur in ganz außerge-wöhnlichen Fällen. In der Praxis führt dies dazu, dass lediglich Anträge auf Stiefvater-

adoption Aussicht auf Erfolg haben.

➤ KAMBODSCHA

Hauptstadt: Phnom Pen
Bevölkerung: 11 Mio. Einwohner
Sprache: Khmer (Amtssprache), Französisch
Religion: 89 % Buddhisten

DIPLOMATISCHE VERTRETUNG:

Deutsche Botschaft in Kambodscha:
Rue Yougoslavie 76-78
Phnom Penh
Telefon + 855 23-216193
Telefax + 855 23-427746

Kambodschas Botschaft in Deutschland:
Benjamin-Vogelsdorff-Str. 2
D-13187 Berlin
Telefon +49-30-4863-7901
Telefax +49-30-4863-7973

Adoptionsverfahren in Kambodscha
Kambodscha ist kein Vertragsstaat des Haager Übereinkommens.
Sowohl Ehepaare als auch Alleinstehende dürfen in Kambodscha adoptieren. Allein-
stehende müssen zwischen 40 – 50 Jahre und verheiratete Paare zwischen 25 und 55
Jahre alt sein. Mehrere Kinder wurden über die Vermittlung der Landesjugendämter
von Deutschen adoptiert. Ansprechpartner ist also das zuständige Landesjugendamt.

➤ KASACHSTAN

Hauptstadt: Astana
Bevölkerung: 16 Mio. Einwohner
Sprache: Kasachisch (Amtssprache), Russisch
Religion: 50 % Moslems, 50 % Christen

DIPLOMATISCHE VERTRETUNG:

Deutsche Botschaft in Kasachstan:
Uliza Furmanowa 173

480091 Almaty
Telefon +7 3272- 506155
Telefax +7 3272- 506276

Kasachstans Botschaft in Deutschland:
Nordendstr. 14-17
D-13156 Berlin
Telefon +49-30-4700-113
Telefax +49-30-4700-7125

Adoptionsverfahren in Kasachstan

Kasachstan ist kein Vertragsstaat des Haager Übereinkommens.

Vor der Adoption müssen die Eltern zusammen mit dem Kind mindestens zwei Wochen in Kasachstan verbracht haben. Nach der Adoption ist eine weitere Wartezeit von 10 Tagen erforderlich, bis die Adoption rechtskräftig wird. Erst danach stellen die kasachischen Behörden eine neue Geburtsurkunde und einen Pass aus.

➤ KENIA

Hauptstadt: Nairobi
Bevölkerung: 31 Mio. Einwohner. Nach Schätzungen leben etwa 300.000 Kinder auf der Straße. Die durchschnittliche Lebenserwartung beträgt 47 Jahre.
Sprache: Kisuaheli (Amtssprache), Englisch
Religion: 60 % Naturreligionen, 24 % Katholiken

DIPLOMATISCHE VERTRETUNG:

Deutsche Botschaft in Kenia:
Williamson House,
4th Ngong Av.,
Nairobi,
Telefon + 254 2/ 712527
Fax + 254 2/714886

Botschaft Kenias in der Bundesrepublik:
Markgrafenstr. 63,
D-10969 Berlin,
Telefon +49-30/ 2592-660
Fax + 49-30/ 2592-6650

Adoptionsverfahren in Kenia:

Kenia ist kein Vertragsstaat des Haager Übereinkommens.

Nach kenianischem Recht ist die Auslandsadoption erlaubt. Allerdings soll die Adoption dann nicht ausgesprochen werden, wenn es sich um Bewerber handelt, die eine andere Rasse als das angenommene Kind haben. Dies gilt allerdings dann nicht, wenn sogenannte ´mildernde Umstände` vorliegen.

Von den Gerichten wird das Rassekriterium nicht allzu streng gehandhabt, und in der Regel das Kindeswohl höher bewertet. Nach dem Children´s Act von 2002 müssen ausländische Adoptionsbewerber nachweisen, dass sie von den zuständigen Behörden an ihrem Wohnort für geeignet erachtet werden, ein Kind zu adoptieren. Weiterhin müssen sie das zuständige Gericht in Kenia davon überzeugen, dass das Land, in dem das Kind zukünftig aufwachsen soll, dem Aufenthalt des Kindes zustimmt. Die Adoption soll dann nicht mehr ausgesprochen werden, wenn es sich um einen alleinstehenden Bewerber / eine alleinstehende Bewerberin handelt.

Die Adoption in Kenia erfolgt über die anerkannte Adoptionsvermittlungsstelle

Pro Infante
Bahnstraße 68
47906 Kempen – St. Hubert
Telefon: (02152) 6489
Telefax: (02152) 80332

➤ KOLUMBIEN

Hauptstadt: Bogotá
Bevölkerung: 42 Mio. Einwohner
Sprache: Spanisch (Amtssprache)
Religion: 96 % Katholiken

DIPLOMATISCHE VERTRETUNG:

Deutsche Botschaft In Kolumbien:
Carrera 4 No 72-35, Piso 6, Edif. Sisky,
Santafé de Bogotá,
Telefon + 57 1/348-4040
Fax + 57 1/ 326-1050

Kolumbiens Botschaft in Deutschland :
Kurfürstenstr. 84,
D-10787 Berlin,
Telefon +49-30/263-9610
Fax + 49-30 /2639-6125;
Außenstelle in Bonn;

Generalkonsulate:
Frankfurt a. M., Hamburg, München

Adoptionsverfahren in Kolumbien:
Kolumbien ist Vertragsstaat des Haager Übereinkommens.
Nach kolumbianischem Recht ist eine Adoption nur über eine anerkannte Adoptionsvermittlungsstelle möglich.

Die zentrale Adoptionsbehörde in Kolumbien ist das:

Instituto Colombiano de Bienestar Familiar (ICBF)
Subdirecctión de Interventiones Especializadas
Avenida 68 Numero 64 – 01
Santafé de Bogóta
Kolumbien

Auf Wunsch des ICBF wurde in der Hauptstadt Bogota ein Büro der Association de Adoptiones (AdA) eröffnet. Diese Stelle ist dafür zuständig, die deutschen Adoptionsanträge zu koordinieren und die Adoptionsbewerber in Kolumbien zu betreuen.

Nach kolumbianischem Recht ist die Anwesenheit beider Adoptivbewerber erforderlich, wenn die Adoption dem Familienrichter vorgelegt wird. Nachdem beide Bewerber vor dem Familiengericht erschienen sind, kann ein Bewerber wieder nach Hause zurückkehren. Der im Land verbleibende Ehepartner sollte sich auf einen zwei- bis sechswöchigen Aufenthalt in Kolumbien einstellen.

Mindestens einer der Bewerber muß über 25 Jahre alt sein und physisch, psychisch und wirtschaftlich in der Lage sein, für das adoptierte Kind zu sorgen.

In der Regel erhalten jüngere Bewerber ein jüngeres Kind, während ältere Bewerber ein älteres Kind zugesprochen wird.

Für Kolumbien zuständige Adoptionsvermittlungsstellen in Deutschland ist die

AdA Adoptionsberatung e.V.
Susana Katz - Heieck
Richard Wagner Straße 26
65760 Eschborn – Niederhöchstadt

➤ KOSOVO

Adoptionsverfahren im Kosovo
Der Kosovo ist kein Vertragsstaat des Haager Übereinkommens.
Trotz der Tatsache, dass viele Kinder ihre Eltern im Krieg verloren haben, sind Adoptionen im Kosovo so gut wie unmöglich. Dies liegt zum einen daran, dass die meisten

dieser Kinder bei Verwandten untergebracht werden konnten. Zum anderen ist oftmals unklar, ob die Eltern tatsächlich im Krieg gefallen sind, oder lediglich durch Evakuierungen und Kriegswirren von ihren Kindern getrennt wurden.

➤ KROATIEN

Hauptstadt: Zagreb
Bevölkerung: 4,5 Mio. Einwohner
Sprache: Kroatisch (Amtssprache), Serbisch
Religion: 77 % Katholiken, Serbisch Orthodoxe, Moslems

DIPLOMATISCHE VERTRETUNG:

Deutsche Botschaft in Kroatien:
Ul. grada Vukovara 64
10000 Zagreb
Telefon + 385 1-615-8100
Telefax + 385 1-615-8103

Kroatiens Botschaft in Deutschland:
Ahornstr. 4
D-10787 Berlin
Telefon +49-30-2362-8951
Telefax +49-30-2362-8965

Adoptionsverfahren in Kroatien

Kroatien ist kein Vertragsstaat des Haager Übereinkommens.
Grundsätzlich ist es zwar möglich, ein Kind in Kroatien zu adoptieren. Es müssen nach kroatischem Recht jedoch ausgesprochen starke Gründe dafür sprechen, da prinzipiell immer die Inlandsadoption Vorrang hat.
Jede Adoption ins Ausland muss vom Ministerium für Sozialwesen befürwortet werden. In der Praxis ist es fast unmöglich, diese Zustimmung zu erhalten.

Zuständige Adoptionsbehörde ist das:

Ministarstvo Rada i Socialne Skrbi
(Ministerium für Arbeit und Sozialwesen)
Prisavlje 1410000
Zagreb

Die Bewerbung muss beim Zentrum für Sozialwesen (Centar za Socialni Skrb) der Stadt eingereicht werden, in der das Kind adoptiert werden soll.

➤ LITAUEN

Hauptstadt: Wilna
Bevölkerung: 3,7 Mio. Einwohner
Sprache: Litauisch (Amtsprache), Russisch
Religion: 83 % Katholiken

DIPLOMATISCHE VERTRETUNG:

Deutsche Botschaft in Litauen:
Sierakausko Gatve 24/8,
LT-2600 Vilnius,
Telefon + 370 2/ 231-815
Fax + 370 2/ 231-812

Botschaft Litauens in der Bundesrepublik:
Katharinenstr. 9,
D-10711 Berlin,
Telefon+49-30/890-6810
Fax + 49 – 30/8906-8115;
Außenstelle in Bonn

Adoptionsverfahren in Litauen:
Litauen ist dem Haager Übereinkommen beigetreten.

Zentrale Adoptionsbehörde in Litauen ist die:

Adoption Agency under the Ministry of Social Security and Labour
Sodu St. 15
2006 VILNIUS
Lithuania
www.ivaikinimas.lt

Die zuständige Stelle im Justizministerium ist :

Civil Registration Department Latvian Ministry of Justice
24 Kalku Street Riga
LV1050 Latvia

Zu Beginn des Adoptionsverfahrens müssen sich die Adoptivbewerber in eine bei der zentralen Adoptionsbehörde geführte Liste eintragen.
Zur Eintragung in die Liste müssen folgende Dokumente vorgelegt werden:
• Ein Schreiben aus dem hervorgeht, welche Wünsche die Bewerber hinsichtlich des Alters, des Geschlechts und des Gesundheitszustands des Kindes haben.

- Ein Sozialbericht
- Gesundheitszeugnisse
- Einkommensbescheinigungen
- Führungszeugnisse
- Kopien der Pässe der Bewerber
- Kopien der Geburtsurkunden
- Heiratsurkunde

Alle Bewerbungen werden erfasst.

Sobald Kinder zur Vermittlung anstehen, nimmt die Adoptionsbehörde Kontakt zu den Bewerbern auf. Sowohl unverheiratete Personen, als auch Ehepaare dürfen adoptieren, wenn eine oder mehrere der folgenden Voraussetzungen erfüllt sind:

- Die Adoptivbewerber sind Verwandte des Kindes
- Das Kind ist krank und benötigt eine in Litauen nicht verfügbare medizinische Behandlung
- Das Kind hat gesundheitliche Probleme und ist seit einem Jahr der Adoptionsvermittlung gemeldet, ohne das sich ein litauisches Paar zu einer Adoption bereiterklärt hat
- Das Kind wurde von mindestens 2 litauischen Adoptivbewerbern abgelehnt

Zuständige Adoptionsvermittlungsstelle für Litauen:

Sozialdienst katholischer Frauen Zentrale e.V.
Referat Kinder und Jugendhilfe
Auslandadoption
Agnes-Neuhaus-Str. 5
44135 Dortmund

➤ MALAWI

Hauptstadt: Lilongwe
Bevölkerung: 11. Mio. Einwohner
Sprache: Chichewa und Englisch (Amtssprachen)
Religion: 75 % Christen, Naturreligionen

DIPLOMATISCHE VERTRETUNG:

Deutsche Botschaft in Malawi:
P. O. Box 30046
Lilongwe 3
Telefon +265 772555
Telefax +265 770250

195

Malawis Botschaft in Deutschland:
Mainzer Str. 124
D-53179 Bonn
Telefon +49-228-943350
Telefax +49-228-943-3537

Adoptionsverfahren in Malawi

Malawi ist kein Vertragsstaat des Haager Übereinkommens.
Nur Ausländer mit festem Wohnsitz in Malawi dürfen adoptieren. Die Adoption wird erst dann ausgesprochen, wenn die Adoptionsbewerber das Kind für mindestens 18 Monate in Malawi in Obhut hatten.

Zuständige Behörde ist das

Ministry of Gender, Youth and Community Services
Private Bag 330
Lilongwe 3

Adoptivbewerber müssen selbst ein Kind in einem Waisenhaus finden, das adoptiert werden kann. Danach beauftragen sie einen Rechtsanwalt damit, bei Gericht einen Antrag auf Adoption zu stellen. Vom Gericht wird ein Sozialarbeiter als sogenannter 'Guardian ad Litem` eingesetzt. Von diesem werden die Voraussetzungen für die Adoption überprüft und ein Bericht an das Gericht verfasst.

➤ MALAYSIA

Hauptstadt: Kuala Lumpur
Bevölkerung: 22 Mio. Einwohner
Sprache: Englisch, Chinesisch
Religion: 60 % Moslems,

DIPLOMATISCHE VERTRETUNG:

Deutsche Botschaft in Malaysia:
No. 3 Jalan U Thant
55000 Kuala Lumpur
Telefon + 60 3/242-9666
Fax + 60 3/241-3943

Botschaft Malaysias in der Bundesrepublik:
Klingelhöfer Str. 6

D-10785 Berlin
Telefon +49-30/8857-490
Fax + 49-30/8857-4950

Adoptionsverfahren in Malaysia:

Adoptionen sind nicht üblich in Malaysia und es ist nicht zulässig, als Nicht – Moslem ein Kind zu adoptieren. Adoptionsbewerber müssen sich darauf einstellen, während der Adoption im Land zu bleiben. Dies kann zwei oder mehr Jahre in Anspruch nehmen.

Die für Adoptionen zuständige Behörde ist das

Family and Children's division
Social Welfare Department
Ministry of National Unity
14 th Floor Wisma Shen
50100 Kuala Lumpur, Malaysia

➤ MAROKKO

Hauptstadt: Rabat
Bevölkerung: 28 Mio. Einwohner
Sprache: Arabisch (Amtssprache)
Religion: 93 % Moslems

DIPLOMATISCHE VERTRETUNG:

Deutsche Botschaft in Marokko:
7 Zankat Madnine
10000 Rabat
Telefon + 212 37-709662
Telefax + 212 37-706851

Marokkos Botschaft in Deutschland:
Niederwallstr. 39
D-10117 Berlin
Telefon +49-30-2061-240
Telefax +49-30-2061-2420

Adoptionsverfahren in Marokko

Marokko ist kein Vertragsstaat des Haager Übereinkommens.
Die Adoption in Marokko ist ausgesprochen schwierig. Vor der Adoption wird von den Bewerbern verlangt, dass sie zum moslemischen Glauben übertreten. Der Nachweis

kann nur über eine Bescheinigung marokkanischer Religionsgelehrter erbracht werden. Bescheinigungen ausländischer moslemischer Rechtsgelehrter werden nicht anerkannt.

Zusätzlich ist erforderlich, dass die Bewerber ihren Hauptwohnsitz in Marokko haben. Es gibt keine festen Fristen, wie lange vor der Adoption die Bewerber in Marokko gewohnt haben müssen. Der zuständige Beamte entscheidet dies nach seiner Tagesform.

➤ MAZEDONIEN

Hauptstadt: Skopje
Bevölkerung: 2 Mio. Einwohner
Sprache: Mazedonisch (Amtssprache), Albanisch
Religion: 65 % Mazedonisch – Orthodoxe, 30 % Moslems

DIPLOMATISCHE VERTRETUNG:

Deutsche Botschaft in Mazedonien:
Dimitrija Cupovski 26
MK-1000 Skopje
Telefon + 389 2-110507
Telefax + 389 2-117713

Mazedoniens Botschaft in Deutschland:
Königsallee 2
D-14193 Berlin
Telefon +49-30-8906-950
Telefax +49-30-8954-1194

Adoptionsverfahren in Mazedonien
Mazedonien ist kein Vertragsstaat des Haager Übereinkommens.

Die zuständige Behörde ist:

**Ministerium für Arbeit und Soziales
(Ministry of Labor and Social Affairs)**
14 Dame Gruev St.
Skopje 1000

Folgende Unterlagen sind erforderlich:
- Adoptionsantrag
- Sozialbericht
- Geburtsurkunden der Adoptivbewerber (nicht älter als 6 Monate)
- Heiratsurkunde (nicht älter als 6 Monate)

- Ärztliche Atteste, aus denen hervorgeht, dass die Bewerber in guter physischer und psychischer Verfassung sind
- Bescheinigung durch die Behörden am Wohnort der Bewerber, dass den Bewerbern bislang nicht das Sorgerecht für ein Kind aberkannt worden ist
- Beschäftigungsnachweise
- Einkommensnachweise
- Vorabzustimmung zur Einreise

➤ MEXIKO

Hauptstadt: Mexiko
Bevölkerung: 99 Mio. Einwohner
Sprache: Spanisch (Amtssprache)
Religion: 90% Katholiken

DIPLOMATISCHE VERTRETUNG:

Deutsche Botschaft in Mexiko:
Calle Lord Byron No. 737
Col. Polanco Chapultepec
11560 México D.F.
Telefon + 52 5/283-2200
Fax + 52 5/281-2588

Botschaft Mexikos in der Bundesrepublik:
Klingelhöferstr. 3
D-10785 Berlin
Telefon +49-30/2693-230
Fax + 49-30/2693-23700

Adoptionsverfahren in Mexiko:
Mexiko ist Vertragsstaat des Haager Übereinkommens.

Zuständige staatliche Stelle:

Consultoría Jurídica
Secretaría de Relaciones Exteriores
Homero No 213, Piso 17
Colonia Chapultepec Morales
11570 MEXICO, Distrito Federal

Die Adoptionsbewerber können verheiratet oder alleinstehend sein. Sie müssen mindestens 25 Jahre als sein, über gute charakterliche Qualitäten verfügen und mindestens 17 Jahre älter als das Kind sein.

Folgend Unterlagen müssen vorgelegt werden.
- Beglaubigte Geburtsurkunden
- Beglaubigte Heiratsurkunden
- Eine Bescheinigung des Arbeitgebers, in der zur Frage des Verdienstes, der Anzahl der Beschäftigungsjahre und zur Position innerhalb der Firma Stellung genommen wird.
- Kopien der aktuellen Konto- und Depotauszüge, bzw. andere Bescheinigungen, die Auskunft über die finanziellen Verhältnisse geben
- Zwei Empfehlungsschreiben
- Führungszeugnisse
- Sozialbericht

Zentrale Adoptionsbehörde in Mexiko ist die:

Sistema Nacional para el Desarrollo Integral de la Familia (DIF)
Dirección General de Asuntos Jurídicos
Dra. Elva Cárdenas Miranda
Asistencia y Concertación del DIF Nacional
Calle Xochicalco 947, 2° piso
03320 México D.F.
Tel.: 0052/5601 22 22, 601 14 20
Fax: 0052/5629 23 74

Adoptionsanträge dürfen ausschließlich von der DIF entgegengenommen werden.

➤ MOLDAWIEN

Hauptstadt: Chizinau
Bevölkerung: 4,5 Mio. Einwohner
Sprache: Moldawisch (Amtssprache) Russisch
Religion: Russisch - Orthodoxe

DIPLOMATISCHE VERTRETUNG:

Deutsche Botschaft in Moldawien:
Strada M.
Cibotari 35
2012 Chizinau
Telefon + 373 2/234607
Fax + 373 2/234680

Botschaft Moldawiens in der Bundesrepublik:
Gotlandstr. 16
D-10439 Berlin
Telefon +49-30/4465-2970
Fax + 49-30/4465-2972
Außenstelle in Bonn

Adoptionsverfahren in Moldawien:
Moldawien ist dem Haager Übereinkommen beigetreten.

Zuständige staatliche Stelle:

The Ministry of Education and Science of the Republic of Moldova
1, Piata Marii Adunari Nationale
CHISINAU MD-2033
Republic of Moldova
Tel: + 373 2232746
Fax: + 373 2232700
E – mail: pitei@minedu.moldnet.md

Am 16. März 2001 stellte Moldawien vorübergehend alle Auslandsadoptionen bis zum Erlass neuer Vorschriften ein. Diese liegen noch nicht vor.
Zunächst wurden im Dezember 2001 neue Vorschriften erlassen, unter welchen Bedingungen ausländische Adoptionsvermittlungsstellen sich in Moldawien akkreditieren lassen können (Executive Order no. 1375)

➤ MONGOLEI

Hauptstadt: Ulan Bator
Bevölkerung: 2,7 Mio. Einwohner
Sprache: Mongolisch (Amtssprache), Russisch
Religion: 90 % Buddhisten (Lamaisten)

DIPLOMATISCHE VERTRETUNG:

Deutsche Botschaft in der Mongolei:
Straße der Vereinten Nationen
PF 708
210613 Ulan Bator
Telefon + 976 1-323325
Telefax + 976 1-323905

Botschaft der Mongolei in Deutschland:
Gotlandstr. 12
D-10439 Berlin
Telefon +49-30-4473-5122
Telefax +49-30-446-9321

Adoptionsverfahren in der Mongolei

Die Mongolei ist dem Haager Übereinkommen beigetreten.

Nach dem Dekret 100/32 aus dem Jahr 2001, welches das Dekret 237/A/287 vom 15. November 1999 ablöste, ist die Adoption eines mongolischen Kindes möglich, wenn die Adoptionsbewerber 5 Jahre mit dem Kind zusammengelebt haben. Alleinstehende Frauen dürfen adoptieren. Die Adoptierenden dürfen nicht älter als 60 Jahre sein und bei der Adoption eines Kindes über 7 Jahre muss dessen Einwilligung erfolgen. Nach § 15 des Dekretes sind die Adoptiveltern verpflichtet, das Kind über sein Herkunftsland und, wenn möglich, über seine leiblichen Eltern aufzuklären.

➤ NEPAL

Hauptstadt: Katmandu

Bevölkerung: 24 Mio. Einwohner. 70 % der Kinder unter 5 Jahren leiden an Unterernährung. Dreitausend Kinder sterben jedes Jahr an Krankheiten, die ihre Ursache darin haben, dass wegen Mangelernährung zu wenig Vitamin A mit der Nahrung aufgenommen wird. 40 % der Nepalesen leben unter der Armutsgrenze. 40 % der Staatsausgaben werden mit ausländischen Hilfsgeldern bestritten. Die politische Lage in Nepal ist sehr instabil, so dass sich die Voraussetzungen für Adoptionen immer wieder ändern.

Sprache: Nepali (Amtssprache)

Religion: 90 % Hindus

DIPLOMATISCHE VERTRETUNG:

Deutsche Botschaft in Nepal:
Gyaneshwar
P.O. Box 226
Katmandu
Telefon +977 1/412786
Fax + 977 1/416899

Botschaft Nepals in der Bundesrepublik:
Guerickestr. 27
D-10587 Berlin

Telefon +49-30/34359-92022
Fax +49-30/34359-906

Adoptionsverfahren in Nepal:

Nepal ist kein Vertragsstaat des Haager Übereinkommens.

Zur Adoption werden Waisenkinder und verlassene Kinder freigegeben. Die genauen Freigabebestimmungen regeln die Adoptionsregelungen des Ministry of Women, Children and Social Welfare. Eine Adoption kann im Wege der Privatadoption oder als Adoption über eine Vermittlungsstelle erfolgen.

Adoptionsverfahren erfolgen meist über die staatliche Nepal Children Organisation (Bal Mandir Waisenhaus).

Bal Mandir
Kathmandu / Nepal
Tel: 00977 – 1- 411202 und 410844

Eine Inlandsadoption hat immer Vorrang vor einer Auslandsadoption. Die Schwierigkeit, ein Kind im Inland zu vermitteln, besteht unter anderem darin, dass es in Nepal über 40 verschiedene Volksgruppen gibt und hauptsächlich ein Interesse an der Adoption eines Kindes aus der eigenen Volksgruppe besteht.
Die rechtlichen Grundlagen für die Adoption sind im nepalesischen Gesetzbuch Muluki Ain niedergelegt.
Die nepalesische Adoption wird in Deutschland nicht anerkannt und muss deshalb in Deutschland noch einmal durchgeführt werden.

Nach Angaben der Deutschen Botschaft in Nepal sind folgende Unterlagen für eine Adoption in Nepal erforderlich:
- Kurzgefasste Bescheinigung des Jugendamtes oder einer der zugelassenen Adoptionsvermittlungsstellen über Adoptionsfähigkeit der Adoptiveltern (nicht mehr als eine DIN A 4 Seite) und Sozialbericht
- Bestätigung über ausreichende finanzielle Mittel (übersetzte Bankbescheinigung, Gehaltsbescheinigung, anderer Nachweis)
- Bescheinigung vom Finanzamt ("Tax Clearance")
- Allgemeines Gesundheitsattest
- Ärztliche Bescheinigung über Unfruchtbarkeit eines der Adoptiveltern
- Heiratsurkunde (nur bei Ehepaaren)
- Reisepässe
- Geburtsurkunden
- Polizeiliches Führungszeugnis
- Vorabzustimmung gem. § 11 Abs.1 Durchführungsverordnung zum Ausländergesetz

(DVAuslG) der zuständigen Ausländerbehörde zur Einreise des Adoptivkindes
- Verpflichtungserklärung gem. § 84 Ausländergesetz (Ausl G) erhältlich bei Ausländer- oder Ordnungsämtern)

In Nepal zu beschaffene Unterlagen:
- Garantieerklärung der Adoptionswilligen in englischer Sprache (Formular bei der Botschaft erhältlich), dass das Kind in Deutschland nach deutschem Recht adoptiert werden wird und ihm eine angemessene Erziehung zuteil werden soll. Diese Erklärung ist von der Deutschen Botschaft Katmandu zu beglaubigen (hierzu ist die Vorlage einer Bescheinigung des Jugendamtes über die Adoptionsbefähigung erforderlich). Da hierzu auch die Unterschriften der Adoptiveltern beglaubigt werden müssen, ist deren persönliche Anwesenheit erforderlich.
- Bescheinigung der Botschaft über einwandfreien Leumund der Adoptiveltern (wird auf Vorlage des polizeilichen Führungszeugnisses und des Sozialberichts des Jugendamtes ausgestellt)
- Empfehlungsschreiben der Botschaft
- Zustimmung des Kommittees der staatlichen "Nepal Children Organisation" (Waisenhaus Bal Mandir) zur Adoption

Da die nach nepalesischem Recht durchgeführte Adoption in Deutschland nicht anerkannt wird, erhält das adoptierte Kind lediglich ein vom nepalesischen Außenministerium ausgestelltes "Travel Document".
Dieses Reisedokument wird jedoch in Deutschland nicht als Passersatz anerkannt. Daher muß für die Einreise nach Deutschland bei der Botschaft eine ´Befreiung von der Passpflicht` beantragt werden. Die Botschaft leitet diesen Antrag an das Auswärtige Amt, von wo aus er dem Bundesinnenministerium zur Entscheidung vorgelegt wird.

Folgende Unterlagen sind für diesen Zweck beizufügen:
- Nepalesisches Travel Document
- Adoptionsurkunde sowie englische Übersetzung (von "Law Books Management" in Kathmandu)
- Visumantrag (unterschrieben vom nepal. staatlichen Waisenhaus)
- Zustimmung gem. §11Abs.1 DVAuslG der zuständigen Ausländerbehörde zum Visumsantrag (Vorabzustimmung; auch als Fax gültig)
- Erweiterte Verpflichtungserklärung gem. § 84 AuslG, die eine Gültigkeit bis zum Eintritt der Wirksamkeit der Adoption nach deutschem Recht hat (Formulare sind in Deutschland bei den Ausländer- / Ordnungsämtern erhältlich)
- Bescheinigung des Jugendamtes über Adoptionsbefähigung
- Nachweis über Krankenversicherung für das Adoptivkind (Fax wird anerkannt)
- Bestätigung der Botschaft, daß die Adoption nach nepalesischem Recht rechtswirksam geworden ist. Dies erfolgt nach Überprüfung der Adoptionsurkunde durch den Vertrauensanwalt der Botschaft, der eine Bescheinigung ausstellt, daß die Adoption nach nepalesischem Recht wirksam und abgeschlossen ist. Die Kontakt-

telefonnummer und Name des Anwalts erhält man bei der Deutschen Botschaft.

In der Regel werden die kompletten Bewerbungsunterlagen über die Adoptionsver-
mittlungsstelle nach Nepal übersandt und das Adoptionsunterkomitee des Waisen-
hauses entscheidet über die Zuteilung eines bestimmten Kindes für diese Bewerber.
Zur Kindesannahme müssen die Bewerber nach Nepal kommen. Die voraussichtliche
Aufenthaltsdauer zur Abwicklung der Adoptionsformalitäten beansprucht ca. 2 bis 3
Wochen.

In Nepal sind folgende Adoptionsvermittlungsstellen tätig:

ICCO e.V.
Postfach 302767
20309 Hamburg

Eltern-Kind-Brücke e.V.
Wormser Str. 13 a
69123 Heidelberg

➤ NICARAGUA

Hauptstadt: Managua
Bevölkerung: 5 Mio. Einwohner
Sprache: Spanisch (Amtssprache)
Religion: 93 % Katholiken

DIPLOMATISCHE VERTRETUNG:

Deutsche Botschaft in Nicaragua:
Apartado Postal 29
Managua
Telefon + 505 266-3917
Telefax + 505 266-7667

Nicaraguas Botschaft in Deutschland:
Joachim-Karnatz-Allee 45
D-10557 Berlin
Telefon +49-30-206-4380
Telefax +49-30-2248-7891

Adoptionsverfahren in Nicaragua
Nicaragua ist kein Vertragsstaat des Haager Übereinkommens.
Adoptionen in Nicaragua sind für Ausländer nur dann möglich, wenn sie ständig in

Nicaragua wohnen, und planen in Nicaragua zu leben, bis das Kind erwachsen ist.

Zuständige Behörde ist das:
Instituto Nicaraguense de Seguridad Social y Bienstar (INSSB)
Dirección General de Desarrollo Humano
Dirección del Menor y la Familia
Consejo de la Adopción
Aptdo. 1649
Nicaragua

➤ NIGERIA

Hauptstadt: Abuja
Bevölkerung: 110 Mio. Einwohner
Sprache: Englisch (Amtssprache), Kwa, Hausa
Religion: 50 % Moslems, 28 % Protestanten, 15 % Katholiken

DIPLOMATISCHE VERTRETUNG:

Deutsche Botschaft in Nigeria:
15 Walter Carrington Crescent
Victoria Island
Lagos
Telefon + 234 1-261-1082
Telefax + 234 1-261-1173

Nigerias Botschaft in Deutschland:
Platanenstr. 98 a
D-13156 Berlin
Telefon +49-30-4772300-01
Telefax +49-30-4772555

Adoptionsverfahren in Nigeria

Nigeria ist kein Vertragsstaat des Haager Übereinkommens.

Adoptionen in Nigeria sind ausgesprochen schwierig und langwierig. Die Gesetzeslage ist verworren und undurchsichtig.

Grundsätzlich dürfen Ausländer, die ein Kind zuerst in Pflege genommen haben, dieses später auch adoptieren.

Während aber der Adoption in einigen Gebieten eine Pflegezeit von 3 Monaten vorausgehen muss, beträgt diese Zeitspanne in anderen Regionen 1 Jahr.

In den meisten Gegenden Nigerias wird die Adoption beim zuständigen Gericht beantragt. Vom Gericht wird dann ein Verfahrenspfleger bestellt, der die Voraussetzungen der Adoption prüft, Hausbesuche durchführt und dem Gericht einen Bericht abgibt.

Vor Ausspruch der Adoption muss das Kind mindestens 3 zusammenhängende Monate in der Obhut der Bewerber gestanden haben. Die Bewerber müssen sich während dieser Zeit in Nigeria aufhalten. Das gesamte Adoptionsverfahren kann von einigen Monaten bis zu einigen Jahren dauern.

➤ PARAGUAY

Hauptstadt: Asunción
Bevölkerung: 5,4 Mio. Einwohner
Sprache: Spanisch und Guarani (Amtssprachen)
Religion: 96 % Katholiken

DIPLOMATISCHE VERTRETUNG:

Deutsche Botschaft In Paraguay:
Casilla de Correro 471
Asunción
Telefon + 595 21-2140-09
Telefax + 595 21-2863

Paraguays Botschaft in Deutschland:
Uhlandstr. 32
D-53173 Bonn
Telefon +49-228-356727
Telefax +49-228-366663

Adoptionsverfahren in Paraguay
Paraguay ist dem Haager Übereinkommen beigetreten.

Zentrale Adoptionsbehörde ist das:

Centro de Adopciones
Piribebuy 1041 e/ Colón y Hernadarias
Asunción
Paraguay

➤ PERU

Hauptstadt: Lima
Bevölkerung: 26 Mio. Einwohner. Peru gehört zu den zwölf ärmsten Nationen der Welt. 54 % der Peruaner leben unter der internationalen Armutsgrenze, 15 % in extremer Armut.

Sprache: Spanisch, Ketschua
Religion: 92 % Katholiken

DIPLOMATISCHE VERTRETUNG:

Deutsche Botschaft in Peru:
Av. Arequipa 4202-4210
Lima 18
Miraflores
Telefon + 51 1/422-4919
Fax + 51 1/ 422-6475

Botschaft Perus in der Bundesrepublik:
Godesberger Allee 125
D-53175 Bonn
Telefon +49-228/373045
Fax + 49- 228/379475

Adoptionsverfahren in Peru:
Peru hat das Haager Übereinkommen ratifiziert.

Zentrale Adoptionsbehörde ist das:

PROMUDEH
Oficina de Adopciones de la Gerencia de Promoción de la Niñez y la Adolescencia del Ministerio de Promoción de la Mujer y Desarrollo Humano
Jirón Camaná 616
7mo Piso
LIMA 1
Peru
E – Mail: postmaster@lima.promudeh.gob.pe

Es kommen nur verlassene Kinder zur Adoption. Die Verlassenheit muß gerichtlich festgestellt werden.
Adoptionen, bei denen Adoptivbewerber direkt mit den leiblichen Eltern in Kontakt treten sind verboten. Das gleiche gilt für Versuche von Adoptivbewerbern, selbst nach einem Kind zu suchen.

Die vollständigen Bewerbungsunterlagen müssen über eine anerkannte Adoptions-vermittlungsstelle bei PROMODEH eingereicht werden.
Für die Adoption müssen beide Adoptivbewerber nach Peru reisen und dort durch-schnittlich 30 Tage bleiben.

Anerkannte Adoptionsvermittlungsstelle für Peru ist

Eltern für Kinder e. V.
Burgsdorfstr. 1,
13353 Berlin

➤ PHILIPPINEN

Hauptstadt: Manila
Bevölkerung: 75 Mio. Einwohner
Sprache: Philipo (Amtssprache), Englisch
Religion: 85 % Katholiken

DIPLOMATISCHE VERTRETUNG:

Deutsche Botschaft auf den Philippinen:
777, Paseo de Roxas
Solidbank Bldg.
1226 Makati
Metro Manila
Telefon + 63 2/892-4906
Fax + 63 2/810-4703

Botschaft der Philippinen:
Uhlandstr. 97
D-10715 Berlin
Telefon +49-30/864-9500
Fax + 49-30/873-2551
Außenstelle in Bonn

Generalkonsulat:
Hamburg

Adoptionsverfahren auf den Philippinen:
Die Philippinen sind Vertragsstaat des Haager Übereinkommens.

Zuständige staatliche Stelle:

Philippines Intercountry Adoption Board (ICAB)
No 2 Chicago Street corner Ermin Garcia St.
Barangay Pinagkaisahan Cubao
QUEZON CITY
Philippines

Tel: (632) 726-4568
(632) 721-9781
(632) 721-9782
Fax: (632) 727-2026
E-mail: icaba@skyinet.net

- Die Adoptionsbewerber müssen mindestens 27 Jahre als sein. Sie müssen wenigstens 16 Jahre, höchstens aber 47 Jahre älter als das adoptierte Kind sein.
- Die Adoptionsbewerber müssen mindestens 3 Jahre verheiratet sein
- Wenn einer der Adoptionsbewerber eine Scheidung hinter sich hat, muss die aktuelle Ehe seit mindestens 5 Jahren bestehen
- Bewerbungen alleinstehender Bewerber werden zwar angenommen, haben aber schlechtere Chancen auf Vermittlung

Bewerbungen werden direkt bei der ICAB abgegeben und müssen über die Zentrale Adoptionsbehörde des Annahmestaates oder von einer für die Philippinen zugelassenen Adoptionsvermittlungsstelle eingereicht werden. Bis es zur Vermittlung eines Kindes kommt, können mehrere Jahre vergehen.

➤ POLEN

Hauptstadt: Warschau
Bevölkerung: 39 Mio. Einwohner
Sprache: Polnisch
Religion: 91 % Katholiken

DIPLOMATISCHE VERTRETUNG:

Deutsche Botschaft in Polen:
ul. Dabrowiecka 30
PL-03-932 Warschau
Telefon + 48 22/61730-1115
Fax + 48 22/617-3582

Botschaft Polens in der Bundesrepublik:
Lassenstr. 19-21
D-14193 Berlin
Telefon +49-30/223130
Fax + 49-30/2231-3155
Außenstelle in Köln

Adoptionsverfahren in Polen:
Polen ist Vertragsstaat des Haager Übereinkommens.

Zuständige staatliche Stelle ist das:

Ministerstwo Pracy i Polityki Spolecznej
(Ministry of Labour and Social Policy)
Ul. Nowogrodzka 1/3/5
00-513 Warszawa 7
Poland

Oft handelt es sich bei den Kindern, die zur Adoption ins Ausland freigegeben werden, um Kinder mit gesundheitlichen Beschwerden, oder um Geschwister, die gemeinsam zur Adoption freigegeben werden. Es ist eher selten, dass Säuglinge oder Kleinkinder ins Ausland vermittelt werden.

In Polen ist folgende Adoptionsvermittlungsstelle tätig:

Eltern-Kind-Brücke e. V.
Wormser Str. 13 a,
69123 Heidelberg

Nach Angaben der Eltern-Kind-Brücke unterbreitet in der Regel Polen die Kindervorschläge. Es werden dann die kompletten übersetzten Unterlagen des Bewerberpaares nach Polen eingereicht und überprüft. Nach positiver Rückmeldung aus Polen wird das Einreisedatum der künftigen Eltern besprochen und festgelegt.
Gleich nach der Ankunft findet ein Gespräch im örtlichen Adoptionszentrum statt und ein erster Kontakt zum Kind wird hergestellt. Im besten Fall bleibt die Familie vor Ort, intensiviert die Kontakte zum Kind und kann nach ein paar Tagen zur 1. Anhörung ins Gericht geladen werden. Ca. 2 Wochen später findet die 2. (abschließende) Anhörung statt. Dann dauert es 2-3 Wochen, bis das Urteil rechtsgültig ist.
Eine weitere Woche wird für die Passformalitäten benötigt. Dann kann die Heimreise angetreten werden. Es kann aber auch sein, dass die Familie nach dem ersten Kontakt mit dem Kind (einige Tage) nach Hause fährt und auf den Termin zur Gerichtsvorladung wartet (dies dauert gewöhnlich ein paar Wochen).

➤ RUANDA

Hauptstadt: Kigali
Bevölkerung: 7,2 Mio. Einwohner
Sprache: Kinyarwanda, Französisch
Religion: 50 % Christen, 10 % Moslems

DIPLOMATISCHE VERTRETUNG:

Deutsche Botschaft in Ruanda:
8 Rue de Bugarama
Kigali
Telefon + 250 75222
Telefax + 250 77267

Ruandas Botschaft in Deutschland:
Beethovenallee 72
D-53173 Bonn
Telefon +49-228-367-0236
Telefax +49-228-351922

Adoptionsverfahren in Ruanda
Ruanda ist kein Vertragsstaat des Haager Übereinkommens.
1994 zählte UNICEF in den Auffanglagern Ruandas 114.00 Kinder ohne Begleitung Erwachsener. Durch Suchprogramme konnten 50.000 Kinder wieder in ihrer Familie untergebracht werden. Die Tatsache, dass in vielen Fällen nicht abgeklärt werden konnte, ob die Kinder tatsächlich verlassen waren, führte dazu, dass von Ruanda alle Auslandsadoptionen untersagt wurden.
Die Adoption eines Kindes aus Ruanda ist deshalb zur Zeit nicht möglich.

➤ RUMÄNIEN

Hauptstadt: Bukarest
Bevölkerung: 22,5 Mio. Einwohner
Sprache: Rumänisch
Religion: 89 % Rumänisch - Orthodoxe

DIPLOMATISCHE VERTRETUNG:

Deutsche Botschaft in Rumänien:
Strada Rabat 21
71272 Bukarest
Telefon + 40 1/230-2580
Fax + 40 1/230-5846

Botschaft Rumäniens in der Bundesrepublik:
Matterhornstr. 79
D-14129 Berlin

Telefon +49-30/803-3018
Fax + 49-30/803-1684
Außenstelle in Bonn

Adoptionsverfahren in Rumänien:
Rumänien hat das Haager Übereinkommen 1995 ratifiziert.

Zuständige staatliche Stelle ist das:

Comitetul Român Pentru Adoptii
(The Romanian Committee for Adoptions)
Piata Victoriei nr.1
Sector 1
Bucharest
Romania

In Erweiterung der bis dato gültigen Adoptionsbestimmungen trat im Juni 1997 in Rumänien ein neues Adoptionsgesetz mit dem Ziel in Kraft , die private Adoptions-vermittlung (direkte Absprachen zwischen Adoptionsbewerbern und abgabewilligen Eltern mittels rumänischer Rechtsanwälte) zu unterbinden.
Kindeswohl und Schutz der Familien sollten dadurch Priorität erhalten. Eine Auslands-sadoption ist erst dann möglich, wenn im eigenen Land keine Adoptiveltern gefunden werden können.
Die örtlichen Jugendschutz-Komitees und das Rumänische Adoptionskomitee (RAK), Bukarest, haben die Einhaltung dieser Vorschriften zu gewährleisten.
Rumänische Kinder können von Ausländern nur dann adoptiert werden, wenn sie beim RAK registriert sind und innerhalb von 2 Monaten nach Registrierung keine rumänische Familie für sie gefunden werden konnte.
Die Kinder sind häufig mangel- oder fehlernährt und zeigen körperliche, emotionale und geistige Entwicklungsverzögerungen unterschiedlichen Grades.
Am 21. Juni 2001 verkündete das Rumänische Adoptionskomitee eine einjährige Aus-setzung aller Auslandsadoptionen, die später bis zum 8.10.2002 ausgedehnt wurde. Bereits seit der Regierungsübernahme durch die Partei des Ministerpräsidenten Nastase war es zu eine deutlichen Einschränkung der Adoptionen gekommen.

Bei Fertigstellung des Buches war der Adoptionsstop bis einschließlich Februar 2003 verlängert worden. Das weitere Procedere war noch nicht bekannt.

Aktuelle Informationen können über:
http://home.t-online.de/home/m.gerts/Datenbank.html
http://www.adoptionsinfo.de/Aktuell.htm
abgerufen werden.

213

Daneben geben folgende Adoptionsvermittlungsstellen an, Kinder aus Rumänen zu vermitteln:

Children and Parents
Alt – Haarener Straße 147
52080 Aachen

Zukunft für Kinder e.V.
Benzstrasse 6,
68794 Oberhausen-Rheinhausen

➤ RUSSLAND

Hauptstadt: Moskau
Bevölkerung: 147 Mio. Einwohner. Ca. 2,5 Millionen Kinder leben in Russland auf der Straße. Viele davon sind keine Waisen, sondern wurden von ihren Eltern im Stich gelassen. Der World Health Report 2000 stufte das Gesundheitssystem des Landes auf Rang 130 ein. Auf Platz 131 steht der Sudan.
Sprache: Russisch
Religion: 24 % Russisch – Orthodoxe, 14 % Moslems

DIPLOMATISCHE VERTRETUNG:

Deutsche Botschaft in Russland:
Ul. Mosfilmowskaja 56
119285 Moskau
Telefon +7 95/937-9500
Fax +7 95/938-2354

Generalkonsulate:
St. Petersburg, Nowosibirsk, Saratow

Botschaft Russlands in der Bundesrepublik:
Unter den Linden 63-65
D-10117 Berlin
Telefon +49-30/229-1110
Fax + 49-30/229-9397

Generalkonsulate:
Bonn, Hamburg, Leipzig, München

Adoptionsverfahren in Russland:
Die Russische Föderation hat das Haager Übereinkommen gezeichnet, aber noch nicht

ratifiziert. Das Übereinkommen gilt deshalb in Russland noch nicht.

Zentrale Adoptionsbehörde in Russland ist das:
Ministry of Education
No. 6 Christoprudny Blvd.
Moskau
Tel: 7-95-923-1246
Fax: 7- 95-924-7112

Die Liste der vorzulegenden Dokumente ist im Dekret der Russischen Föderation No. 275 vom 29.3.2000 festgelegt:

- Bewerbungsschreiben
- Adoptionsantrag an das Gericht
- Sozialbericht mit Bildern und eine Bescheinigung aus der hervorgeht, dass der betreffende Sozialarbeiter zur Erstellung des Berichts berechtigt ist.
- Adoptionserlaubnis, ausgestellt von dem Sozialarbeiter, der den Sozialbericht erstellt hat
- Kopien der Reisepässe
- Führungszeugnisse
- Vorabzustimmung zur Einreise
- Beschäftigungsnachweis /Verdienstbescheinigung
- Gesundheitsatteste
- Bescheinigung über Haus/Wohnung (Anzahl der Räume, Grundstücksgröße etc.)
- Verpflichtungserklärung der Bewerber, nach der Adoption das Kind innerhalb von 3 Monaten bei der russischen Botschaft des betreffenden Landes registrieren zu lassen
- Erklärung, in der sich die Eltern verpflichten, nach der Adoption Überprüfungen der Lebensbedingungen des Kindes zuzulassen.
- Erklärung, in der sich der Sozialarbeiter verpflichtet, eine Betreuung nach der Adoption sicherzustellen und bei der Registrierung des Kindes bei der russischen Botschaft behilflich zu sein.
- Heiratsurkunden
- Antrag auf einen Reisepass für das Kind

Alle Dokumente müssen übersetzt und beglaubigt sein.

Zur Adoption in Russland sind zwei Aufenthalte erforderlich. Beim ersten sieht man das Kind, und reicht ein sogenanntes 'Dossier' bei Gericht ein (alle Adoptionsunterlagen für die Gerichtsverhandlung).
Nachdem man einen Termin zur Gerichtsverhandlung bekommen hat, reist man zum zweiten Aufenthalt nach Russland. Nach der Gerichtsverhandlung und dem Ausspruch der Adoption müssen 10 Tage vergangen sein, bevor der Beschluss rechtskräftig wird.

In Russland tätige Adoptionsvermittlungsstellen:

Zukunft für Kinder e.V.
Benzstrasse 6,
68794 Oberhausen-Rheinhausen
Telefon: (07254) 7799112
Telefax: (07254) 7799113

Global Adoption Germany
Adalbert Stifter Straße 22
65375 Oestrich-Winkel
Telefon (06723) 998292
Telefax (06723) 998257

Zentrum für Adoptionen e.V.
Sophienstr. 12
76530 Baden-Baden
Telefon: (07221) 949206
Telefax: (07221) 949208

ICCO e.V.
Große Theaterstr.1 - "Haus Württemberg"
20354 Hamburg
Telefon: (040) 4600760
Telefax: (040) 46007666

➤ SAUDI ARABIEN

Hauptstadt: Riad
Bevölkerung: 21 Mio. Einwohner
Sprache: Arabisch
Religion: 98 % Moslems

DIPLOMATISCHE VERTRETUNG:

Deutsche Botschaft in Saudi Arabien:
Diplomatic Quarter Riad 11693
Telefon + 966 1-488-0700
Telefax + 966 1-488-0660

Saudi Arabiens Botschaft in Deutschland:
Kurfürstendamm 63
D-10707 Berlin

Telefon +49-30-889250
Telefax +49-30-8892-5179

Adoptionsverfahren in Saudi Arabien
Saudi Arabien ist kein Vertragsstaat des Haager Übereinkommens.
Die Basis des Saudischen Rechtssystems ist eine strenge Interpretation des Islamischen Gesetzes, der Sharia. Nach diesem Rechtssystem sind Adoptionen verboten. Die Adoption eines Kindes in Saudi Arabien ist deshalb nicht möglich.

➤ SLOWAKEI

Hauptstadt: Bratislava
Bevölkerung: 5,4 Mio. Einwohner
Sprache: Slowakisch
Religion: 60 % römisch – katholisch

DIPLOMATISCHE VERTRETUNG:

Deutsche Botschaft in der Slowakei:
Hviezdoslavovo nám. 10
SK-81303 Bratislava
Telefon + 421 7- 5441-9640
Telefax + 421 7- 5441-9634

Botschaft der Slowakei in Deutschland:
Leipziger Str. 36
D-10117 Berlin
Telefon +49-30-204- 4538
Telefax +49-30-208-2459

Adoptionsverfahren in der Slowakei
Die Slowakei ist Vertragsstaat des Haager Übereinkommens.
Eine Adoption in der Slowakei ist langwierig und kann mehrere Jahre dauern.
Bei den Kindern, die zur Adoption vermittelt werden, handelt es sich fast ausschließlich um Roma- und Sinti Kinder.

Zentrale Adoptionsbehörde ist das:

Centrum pre medzinárodnoprávnu ochranu detí a mládeze
(Centre for International Legal Protection of Children and Youth)
Spitálska 6
P.O.Box 57

814 99 Bratislava, Slovakia
cipc@employment.gov.sk

Während des gesamten Adoptionsverfahrens müssen die Adoptionsbewerber in der Slowakei bleiben. Bevor die Adoption ausgesprochen wird, muss das Kind mindestens 6 Monate in der Obhut der Adoptivbewerber in der Slowakei gewesen sein. In dieser Zeit führen Sozialarbeiter mehrere Hausbesuche durch.

➤ SRI LANKA

Hauptstadt: Colombo
Bevölkerung: 19 Mio. Einwohner
Sprache: Singhalesisch, Tamil
Religion: 70 % Buddhisten, 16 % Hindus, 9 % Moslems

DIPLOMATISCHE VERTRETUNG:

Deutsche Botschaft in Sri Lanka:
40 Alfred House Av.
Colombo 3
Telefon + 94 1/580431
Fax + 94 1/580440

Botschaft Sri Lankas in der Bundesrepublik:
Niklasstr. 19
D-14163 Berlin
Telefon +49-30/8090-9743
Fax + 49-30/8090-9757

Generalkonsulate:
Bonn, Genf

Adoptionsverfahren in Sri Lanka:
Sri Lanka hat das Haager Übereinkommen als eines der ersten Länder bereits 1995 ratifiziert.

Zuständige staatliche Behörde:

The Commissioner of Probation and Child Care Services
Department of Probation and Child Care Services
95 Sir Chittampalam Gardiner Mawtha
P O Box 546
Colombo 02

Sri Lanka
Tel: 94-1-448577
Fax: 94-1-327600

Das Verfahren besteht aus folgenden Schritten:

Die Bewerber müssen einen Antrag samt folgender Unterlagen einreichen:

1. Pflegeerlaubnis
2. Eignungsbericht des zuständigen Jugendamtes
3. Internationale Geburtsurkunden
4. Internationale Heiratszeugnisse
5. Gesundheitszeugnisse des zuständigen Gesundheitsamtes
6. Bescheinigungen des Arbeitgebers
7. polizeiliche Führungszeugnisse
8. je drei Passphotos
9. 2 formlose Anschreiben an die Zentrale Adoptionsvermittlungsbehörde in Sri Lanka
10. ein Satz beglaubigter Fotokopien der Unterlagen und deren englische Ü-bersetzungen

Die Echtheit der Originalunterlagen und die Zuständigkeit des ausstellenden Beamten muss überbeglaubigt sein.

Die vom vereidigten Übersetzen angefertigten Übersetzungen müssen vom zuständigen Landgericht überbeglaubigt werden.

Der Antrag ist der Botschaft von Sri Lanka zur Bearbeitung und Weiterleitung nach Colombo einzureichen.

Die Botschaft beglaubigt die Unterlagen und einen Satz Übersetzungen

Stellt die Kommission in Sri Lanka die Eignung der Bewerber für die Adoption eines bestimmten Kindes fest, werden die Bewerber brieflich benachrichtigt.

Die Adoptivbewerber sollten sich dann nach Sri Lanka begeben und sich darauf vorbereiten 4 bis 5 Wochen im Land zu bleiben.

Nach ihrer Ankunft in Sri Lanka müssen die Antragsteller ihre Benachrichtigung und ihre Pässe beim Department of Probation and Child Care Services vorlegen.

Die Antragsteller müssen dann Vorkehrungen für die Einleitung des gerichtlichen Verfahrens treffen. Hierfür sollten sie vor Ort einen Rechtsanwalt beauftragen.

Nach dem Gerichtsbeschluss muss die Adoption standesamtlich eingetragen werden und ein Reisepass beantragt werden.

In Sri Lanka tätige Adoptionsvermittlungsstelle:

Eltern für Kinder e.V.
Burgsdorfstraße 1
13353 Berlin

219

➤ SÜDAFRIKA

Hauptstadt: Pretoria
Bevölkerung: 40 Mio. Einwohner. 4,5 Millionen Südafrikaner sind HIV positiv. Nach Schätzungen wird es in Südafrika im Jahr 2008 fast 3 Millionen Aidswaisen geben. Ca 40 % der Schwarzen ernähren sich von Gelegenheitstätigkeiten. 25% sind obdachlos oder leben in einfachen Hütten. Die durchschnittliche Lebenserwartung beträgt 47,5 Jahre.
Sprache: Englisch, Afrikaans, Ndebele
Religion: 79 % Christen, Moslems, Hindus

DIPLOMATISCHE VERTRETUNG:

Deutsche Botschaft in Südafrika
180 Blackwood St.
Arcadia 0083
Pretoria
Telefon + 27 12-427-8900
Telefax: + 27 12-343-9401

Botschaft Südafrikas in der Bundesrepublik:
Friedrichstr. 60
D-10117 Berlin
Telefon +49-30-220730
Telefax: +49-30-22073190

Adoptionsverfahren in Südafrika
Südafrika ist kein Vertragsstaat des Haager Übereinkommens.
Nach südafrikanischem Recht muss bei einer Adoption ein Elternteil Südafrikaner sein. Diese Regelung wurde jedoch vom Obersten Gerichtshof für ungültig erklärt. Seitdem ist es auch für Ausländer möglich, in Südafrika zu adoptieren.
Darüber hinaus wurde am 10.9.2002 entschieden, dass homosexuelle Bewerber bei einer Adoption nicht benachteiligt werden dürfen.

Auslandsadoptionen in Südafrika sind möglich über die Adoptionsvermittlungsstellen:

Evangelischer Verein Rheinland e.V
Einbrunger Straße 83
40489Düsseldorf
Tel: 0211 - 401793
Fax: 0211 – 4089515

Der Evangelische Verein arbeitet in Südafrika mit einer kirchlichen Einrichtung in Pretoria zusammen, die als Auslandsadoptionsvermittlungsstelle staatlich anerkannt ist. Nach Abgaben des Evangelischen Vereins ist der Bedarf nach Auslandsadoption entstanden, nachdem in Südafrika weitaus mehr Kinder zur Adoption freigegeben wurden, als vermittelt werden konnten.

Vom Evangelischen Verein akzeptierte Paare erstellen einen bebilderten Bericht über sich und ihre Lebenssituation ('Profile'), in der auch die Motivation zur Auslandsadoption erläutert wird. Zusammen mit dem Sozialbericht werden die Profile nach Südafrika versendet und schwangeren Müttern vorgelegt, die sich zur Adoptionsfreigabe entschieden haben. Nachdem sich die Mutter für ein Bewerberpaar entschieden hat, und das Kind geboren ist, beginnt eine 60 – Tage Frist, in der die Mutter ihre Entscheidung rückgängig machen kann. Nach Ablauf der 60 – Tages Frist wird die Adoption rechtswirksam und die Bewerber müssen nach Südafrika reisen. Zur Erledigung aller Formalitäten sind ca. 14 Tage erforderlich.

ICCO
Postfach 302767
20309 Hamburg
Tel: 040 – 4600760
Fax: 040 – 46007666

Die Adoptionsunterlagen werden nach Johannesburg an das Familiengericht geschickt. Nach Prüfung der Unterlagen erhält ICCO einen Kindervorschlag aus Südafrika. Den zukünftigen Eltern wird ein Gerichtstermin genannt, zu dem sie nach Südafrika reisen müssen. Zu Beginn des etwa 10tägigen Aufenthaltes lernen sich Eltern und Kind kennen. Anschließend erfolgen Termine beim Gericht und vor mehreren Behörden

➤ SUDAN

Hauptstadt: Khartum
Bevölkerung: 29 Mio. Einwohner
Sprache: Arabisch (Amtssprache), Englisch
Religion: 70 % Moslems, Katholiken, Protestanten, Naturreligionen

DIPLOMATISCHE VERTRETUNG:

Deutsche Botschaft im Sudan:
53 Baladia Street
Block No. 8 D
Plot No. 2
Khartum
Telefon + 249 11-777990
Telefax + 249 11-777622

Sudans Botschaft in Deutschland:
Kurfürstendamm 151
D-10709 Berlin
Telefon +49-30-8906-980
Telefax +49-30-8940-9693

Adoptionsverfahren im Sudan

Der Sudan ist kein Vertragsstaat des Haager Übereinkommens.
Es gibt keine zentrale Stelle, die für Adoptionen zuständig ist.
Die Adoption eines moslemischen Kindes ist nicht möglich. In Einzelfällen können nicht – moslemische Kinder adoptiert werden, wenn es nach den religiösen Vorschriften ihrer Konfession erlaubt ist.
Es ist möglich, die Pflegschaft für ein Kind zu übernehmen. Dabei gilt eine Probezeit von einem Jahr, während der ein Sozialarbeiter regelmäßig das Kind und seine Pflegeeltern im Sudan überprüft. Nach Ablauf der Probezeit kann die volle Pflegschaft übertragen werden. Falls die Pflegeeltern mit dem Kind aus dem Sudan ausreisen wollen, ist hierzu die Zustimmung des Gouverneurs der Provinz erforderlich, in der das Kind lebt.

➤ SÜDKOREA

Hauptstadt: Seoul
Bevölkerung: 46,5 Mio. Einwohner
Sprache: Koreanisch
Religion: 30 % Christen, 23 % Buddhisten, 14 % Konfuzianer

DIPLOMATISCHE VERTRETUNG:

Deutsche Botschaft in Südkorea:
Yongsan-Gu,
Tongbingo-Dong 308-5,
Seoul 140-230,
Telefon + 82 2/748-4114
Fax + 82 2/748-4161

Botschaft Südkoreas in der Bundesrepublik:
Schöneberger Ufer 89/91,
D-10785 Berlin,
Telefon +49-30/260650
Fax + 49- 30/2606-551;
Außenstelle: Bonn;

Generalkonsulate:
Frankfurt a. M., Hamburg

Adoptionsverfahren in Südkorea:
Adoptionen in Südkorea sind nur über eine anerkannte Adoptionsvermittlungsstelle möglich.
Während es in den USA vier von der südkoreanischen Regierung zugelassene Adoptionsvermittlungsstellen gibt und jährlich fast 2000 koreanische Kinder von amerikanischen Staatsbürgern adoptiert werden, gibt es in Deutschland keine für Korea zugelassene Vermittlungsstelle.

➤ SYRIEN

Hauptstadt: Damaskus
Bevölkerung: 16 Mio. Einwohner
Sprache: Arabisch (Amtssprache)
Religion: 90 % Moslems

DIPLOMATISCHE VERTRETUNG:

Deutsche Botschaft in Syrien:
Abdulmunem Al-Riad Street
Corner Ebla Street
Malki Damaskus
Telefon + 963 332-3800
Telefax + 963 332-3812

Syriens Botschaft in Deutschland:
Andreas-Hermes-Str. 5
D-53175 Bonn
Telefon +49-228-819-920
Telefax +49-228-819-9299

Adoptionsverfahren in Syrien
Syrien ist kein Vertragsstaat des Haager Übereinkommens.
Für Ausländer ist es nicht möglich, in Syrien ein Kind zu adoptieren.

➤ THAILAND

Hauptstadt: Bangkok
Bevölkerung: 61 Mio. Einwohner

Sprache: Thai (Amtssprache)
Religion: 95 % Buddhisten

DIPLOMATISCHE VERTRETUNG:

Deutsche Botschaft in Thailand:
9, South Sathorn
Rd. Bangkok 10120
Telefon +66 2-287-9000
Fax +66 2-287-1776

Botschaft Thailands in der Bundesrepublik:
Lepsiusstr. 64-66
D-12163 Berlin
Telefon +49-30-794810
Fax +49-30-7948-1511

Adoptionsverfahren in Thailand:
Thailand ist kein Mitglied des Haager Übereinkommens.

Alle Adoptionen in Thailand laufen über das:

Child Adoption Center of the Department of Public Welfare (DPW)
Ban Rajavithi
Rajavithi Road
Bangkok 10400
Thailand
Telefon: +66 2 46-8651
Telefax: +66 2 47-9480

Eine Zuständigkeit des DPW besteht allerdings nicht für die Kinder in den thailändischen Flüchtlingslagern. Der Adoption solcher Kinder stehen meist erhebliche rechtliche Schwierigkeiten entgegen.

Bewerber mit Wohnsitz im Ausland, die beabsichtigen, ein Kind in Thailand zu adoptieren, müssen beim Department of Public Welfare auf einem hierfür vorgesehenen Formular einen Antrag auf Adoption stellen. Dazu müssen folgende Unterlagen übersetzt, beglaubigt und über eine anerkannte Adoptionsvermittlungsstelle auf diplomatischem Weg über die Botschaft eingereicht werden:
- Sozialbericht
- Bescheinigung, dass der Bewerber auch nach dem Recht seines Heimatlandes die Voraussetzungen zur Adoption erfüllt.
- ärztliche Bescheinigung über gute körperliche Verfassung, geistige Stabilität und die Unfruchtbarkeit des Paares.

- Einkommensbescheinigungen
- Vermögensnachweise
- Heiratsurkunde (nur verheiratete Bewerber werden akzeptiert)
- Empfehlungsschreiben von mindestens zwei Referenzpersonen
- 4 Passbilder des Antragstellers und seines Ehegatten, Größe 4,5 x 6 cm
- Vorabzustimmung der Ausländerbehörde zur Einreise des Kindes
- Erklärung der Adoptionsvermittlungsstelle, daß sie bereit ist, die probeweise Aufnahme des Kindes zu überwachen und darüber in zweimonatigem Abstand mindestens 6 Monate lang an den Generaldirektor des DPW zu berichten.
- Kommt das DPW nach der Eignungsprüfung des Antragstellers und Prüfung aller notwendigen Unterlagen zu dem Ergebnis, daß das Kind dem Antragsteller zur Adoption anvertraut werden kann, legt es den Fall dem Adoptionsausschuss (Child Adoption Board) zur Entscheidung vor. Daraufhin werden die Bewerber zu einem persönlichen Gespräch mit dem Child Adoption Board nach Thailand eingeladen. Wenn nur ein Partner reisen kann, muß eine schriftliche Adoptionseinwilligung und Vollmacht erteilt werden.
- Der Fall wird dann dem Innenminister vorgelegt, der die probeweise Aufnahme des Kindes im Ausland genehmigt.
- Haben sich die Antragsteller nach Ablauf der Probezeit als geeignet erwiesen und der Adoptionsausschuss der Adoption zugestimmt, so muß die Adoption registriert werden, um wirksam zu werden. Die Registrierung muß binnen 6 Monaten beim zuständigen thailändischen District Office oder der thailändischen Botschaft/dem Konsulat im Aufenthaltsland erfolgen.

In Thailand sind folgende Adoptionsvermittlungsstellen tätig:

Eltern-Kind-Brücke e. V.
Wormser Str. 13 a,
69123 Heidelberg

Eltern für Kinder e.V.
Burgsdorfstraße 1
13353 Berlin (Wedding)

➤ TSCHECHIEN

Hauptstadt: Prag
Bevölkerung: Tschechien hat 10 Mio. Einwohner.
Sprache: Tschechisch
Religion: 40 % Katholiken, 40 % ohne Konfession

DIPLOMATISCHE VERTRETUNG:

Deutsche Botschaft in Tschechien:
Vlaská 19
Malá Strana
CZ-11801 Prag 1
Telefon + 420 2-5711-3111
Telefax + 420 2-5753-4056

Tschechiens Botschaft in Deutschland:
Wilhelmstr. 44
D-10117 Berlin
Telefon +49-30-226-380
Telefax +49-30-229-4033

Adoptionsverfahren in Tschechien
Tschechien ist Vertragsstaat des Haager Übereinkommens.

Zentrale Adoptionsbehörde ist das:

Urad pro Mexinarodnepravni ochranu deti
(The Office of International Legal Protection of Children)
Benesova 22
60200 Brno
Czech Republic

Am 1.6.2000 hat Tschechien neue Adoptionsgesetze beschlossen. Die Zuständigkeit für Adoptionsverfahren ging auf die Zentrale Adoptionsbehörde in Brno über. Kinder werden erst dann ins Ausland vermittelt, wenn im Inland keine Adoptiv – oder Pflegefamilie gefunden werden kann.

Die Adoptionsvermittlungsstelle AdA
AdA
Kapuzinerstraße 25 A
80337 München

hat am 1. August 2002 die Zulassung zur Adoptionsvermittlung von Kindern aus Tschechien erhalten.

Nach Angaben des Vereines werden vor allem Sinti- und Romakinder vermittelt, die in Tschechien keine Aussicht haben, neue Eltern zu finden. Bewerber, die sich von der Adoption eines tschechischen Kindes die Aufnahme eines unauffälligen, hellhäutigen Kleinkindes versprechen, werden von AdA von vornherein abgewiesen. Es werden ausschließlich Adoptionsbewerbungen ohne ethnische Präferenz akzeptiert.

➤ TUNESIEN

Hauptstadt: Tunis
Bevölkerung: 9,5 Mio. Einwohner
Sprache: Arabisch
Religion: 99 % Moslems

DIPLOMATISCHE VERTRETUNG:

Deutsche Botschaft in Tunesien:
1 Rue el Hamra

Mutuelleville
1002 Tunis (Belvédère)
Telefon + 216 1-786-455
Telefax + 216 1-788-242

Tunesiens Botschaft in Deutschland:
 Lindenallee 16
D-14050 Berlin
Telefon +49-30-3082-0673
Telefax +49-30-3082-2083

Adoptionsverfahren in Tunesien

Tunesien ist kein Vertragsstaat des Haager Übereinkommens.
Nach den einschlägigen Vorschriften des tunesischen Zivilrechts (58-27, Artikel 8 bis 16) müssen die Adoptionsbewerber keiner bestimmten Glaubensrichtung angehören. Es entspricht jedoch ständiger Rechtsprechung in Tunesien, dass Nicht – Moslems keine Kinder adoptieren können.

➤ TÜRKEI

Hauptstadt: Ankara
Bevölkerung: Die Türkei hat ca. 66 Mio. Einwohner.
Sprache: Türkisch, Kurdisch
Religion: 99 % Moslems.

DIPLOMATISCHE VERTRETUNG:

Deutsche Botschaft in der Türkei:
114 Atatürk Bulvari
06540 Ankara

Telefon + 90 312-426-5465
Telefax + 90 312-426-6959

Botschaft der Türkei in Deutschland:
Rungestr. 9
D-10179 Berlin
Telefon +49-30-2758-50
Telefax +49-30-2759-0915

Adoptionsverfahren in der Türkei
Die Türkei ist kein Vertragsstaat des Haager Übereinkommens.

Zuständige staatliche Behörde ist das:

T.C. Basbakanlik Sosyal Hizmetler ve Cocuk Esirgeme Kurumu Genel Mudurlugu.
Anafartalar Cad. N: 70 Ulus
Ankara, Turkey

Durch das neue türkische Zivilgesetzbuch vom 27.11.2001 wurde das Mindestalter der Adoptionsbewerber auf 30 Jahre gesenkt (früher 35 Jahre). Paare müssen seit mindestens 2 Jahren verheiratet sein. Auch Paare, die bereits Kinder haben, dürfen adoptieren.
Seit dem 1.1.2002 muss der Adoption eine einjährige Pflege- und Erziehungszeit vorausgehen, bevor die Adoption erfolgen kann. Das Pflegejahr kann auch in Deutschland erfolgen. Für die Einreise des Kindes nach Deutschland ist es aber erforderlich, dass die zuständigen Behörden beider Länder in das Verfahren umfassend eingeschaltet werden.
Zwischen Eltern und Kind muss ein Altersunterschied von mindestens 18 Jahren bestehen.
Für die Adoption eines geschäftsunfähigen Kindes ist die Zustimmung beider leiblicher Eltern erforderlich. Sie kann erst sechs Wochen nach der Geburt des Kindes erteilt werden. Steht das Kind unter Vormundschaft, ist für die Zustimmung das Vormundschaftsgericht zuständig.
Die Zustimmungspflicht eines Elternteils entfällt, wenn der Elternteil nicht in der Lage ist, für das Kind zu sorgen, unbekannt oder nicht geschäftsfähig ist.

Nach türkischem Recht wird das Adoptivkind gesetzlicher Erbe der Adoptiveltern, bleibt aber zugleich auch gesetzlicher Erbe der leiblichen Eltern.

➤ TURKMENISTAN

Hauptstadt: Aschgabad

Bevölkerung: 4,4 Mio. Einwohner
Sprache: Turkmenisch (Amtssprache), Russisch
Religion: Meist Moslems

DIPLOMATISCHE VERTRETUNG:

Deutsche Botschaft in Turkmenistan:
Ak Altin Plaza
Magtum Guli Av.
Pobedy Park
Hydyr-Derjajew-Str.
Aschgabad 744000
Telefon + 993 12-512144
Telefax + 993 12-510923

Turkmenistans Botschaft in Deutschland:
Langobardenallee 14
D-14052 Berlin
Telefon +49-30-3010-2452
Telefax +49-30-3010-2453

Adoptionsverfahren in Turkmenistan

Turkmenistan ist kein Vertragsstaat des Haager Übereinkommens.

Es existieren keine spezifischen Vorschriften, welche die Adoption durch Ausländer regeln würde. Dies führt dazu, dass der Ablauf des Verfahrens kaum vorhersehbar ist und sich auch während der Adoption laufend Änderungen ergeben können.

Adoptivbewerber müssen selbst in einem der zahlreichen Waisenheime ein Kind finden, das sie adoptieren können. Nach Artikel 12 des Gesetzes über Heirat und Familie müssen bestimmte Unterlagen für die Adoption vorgelegt werden. Obwohl dieses Gesetz sich nur auf Adoptionen durch Turkmenen bezieht, wird es üblicherweise auch auf Ausländer angewendet. Erforderlich sind demnach:
- Gesundheitsbescheinigungen
- Eine Bescheinigung aus der hervorgeht, wie viele Mitglieder die Familie hat.
- Bescheinigung des Arbeitgebers über die charakterlichen Eigenschaften des Bewerbers
- Pässe
- Heiratsurkunden
- Beschäftigungsnachweise, Verdienstbescheinigungen
- Meldebescheinigung
- Bescheinigung darüber, dass den Bewerbern zu keinem Zeitpunkt ihr elterliches Sorgerecht aberkannt worden ist.
- Eine Stellungnahme zur Frage, warum die Bewerber adoptieren wollen.
- Kopie der Geburtsurkunde des Kindes

229

- Gesundheitszeugnis des Kindes
- Eine Erklärung, warum das Kind adoptiert werden kann (z.B. Tod der Eltern)

Alle Unterlagen müssen ins Russische übersetzt und notariell beglaubigt werden.

Danach werden alle Unterlagen beim Außenministerium Turkmenistans eingereicht. Dieses leitet die Unterlagen an das Erziehungsministerium weiter. Das Erziehungsministerium wendet sich nun in offiziellen Schreiben an das Justizministerium mit der Bitte um rechtliche Unterstützung und an das Bürgermeisteramt der Stadt, in der das Kind lebt. Das Justizministerium schickt seine Stellungnahme an das Bürgermeisteramt. Vom Bürgermeister wird nun eine Sitzung einberufen, zu der auch die Adoptionsbewerber geladen werden und in der entschieden wird, ob die Adoption ausgesprochen werden kann.

Beim positivem Entscheid wird ein Dekret erlassen, das an das Amt für Bevölkerungsstatistik (ZAGS) geschickt wird, um eine neue Geburtsurkunde für das Kind zu beantragen. In dieser Urkunde werden dann die Adoptiveltern als Eltern eingetragen. Ein Pass und eine Ausreiseerlaubnis für das Kind werden beantragt.

➤ UKRAINE

Hauptstadt: Kiew

Bevölkerung: 51 Mio. Einwohner. Nach Schätzungen leben etwa 60.000 Waisen oder Kinder, deren Eltern das Sorgerecht entzogen worden ist, in ukrainischen Kinderheimen.

Sprache: Ukrainisch, Russisch

Religion: überwiegend Orthodoxe

DIPLOMATISCHE VERTRETUNG:

Deutsche Botschaft in der Ukraine:
Wul. Olesja Hontschara 84
252054 Kiew
Telefon + 380 44/216-7498
Fax + 380 44/246-8100

Botschaft der Ukraine in der Bundesrepublik:
Albrechtstr. 26
D-10117 Berlin
Telefon +49-30/288870
Fax +49-3/2888-7163

Außenstelle in Remagen
Generalkonsulat: München

Adoptionsverfahren in der Ukraine:
Die Ukraine ist kein Vertragsstaat des Haager Übereinkommens.

Zentrale Adoptionsbehörde ist das:

National Adoption Center in Kiev
27 Taras Shevchenko Boulevard,
Kiev 252032, Ukraine
Tel : (380) (44) 246-54-31 /32 /37 /49;
Fax: (380) (44) 246-5452/62

Sämtliche kommerzielle Aktivitäten sogenannter Facilisatoren bei der Kindervermittlung sind nach ukrainischem Recht verboten.

Zur Adoption kommen Kinder, die
• seit einem Jahr beim Adoptionszentrum registriert sind und
• nicht in eine ukrainische Familie zur Adoption vermittelt werden konnten.

Ausnahmen von der 1 – Jahres Frist können gemacht werden, wenn es sich um Kinder handelt, die an bestimmten Krankheiten leiden.

Sämtliche Unterlagen müssen dem Adoptionszentrum in Kiev vorgelegt werden.
Erforderlich sind:
• Sozialbericht. Der Bericht muss Aussagen machen zur Geeignetheit der Bewerber, zur Wohnungssituation und zu ihrem Lebenslauf. Wenn der Sozialbericht von einer anderen Organisation als dem Jugendamt angefertigt wird, muß eine Kopie der Anerkennungsurkunde der Adoptionsvermittlungsstelle beigelegt werden.
• Einreise- und Aufenthaltserlaubnis für das zu adoptierende Kind
• Einkommensnachweis. Dieser wird erbracht durch Vorlage eines aktuellen Einkommensteuerbescheids oder einer Bankbescheinigung über das jährliche Familieneinkommen.
• Gesundheitszeugnisse, die bescheinigen, dass die Bewerber weder an psychischen Krankheiten, noch an übertragbaren Krankheiten, inneren Erkrankungen, Haut- oder Geschlechtskrankheiten leiden. Weiterhin muss bestätigt werden, dass die Bewerber nicht drogenabhängig sind. Die Bewerber müssen auf HIV und Syphilis getestet worden sein.
• Heiratsurkunden
• Führungszeugnisse
• Kopien des Reisepasses
• Eine Verpflichtungserklärung der Adoptivbewerber, nach Ausspruch der Adoption und Ausreise das Kind innerhalb eines Monats bei der Auslandsvertretung der Ukraine registrieren zu lassen, jährliche Entwicklungsberichte zu verfassen und an die Auslandsvertretung der Ukraine zu schicken und es den Vertretern der Auslandsvertretung zu ermöglichen, mit dem Kind in Kontakt zu bleiben.

Alle Dokumente müssen übersetzt, notariell beglaubigt und überbeglaubigt werden. Erst nach erfolgter Registrierung dürfen die Bewerber Kontakt zu einem Heim aufnehmen.

Die Adoptivbewerber müssen mindestens 15 Jahre älter als das adoptierte Kind sein. Eine Altersobergrenze für Bewerber gibt es nicht.

In der Ukraine sind folgende anerkannte Adoptionsvermittlungsstellen tätig:

Zukunft für Kinder e.V.
Benzstrasse 6
68794 Oberhausen-Rheinhausen

Children and Parents
Alt – Haarener Straße 147
52080 Aachen

Global Adoption Germany
Adalbert-Stifter Straße 22
65375 Oestrich-Winkel

➤ UNGARN

Hauptstadt: Budapest
Bevölkerung: 10 Mio. Einwohner
Sprache: Ungarisch (Amtssprache)
Religion: 65 % Katholiken, 20 % Calvinisten

DIPLOMATISCHE VERTRETUNG:

Deutsche Botschaft in der Ungarn:
Úri utca 64-66
H-1014 Budapest
Telefon + 36-1-488-3500,
Telefax: + 36-1-488-3505

Botschaft Ungarns in der Bundesrepublik:
Markgrafenstr. 36
D-10117 Berlin
Telefon: +49-30-203100
Telefax: + 49-30-2031-10105

Adoptionsverfahren in Ungarn:
Adoptionen erfolgen nach §§ 46 ff des Gesetzes Nr. IV/1952 über die Ehe, die Familie

und die Vormundschaft, modifiziert durch die Gesetze Nr. I/1974, Nr. IV/1986, Nr. XV/1990 und des Regierungserlasses Nr. 149/1997 vom 10.11.1997.

Zuständig für ausländische Adoptionsbewerber ist:

Landesinstitut für Familien- und Jugendschutz
Omágos Család- és Gyermekvédelmi Intézet
H-1134 Budapest
Tüzér u. 33-35
Tel. 36-1-320-2208

Eine Adoption ohne die Mitwirkung dieser Behörde ist unwirksam. Mitunter werden von kommerziellen Adoptionsvermittlern hier anderslautende, aber wahrheitswidrige Aussagen verbreitet.
Zuerst muss ein Antrag beim Landesinstitut gestellt werden, der über eine anerkannte Adoptionsvermittlungsstelle eingereicht werden muß.

Mit dem Antrag müssen folgende Unterlagen vorgelegt werden:
• Geburts- und Heiratsurkunde der Adoptionswilligen
• Einkommensnachweis
• ärztliche Bescheinigung über den Gesundheitszustand
• einen von der zuständigen Behörde erstellten Sozialbericht / Adoptionseignungsbericht.
Falls innerhalb von 2 Jahren keine Adoption erfolgt, muss das Verfahren von neuem begonnen werden.

Eine abschließende Prüfung und Entscheidung, zu der in Zweifelsfällen eine Stellungnahme des Volkswohlfahrtsministeriums eingeholt werden kann, erfolgt durch eine der ungarischen Amtsvormundschaftsbehörden. Mit Rechtskraft der Entscheidung der Behörde wird die Adoption nach ungarischem Recht wirksam.

➤ URUGUAY

Hauptstadt: Montevideo
Bevölkerung: 3,4 Mio. Einwohner
Sprache: Spanisch
Religion: 80 % Katholiken, Protestanten, Juden

DIPLOMATISCHE VERTRETUNG:

Deutsche Botschaft in Uruguay:
La Cumparsita 1417-1435

233

Plaza Alemania
11200 Montevideo
Telefon + 598 2-902-5222
Telefax + 598 2-902-3422

Uruguays Botschaft in Deutschland:
Dorotheenstr. 97
D-10117 Berlin
Telefon +49-30-229-1424
Telefax +49-30-229-2839

Adoptionsverfahren in Uruguay
Uruguay hat das des Haager Übereinkommen gezeichnet

Zuständige Behörde ist das:

Instituto Nacional del Menor (INAME)
Instituto de Adopción,
Río Branco 1394
Montevideo
Uruguay or Movimiento Familiar Cristiano
Colonia 1738
Montevideo Uruguay

Adoptionsbewerber müssen älter als 30 Jahre, seit mindestens 5 Jahren verheiratet und mindestens 15 Jahre älter als das Kind sein.

➤ USBEKISTAN

Hauptstadt: Taschkent
Bevölkerung: 24 Mio. Einwohner
Sprache: Usbekisch (Amtssprache)
Religion: Überwiegend Moslems

DIPLOMATISCHE VERTRETUNG:

Deutsche Botschaft in Usbekistan:
Scharaf-Raschidow-Kutschassi 15
Taschkent
Telefon +7 71/234-6696
Fax +7 71/120-6693

Botschaft Usbekistans in der Bundesrepublik:
Mauerstr. 83-84
D-10117 Berlin
Telefon +49-30/2248-7457
Fax + 49-30/2267-9963

Generalkonsulat:
Frankfurt a. M.

Adoptionsverfahren in Usbekistan:
Usbekistan ist kein Vertragsstaat der Haager Konvention.
Zuständig für das Adoptionsverfahren sind das Erziehungsministerium und das örtliche Bürgermeisteramt.
Ausländer, deren Regierung eine Auslandvertretung in Usbekistan unterhält, dürfen adoptieren, für andere ist es untersagt.
Der Altersunterschied zwischen dem Kind und seinen Eltern muss mindestens 15 Jahre sein. Die Adoption durch Alleinstehende ist zulässig.
Alle Unterlagen werden bei der örtlichen Behörde eingereicht, die auch die Adoption ausspricht.

Folgende Unterlagen sind erforderlich:
- Bewerbungsschreiben mit Namen, Wohnort, Tag der Heirat, Namen der bereits vorhandenen Kinder und deren Alter
- Passkopien
- Heiratsurkunde
- Meldebescheinigung aus der hervorgeht, wie viele Mitglieder die Familie hat.
- Verdienstbescheinigung
- Empfehlungsschreiben des Arbeitgebers
- Ärztliche Atteste, aus denen hervorgeht, dass die Bewerber gesund sind, an keinen ansteckenden Krankheiten leiden und nicht drogen- oder alkoholabhängig sind.

➤ VENEZUELA

Hauptstadt: Caracas
Bevölkerung: 24 Mio. Einwohner
Sprache: Spanisch (Amtssprache)
Religion: 94 % Katholiken, 5 % Protestanten

DIPLOMATISCHE VERTRETUNG:

Deutsche Botschaft in Venezuela:

Edificio Seguros Panamerican Piso 2
Av. San Juan Bosco
Esq. 3a Transv.Altamira
1010-A Caracas
Telefon + 58 212-261-0181
Telefax + 58 212-261-0641

Venezuelas Botschaft in Deutschland:
Große Weinmeisterstr. 53
D-14469 Potsdam
Telefon +49-331-2310-90
Telefax +49-331-2310-977

Adoptionsverfahren in Venezuela
Venezuela ist Vertragsstaat des Haager Übereinkommens.

Zuständige staatliche Behörde ist das:

Ministerio de Relaciones Exteriores
División de Asuntos Especiales
Torre M.R.E.
Conde a Carmelitas
Piso 6
CARACAS 1010
Venezuela

Alle erforderlichen Dokumente werden über die Auslandsvertretung Venezuelas eingereicht. Nachdem die Adoptionsbewerber von der zuständigen Behörde akzeptiert
worden sind, muss die Adoption persönlich vor dem Gericht in Venezuela beantragt
werden.
Die Adoptionsbewerber müssen sich mit einer Testphase von bis zu 2 Jahren einverstanden erklären und sich dazu verpflichten, das Kind wieder an die Behörden Venezuelas zu übergeben, wenn sich herausstellt, dass es nicht im Interesse des Kindes ist,
bei seinen Adoptiveltern zu bleiben. Das Mindestalter für Adoptionsbewerber beträgt
25 Jahre, ein Höchstalter ist nicht festgelegt. Auch Alleinstehende können adoptieren.

➤ VEREINIGTE ARABISCHE EMIRATE

Hauptstadt: Abu Dhabi
Bevölkerung: 2,4 Mio. Einwohner
Sprache: Arabisch (Amtssprache) Englisch
Religion: 97 % Moslems

DIPLOMATISCHE VERTRETUNG:

Deutsche Botschaft in den Vereinigten Arabischen Emiraten:
Al Nahyan St.
Abu Dhabi
Telefon + 971 2-443-5630
Telefax + 971 2-443-5625

Botschaft der Vereinigten Arabischen Emirate in Deutschland:
Erste Fährgasse 6
D-53113 Bonn
Telefon +49-228-267070
Telefax +49-228-267-0714

Adoptionsverfahren in den Vereinigten Arabischen Emiraten

Die Vereinigten Arabischen Emirate sind kein Vertragsstaat des Haager Übereinkommens. Es ist nicht zulässig, in den Vereinigten Arabischen Emiraten ein Kind zu adoptieren.

➤ VIETNAM

Hauptstadt: Hanoi
Bevölkerung: 79 Mio. Einwohner
Sprache: Vietnamesisch (Amtssprache), Englisch, Französisch
Religion: 55 % Buddhisten, 6 % Katholiken

DIPLOMATISCHE VERTRETUNG:

Deutsche Botschaft in Vietnam:
29, Tran Phu
Hanoi
Telefon + 84 4/845-3836
Fax + 84 4/845-3838
Generalkonsulat: Ho-Tschi-minh-Stadt

Botschaft Vietnams in der Bundesrepublik:
Elsenstr. 3
D-12435 Berlin
Telefon +49-30/5363-0108
Fax + 49-30/5363-0200
Außenstelle in Bonn

237

Adoptionsverfahren in Vietnam:

Vietnam ist kein Mitglied der Haager Konvention.

Adoptionen in Vietnam sind nur über anerkannte Adoptionsvermittlungsstellen möglich. Nachdem die Adoptionsbewerber von ihrer Adoptionsvermittlungsstelle einen Kindervorschlag erhalten haben, reisen sie nach Vietnam und lernen dort das Kind kennen. In Vietnam sind dann zahlreiche Verfahrensschritte erforderlich, da mehrere staatliche Behörden an der Adoption beteiligt sind. Nach der Anhörung der Adoptivbewerber vor dem Volkskomitee und der Prüfung der eingereichten Unterlagen durch das Justizamt wird den Bewerbern ein Gerichtstermin genannt, der in der Regel nach 40 Tagen stattfindet. In dieser Zeit werden die Dokumente an das Volkskomitee der Stadt, in der das Kind lebte, zur Überprüfung geschickt und dort geprüft. Zum Gerichtstermin müssen alle Beteiligten wieder anwesend sein.

Es sind damit 2 Aufenthalte in Vietnam erforderlich, die jeweils ca. 14 Tage (in Einzelfällen aber auch erheblich länger) dauern.

Folgende Unterlagen sind erforderlich:
- Internationale Heiratsurkunden, vom Regierungspräsidenten überbeglaubigt
- Internationale Geburtsurkunden, vom Regierungspräsidenten überbeglaubigt
- Sozialbericht, der ausdrücklich die Adoption eines Kindes aus Vietnam befürwortet, vom Regierungspräsidenten überbeglaubigt
- Adoptionserlaubnis des Jugendamtes, mit einer ausdrücklichen Zustimmung zu einer Adoption eines Kindes aus Vietnam, vom Regierungspräsidenten überbeglaubigt.
- Gesundheitszeugnis mit der Bescheinigung, dass die Adoptionsbewerber psychisch und psychisch in der Lage sind ein Kind zu adoptieren, HIV negativ sind und keine ansteckenden Krankheiten haben. Das Gesundheitszeugnis muss von der Ärztekammer oder dem Gesundheitsamt beglaubigt werden und vom Regierungspräsidenten überbeglaubigt werden.
- Einkommensnachweis mit Beglaubigung durch einen Notar und der Überbeglaubigung durch das Landgericht
- Polizeiliches Führungszeugnis in überbeglaubigter Form
- Kopien des Reisepasses vom Notar beglaubigt und vom Landgericht überbeglaubigt
- 4 Passfotos

Alle Unterlagen dürfen bei der Antragstellung in Vietnam nicht älter als 6 Monate sein. Sie müssen von einem vereidigten Übersetzer ins Vietnamesische übersetzt werden und von der vietnamesischen Botschaft beglaubigt werden.

In Vietnam sind folgende Adoptionsvermittlungsstelle tätig:

ICCO e.V.
Postfach 302767
20309 Hamburg

Der ICCO ist in Saigon (Ho – Chi – Minh City) tätig

AdA
Kapuzinerstraße 25 A
80337 München
AdA ist in Hanoi tätig

➤ WEISSRUSSLAND (REPUBLIK BELARUS)

Hauptstadt: Minsk
Bevölkerung: 10. Mio. Einwohner
Sprache: Weißrussisch, Russisch
Religion: 60 % Russisch – Orthodoxe, 9 % Katholiken

DIPLOMATISCHE VERTRETUNG:

Deutsche Botschaft in Weißrussland:
Ul. Sacharowa 26
220034 Minsk
Telefon +375 17-284-4217
Telefax +375 17236-8552

Weissrusslands Botschaft in Deutschland:
Am Treptower Park 32/33
D-12435 Berlin
Telefon +49-30-536-3590
Telefax +49-30-5363-5924

Adoptionsverfahren in Weißrussland
Weißrussland hat das Haager Übereinkommen gezeichnet.

Alle Adoptionen in Weißrussland müssen über das Belarusian National Adoption Center abgewickelt werden.

Belarusian National Adoption Center
Mrs. Olga Karaban, Direktor
Platonova Str. 22, 11th Floor
Minsk, Belarus
Tel: 375-17-232-6701
Fax: 375-17-231-0617

Alle Dokumente müssen ins Russische übersetzt und überbeglaubigt werden. Zuerst überprüft das Außenministerium in Minsk die Unterlagen und leitet sie dann an das

239

Erziehungsministerium weiter (Ministerstvo Narodnovo Obrazovaniya MNO).

Wenn das MNO die Bewerber akzeptiert, wird von der Behörde ein Kind aus einem Waisenheim ausgewählt, das adoptiert werden kann.

Nur solche Kinder, für die im Inland keine Adoptionsmöglichkeit zur Verfügung steht, können adoptiert werden. Es handelt sich dabei vor allem um Kinder, die an physischen oder psychischen Krankheiten leiden, oder Kinder, die trotz langer Suche nicht im Inland vermittelt werden konnten.

Die Adoptiveltern werden dann benachrichtigt, dass für sie ein Kind zur Vermittlung vorgesehen ist.

Die Adoptiveltern reisen dann nach Weißrussland, wo die Adoption erfolgt.

Die Adoption durch Alleinstehende ist möglich. Es kann dann aber nur ein Kind des jeweils anderen Geschlechts adoptiert werden.

Weitere Informationen

Bundesverband für Eltern ausländischer Adoptivkinder
Angelgärten 11
79206 Breisach
Tel: 0173 - 3191092
Fax: 07664 - 409299
E – mail: bveaa@t-online.de
Internet: http://www.bveaa.de

EiA Elterninitiative Adoption
F.-J.-Roth-Str. 3
91792 Ellingen
Tel: 01212 – 529057319
Fax: 01212 – 529057319
E – Mail: Vorstand@EiA-online.de
Internet: http://www.eia-online.de

PFAD – Bundesverband der Pflege- und Adoptivfamilien
Am Stockborn 5-7
60439 Frankfurt
Tel: (069) 9 79 86 70
Fax: (069) 9 79 86 76 7
E – mail: *pfad-bv@t-online.de*

Der Pfad ist ein bundesweiter Zusammenschluss der Landesverbände von Pflege- und Adoptivfamilien

Wunschkind e.V.
Fehrbellinstraße 92
10119 Berlin
Tel: 030 – 69040839
Fax: 030 – 69040838
Internet: http://www.wunschkind.de

Weiterführende Internetadressen:
www.adoption.de
umfangreiche Informationen über das Thema Adoption. Kontaktbörse für Adoptionsbewerber

www.adoptionsinfo.de
Internetseite der Autoren dieses Ratgebers

www.bveaa.de
Homepage des Bundesverbandes ausländischer Adoptivkinder mit unfangreicher Datenbank

Gesetz über Wirkungen der Annahme als Kind
nach ausländischem Recht
(Adoptionswirkungsgesetz - AdWirkG)

In der Fassung der Bekanntmachung vom 5.11.2001 (BGBl 2001, I, S. 2950)

§ 1 Anwendungsbereich

Die Vorschriften dieses Gesetzes gelten für eine Annahme als Kind, die auf einer ausländischen Entscheidung oder auf ausländischen Sachvorschriften beruht. Sie gelten nicht, wenn der Angenommene zur Zeit der Annahme das achtzehnte Lebensjahr vollendet hatte.

§ 2 Anerkennungs- und Wirkungsfeststellung

(1) Auf Antrag stellt das Vormundschaftsgericht fest, ob eine Annahme als Kind im Sinne des § 1 anzuerkennen oder wirksam und ob das Eltern-Kind-Verhältnis des Kindes zu seinen bisherigen Eltern durch die Annahme erloschen ist.

(2) Im Falle einer anzuerkennenden oder wirksamen Annahme ist zusätzlich festzustellen,

1. wenn das in Absatz 1 genannte Eltern-Kind-Verhältnis erloschen ist, dass das Annahmeverhältnis einem nach den deutschen Sachvorschriften begründeten Annahmeverhältnis gleichsteht.

2. andernfalls, dass das Annahmeverhältnis in Ansehung der elterlichen Sorge und der Unterhaltspflicht des Annehmenden einem nach den deutschen Sachvorschriften begründeten Annahmeverhältnis gleichsteht.

Von der Feststellung nach Satz 1 kann abgesehen werden, wenn gleichzeitig ein Umwandlungsausspruch nach § 3 ergeht.

(3) Spricht ein deutsches Vormundschaftsgericht auf der Grundlage ausländischer Sachvorschriften die Annahme aus, so hat es die in den Absätzen 1 und 2 vorgesehenen Feststellungen von Amts wegen zu treffen. Eine Feststellung über Anerkennung oder Wirksamkeit der Annahme ergeht nicht.

§ 3 Umwandlungsausspruch

(1) In den Fällen des § 2 Abs. 2 Satz 1 Nr. 2 kann das Vormundschaftsgericht auf Antrag aussprechen, dass das Kind die Rechtsstellung eines nach den deutschen Sachvorschriften angenommenen Kindes erhält, wenn

1. dies dem Wohl des Kindes dient,

2. die erforderlichen Zustimmungen zu einer Annahme mit einer das Eltern-Kind-Verhältnis beendenden Wirkung erteilt sind und

3. überwiegende Interessen des Ehegatten oder der Kinder des Annehmenden oder des Angenommenen nicht entgegenstehen.

Auf die Erforderlichkeit und die Erteilung der in Satz 1 Nr. 2 genannten Zustim-mungen finden die für die Zustimmungen zu der Annahme maßgebenden Vor-schriften sowie Artikel 6 des Einführungsgesetzes zum Bürgerlichen Gesetzbuche entsprechende Anwendung. Auf die Zustimmung des Kindes ist zusätzlich § 1746 Abs.1 Satz 1 bis 3, Abs.2 und 3 des Bürgerlichen Gesetzbuchs anzuwenden. Hat der Angenommene zur Zeit des Beschlusses nach Satz 1 das 18. Lebensjahr vollendet, so entfällt die Voraussetzung nach Satz 1 Nr. 1.

(2) Absatz 1 gilt in den Fällen des § 2 Abs.2 Satz 1 Nr. 1 entsprechend, wenn die Wirkungen der Annahme von den nach den deutschen Sachvorschriften vorgesehenen Wirkungen abweichen.

§ 4 Antragstellung; Reichweite der Entscheidungswirkungen

(1) Antragsbefugt sind für eine Feststellung nach § 2 Abs. 1

a) der Annehmende, im Fall der Annahme durch Ehegatten jeder von ihnen,

b) das Kind,

c) ein bisheriger Elternteil,

d) der Standesbeamte, dem nach § 15 Abs.1 Satz 1 Nr. 2 oder 3 des Personen-standsgesetzes die Eintragung des Kindes in das Familienbuch oder nach § 30 Abs.1 Satz 1 des Personen-standsgesetzes die Eintragung eines Randvermerks zum Geburtseintrag des Kindes obliegt, oder

e) die Verwaltungsbehörde, die nach § 41 Abs.2 des Personenstandsgesetzes über die Beurkundung der Geburt des Kindes zu entscheiden hat; für einen Ausspruch nach § 3 Abs. 1 oder Abs. 2 der Annehmende, annehmende Ehegatten nur gemeinschaftlich.

Von der Antragsbefugnis nach Satz 1 Nr. 1 Buchstabe d und e ist nur in Zweifelsfällen Gebrauch zu machen. Für den Antrag nach Satz 1 Nr. 2 gelten § 1752 Abs.2 und § 1753 des Bürgerlichen Gesetzbuchs.

(2) Eine Feststellung nach § 2 sowie ein Ausspruch nach § 3 wirken für und gegen alle. Die Feststellung nach § 2 wirkt jedoch nicht gegenüber den bisherigen Eltern. In dem Beschluss nach § 2 ist dessen Wirkung auch gegenüber einem bisherigen Elternteil auszusprechen, sofern dieser das Verfahren eingeleitet hat oder auf Antrag eines nach Absatz 1 Satz 1 Nr. 1 Buchstabe a bis c Antragsbefugten beteiligt wurde. Die Beteiligung eines bisherigen Elternteils und der erweiterte Wirkungsausspruch nach Satz 3 können in einem gesonderten Verfahren beantragt werden.

§ 5 Zuständigkeit und Verfahren

(1) Über Anträge nach den §§ 2 und 3 entscheidet das Vormundschaftsgericht, in dessen Bezirk ein Oberlandesgericht seinen Sitz hat, für den Bezirk dieses Oberlandesgerichts; für den Bezirk des Kammergerichts entscheidet das Amtsgericht Schöneberg. Für die internationale und die örtliche Zuständigkeit gilt § 43 b des Gesetzes über die Angelegenheiten der freiwilligen Gerichtsbarkeit entsprechend.

(2) Die Landesregierungen werden ermächtigt, die Zuständigkeit nach Absatz 1 Satz 1 durch Rechtsverordnung einem anderen Vormundschaftsgericht des Oberlandesgerichtsbezirks oder, wenn in einem Land mehrere Oberlandesgerichte errichtet sind, einem Vormundschaftsgericht für die Bezirke aller oder mehrerer Oberlandesgerichte zuzuweisen. Sie können die Ermächtigung auf die Landesjustizverwaltungen übertragen.

(3) Das Vormundschaftsgericht entscheidet im Verfahren der freiwilligen Ge-richtsbarkeit. § 50a Abs.1 Satz 1, Abs.2 und 3 sowie § 50b des Gesetzes über die Angelegenheiten der freiwilligen Gerichtsbarkeit finden entsprechende Anwendung. Im Verfahren nach § 2 wird ein bisheriger Elternteil nur nach Maßgabe des § 4 Abs.2 Satz 3 und 4 angehört. Im Verfahren nach § 2 ist der Generalbundesanwalt beim Bundesgerichtshof als Bundeszentralstelle für Auslandsadoption, im Verfahren nach § 3 sind das Jugendamt und die zentrale Adoptionsstelle des Landesjugendamtes zu beteiligen.

(4) Auf die Feststellung der Anerkennung oder Wirksamkeit einer Annahme als Kind oder des durch diese bewirkten Erlöschens des Eltern-Kind-Verhältnisses des Kindes zu seinen bisherigen Eltern, auf eine Feststellung nach § 2 Abs.2 Satz 1 sowie auf einen Ausspruch nach § 3 Abs.1 oder 2 oder nach § 4 Abs.2 Satz 3 findet § 56e Satz 2 und 3 des Gesetzes über die Angelegenheiten der freiwilligen Gerichtsbarkeit entsprechende Anwendung. Im Übrigen unterliegen Beschlüsse nach diesem Gesetz der sofortigen Beschwerde; sie werden mit ihrer Rechtskraft wirksam. § 4 Abs.2 Satz 2 bleibt unberührt.

Übereinkommen über den Schutz von Kindern und die Zusammenarbeit auf dem Gebiet der internationalen Adoption

(sog. Haager Übereinkommen vom 29. Mai 1993)

Die Unterzeichnerstaaten dieses Übereinkommens -
in der Erkenntnis, dass das Kind zur vollen und harmonischen Entfaltung seiner Persönlichkeit in einer Familie und umgeben von Glück, Liebe und Verständnis aufwachsen sollte,
unter Hinweis darauf, dass jeder Staat vorrangig angemessene Maßnahmen treffen sollte, um es dem Kind zu ermöglichen, in seiner Herkunftsfamilie zu bleiben,
in der Erkenntnis, dass die internationale Adoption den Vorteil bieten kann, einem Kind, für das in seinem Heimatstaat keine geeignete Familie gefunden werden kann, eine dauerhafte Familie zu geben,
überzeugt von der Notwendigkeit, Maßnahmen zu treffen, um sicherzustellen, dass internationale Adoptionen zum Wohl des Kindes und unter Wahrung seiner Grundrechte stattfinden, und die Entführung und den Verkauf von Kindern sowie den Handel mit Kindern zu verhindern,
in dem Wunsch, zu diesem Zweck gemeinsame Bestimmungen festzulegen, die von den Grundsätzen ausgehen, die in internationalen Übereinkünften anerkannt sind, insbesondere dem Übereinkommen der Vereinten Nationen vom 20. November 1989 über die Rechte des Kindes und der Erklärung der Vereinten Nationen über die sozialen und rechtlichen Grundsätze für den Schutz und das Wohl von Kindern unter besonderer Berücksichtigung der Aufnahme in eine Pflegefamilie und der Adoption auf nationaler und internationaler Ebene (Resolution 41/85 der Generalversammlung vom 3. Dezember 1986) -
haben die folgenden Bestimmungen vereinbart:

Kapitel I

Anwendungsbereich des Übereinkommens

Artikel 1

Ziel des Übereinkommens ist es,
a) Schutzvorschriften einzuführen, damit internationale Adoptionen zum Wohl des Kindes und unter Wahrung seiner völkerrechtlich anerkannten Grundrechte stattfinden;
b) ein System der Zusammenarbeit unter den Vertragsstaaten einzurichten, um die Einhaltung dieser Schutzvorschriften sicherzustellen und dadurch die Entführung und den Verkauf von Kindern sowie den Handel mit Kindern zu verhindern;
c) in den Vertragsstaaten die Anerkennung der gemäß dem Übereinkommen zustande gekommenen Adoptionen zu sichern.

Artikel 2

(1) Das Übereinkommen ist anzuwenden, wenn ein Kind mit gewöhnlichen Aufenthalt von einem Vertragsstaat ("Heimatstaat") in einen anderen Vertragsstaat ("Aufnahmestaat") gebracht worden ist, wird oder werden soll, entweder nach seiner Adoption im Heimatstaat durch Ehegatten oder eine Person mit gewöhnlichem Aufenthalt im Aufnahmestaat oder im Hinblick auf eine solche Adoption im Aufnahme- oder Heimatstaat.
(2) Das Übereinkommen betrifft nur Adoptionen, die ein dauerhaftes Eltern-Kind-Verhältnis begründen.

Artikel 3

Das Übereinkommen ist nicht mehr anzuwenden, wenn die in Artikel 17 Buchstabe c vorgesehenen Zustimmungen nicht erteilt wurden, bevor das Kind das achtzehnte Lebensjahr vollendet hat.

Kapitel II

Voraussetzungen internationaler Adoptionen

Artikel 4

Eine Adoption nach dem Übereinkommen kann nur durchgeführt werden, wenn die zuständigen Behörden des Heimatstaats
a) festgestellt haben, dass das Kind adoptiert werden kann;
b) nach gebührender Prüfung der Unterbringungsmöglichkeiten für das Kind im Heimatstaat entschieden haben, dass eine internationale Adoption dem Wohl des Kindes dient;
c) sich vergewissert haben,
1. dass die Personen, Institutionen und Behörden, deren Zustimmung zur Adoption notwendig ist, soweit erforderlich beraten und gebührend über die Wirkungen ihrer Zustimmung unterrichtet worden sind, insbesondere darüber, ob die Adoption dazu führen wird, dass das Rechtsverhältnis zwischen dem Kind und seiner Herkunftsfamilie erlischt oder weiterbesteht;
2. dass diese Personen, Institutionen und Behörden ihre Zustimmung unbeeinflusst in der gesetzlich vorgeschriebenen Form erteilt haben und diese Zustimmung schriftlich gegeben oder bestätigt worden ist;
3. dass die Zustimmungen nicht durch irgendeine Zahlung oder andere Gegenleistung herbeigeführt worden sind und nicht widerrufen wurden und
4. dass die Zustimmung der Mutter, sofern erforderlich, erst nach der Geburt des Kindes erteilt worden ist, und
d) sich unter Berücksichtigung des Alters und der Reife des Kindes vergewissert haben,
1. dass das Kind beraten und gebührend über die Wirkungen der Adoption und seiner Zustimmung zur Adoption, soweit diese Zustimmung notwendig ist, unterrichtet worden ist;
2. dass die Wünsche und Meinungen des Kindes berücksichtigt worden sind;
3. dass das Kind seine Zustimmung zur Adoption, soweit diese Zustimmung notwendig ist, unbeeinflusst in der gesetzlich vorgeschriebenen Form erteilt hat und diese Zustimmung schriftlich gegeben oder bestätigt worden ist und
4. dass diese Zustimmung nicht durch irgendeine Zahlung oder andere Gegenleistung herbeigeführt worden ist.

Artikel 5

Eine Adoption nach dem Übereinkommen kann nur durchgeführt werden, wenn die zuständigen Behörden des Aufnahmestaats
a) entschieden haben, dass die künftigen Adoptiveltern für eine Adoption in Betracht kommen und dazu geeignet sind,
b) sich vergewissert haben, dass die künftigen Adoptiveltern soweit erforderlich beraten worden sind, und
c) entschieden haben, dass dem Kind die Einreise in diesen Staat und der ständige Aufenthalt dort bewilligt worden sind oder werden.

Kapitel III

Zentrale Behörden und zugelassene Organisationen

Artikel 6

(1) Jeder Vertragsstaat bestimmt eine Zentrale Behörde, welche die ihr durch dieses Übereinkommen übertragenen Aufgaben wahrnimmt.

(2) Einem Bundesstaat, einem Staat mit mehreren Rechtssystemen oder einem Staat, der aus autonomen Gebietseinheiten besteht, steht es frei, mehrere Zentrale Behörden zu bestimmen und deren räumliche und persönliche Zuständigkeit festzulegen. Macht ein Staat von dieser Möglichkeit Gebrauch, so bestimmt er die Zentrale Behörde, an welche Mitteilungen und Übermittlungen an die zuständige Zentrale Behörde in diesem Staat gerichtet werden können.

Artikel 7

(1) Die Zentralen Behörden arbeiten zusammen und fördern die Zusammenarbeit der zuständigen Behörden ihrer Staaten, um Kinder zu schützen und die anderen Ziele des Übereinkommens zu verwirklichen.
(2) Sie treffen unmittelbar alle geeigneten Maßnahmen, um
a) Auskünfte über das Recht ihrer Staaten auf dem Gebiet der Adoption zu erteilen und andere allgemeine Informationen, wie beispielsweise statistische Daten und Musterformblätter, zu übermitteln;
b) einander über die Wirkungsweise des Übereinkommens zu unterrichten und Hindernisse, die seiner Anwendung entgegenstehen, soweit wie möglich auszuräumen.

Artikel 8

Die Zentralen Behörden treffen unmittelbar oder mit Hilfe staatlicher Stellen alle geeigneten Maßnahmen, um unstatthafte Vermögens- oder sonstige Vorteile im Zusammenhang mit einer Adoption auszuschließen und alle den Zielen des Übereinkommens zuwiderlaufenden Praktiken zu verhindern.

Artikel 9

Die Zentralen Behörden treffen unmittelbar oder mit Hilfe staatlicher Stellen oder anderer in ihrem Staat ordnungsgemäß zugelassener Organisationen alle geeigneten Maßnahmen, um insbesondere
a) Auskünfte über die Lage des Kindes und der künftigen Adoptiveltern einzuholen, aufzubewahren und auszutauschen, soweit dies für das Zustandekommen der Adoption erforderlich ist;
b) das Adoptionsverfahren zu erleichtern, zu überwachen und zu beschleunigen;
c) den Aufbau von Diensten zur Beratung während und nach der Adoption in ihrem Staat zu fördern;
d) Berichte über allgemeine Erfahrungen auf dem Gebiet der internationalen Adoption auszutauschen;
e) begründete Auskunftsersuchen anderer Zentraler Behörden oder staatlicher Stellen zu einem bestimmten Adoptionsfall zu beantworten, soweit das Recht ihres Staates dies zulässt.

Artikel 10

Die Zulassung erhalten und behalten nur Organisationen, die darlegen, dass sie fähig sind, die ihnen übertragenen Aufgaben ordnungsgemäß auszuführen.

Artikel 11

Eine zugelassene Organisation muss
a) unter Einhaltung der von den zuständigen Behörden des Zulassungsstaats festgelegten Voraussetzungen und Beschränkungen ausschließlich gemeinnützige Zwecke verfolgen;
b) von Personen geleitet und verwaltet werden, die nach ihren ethischen Grundsätzen und durch Ausbildung oder Erfahrung für die Arbeit auf dem Gebiet der internationalen Adoption qualifiziert sind, und
c) in bezug auf ihre Zusammensetzung, Arbeitsweise und Finanzlage der Aufsicht durch die zuständigen Behörden des Zulassungsstaats unterliegen.

Artikel 12

Eine in einem Vertragsstaat zugelassene Organisation kann in einem anderen Vertragsstaat nur tätig werden, wenn die zuständigen Behörden beider Staaten dies genehmigt haben.

Artikel 13

Jeder Vertragsstaat teilt die Bestimmung der Zentralen Behörden und gegebenenfalls den Umfang ihrer Aufgaben sowie die Namen und Anschriften der zugelassenen Organisationen dem Ständigen Büro der Haager Konferenz für Internationales Privatrecht mit.

Kapitel IV

Verfahrensrechtliche Voraussetzungen der internationalen Adoption

Artikel 14

Personen mit gewöhnlichem Aufenthalt in einem Vertragsstaat, die ein Kind mit gewöhnlichem Aufenthalt in einem anderen Vertragsstaat adoptieren möchten, haben sich an die Zentrale Behörde im Staat ihres gewöhnlichen Aufenthalts zu wenden.

Artikel 15

(1) Hat sich die Zentrale Behörde des Aufnahmestaats davon überzeugt, dass die Antragsteller für eine Adoption in Betracht kommen und dazu geeignet sind, so verfasst sie einen Bericht, der Angaben zur Person der Antragsteller und über ihre rechtliche Fähigkeit und ihre Eignung zur Adoption, ihre persönlichen und familiären Umstände, ihre Krankheitsgeschichte, ihr soziales Umfeld, die Beweggründe für die Adoption, ihre Fähigkeit zur Übernahme der mit einer internationalen Adoption verbundenen Aufgaben sowie die Eigenschaften der Kinder enthält, für die zu sorgen sie geeignet wären.
(2) Sie übermittelt den Bericht der Zentralen Behörde des Heimatstaats.

Artikel 16

(1) Hat sich die Zentrale Behörde des Heimatstaats davon überzeugt, dass das Kind adoptiert werden kann, so
a) verfasst sie einen Bericht, der Angaben zur Person des Kindes und darüber, dass es adoptiert werden kann, über sein soziales Umfeld, seine persönliche und familiäre Entwicklung, seine Krankheitsgeschichte einschließlich derjenigen seiner Familie sowie besondere Bedürfnisse des Kindes enthält;
b) trägt sie der Erziehung des Kindes sowie seiner ethnischen, religiösen und kulturellen Herkunft gebührend Rechnung;
c) vergewissert sie sich, dass die Zustimmungen nach Artikel 4 vorliegen, und
d) entscheidet sie, insbesondere aufgrund der Berichte über das Kind und die künftigen Adoptiveltern, ob die in Aussicht genommene Unterbringung dem Wohl des Kindes dient.
(2) Sie übermittelt der Zentralen Behörde des Aufnahmestaats ihren Bericht über das Kind, den Nachweis über das Vorliegen der notwendigen Zustimmungen sowie die Gründe für ihre Entscheidung über die Unterbringung, wobei sie dafür sorgt, dass die Identität der Mutter und des Vaters nicht preisgegeben wird, wenn diese im Heimatstaat nicht offengelegt werden darf.

Artikel 17

Eine Entscheidung, ein Kind künftigen Adoptiveltern anzuvertrauen, kann im Heimatstaat nur getroffen werden, wenn
a) die Zentrale Behörde dieses Staates sich vergewissert hat, dass die künftigen Adoptiveltern einverstanden sind;

b) die Zentrale Behörde des Aufnahmestaats diese Entscheidung gebilligt hat, sofern das Recht dieses Staates oder die Zentrale Behörde des Heimatstaats dies verlangt;

c) die Zentralen Behörden beider Staaten der Fortsetzung des Adoptionsverfahrens zugestimmt haben und

d) nach Artikel 5 entschieden wurde, dass die künftigen Adoptiveltern für eine Adoption in Betracht kommen und dazu geeignet sind und dem Kind die Einreise in den Aufnahmestaat und der ständige Aufenthalt dort bewilligt worden sind oder werden.

Artikel 18

Die Zentralen Behörden beider Staaten treffen alle erforderlichen Maßnahmen, um die Bewilligung der Ausreise des Kindes aus dem Heimatstaat sowie der Einreise in den Aufnahmestaat und des ständigen Aufenthalts dort zu erwirken.

Artikel 19

(1) Das Kind kann nur in den Aufnahmestaat gebracht werden, wenn die Voraussetzungen des Artikels 17 erfüllt sind.

(2) Die Zentralen Behörden beider Staaten sorgen dafür, dass das Kind sicher und unter angemessenen Umständen in den Aufnahmestaat gebracht wird und dass die Adoptiveltern oder die künftigen Adoptiveltern das Kind wenn möglich begleiten.

(3) Wird das Kind nicht in den Aufnahmestaat gebracht, so werden die in den Artikeln 15 und 16 vorgesehenen Berichte an die absendenden Behörden zurückgesandt.

Artikel 20

Die Zentralen Behörden halten einander über das Adoptionsverfahren und die zu seiner Beendigung getroffenen Maßnahmen sowie über den Verlauf der Probezeit, falls eine solche verlangt wird, auf dem laufenden.

Artikel 21

(1) Soll die Adoption erst durchgeführt werden, nachdem das Kind in den Aufnahmestaat gebracht worden ist, und dient es nach Auffassung der Zentralen Behörde dieses Staates nicht mehr dem Wohl des Kindes, wenn es in der Aufnahmefamilie bleibt, so trifft diese Zentrale Behörde die zum Schutz des Kindes erforderlichen Maßnahmen, indem sie insbesondere

a) veranlasst, dass das Kind aus der Aufnahmefamilie entfernt und vorläufig betreut wird;

b) in Absprache mit der Zentralen Behörde des Heimatstaats unverzüglich die Unterbringung des Kindes in einer neuen Familie mit dem Ziel der Adoption veranlasst oder, falls dies nicht angebracht ist, für eine andere dauerhafte Betreuung sorgt; eine Adoption kann erst durchgeführt werden, wenn die Zentrale Behörde des Heimatstaats gebührend über die neuen Adoptiveltern unterrichtet worden ist;

c) als letzte Möglichkeit die Rückkehr des Kindes veranlasst, wenn sein Wohl dies erfordert.

(2) Unter Berücksichtigung insbesondere des Alters und der Reife des Kindes ist es zu den nach diesem Artikel zu treffenden Maßnahmen zu befragen und gegebenenfalls seine Zustimmung dazu einzuholen.

Artikel 22

(1) Die Aufgaben einer Zentralen Behörde nach diesem Kapitel können von staatlichen Stellen oder nach Kapitel III zugelassenen Organisationen wahrgenommen werden, soweit das Recht des Staates der Zentralen Behörde dies zulässt.

(2) Ein Vertragsstaat kann gegenüber dem Verwahrer des Übereinkommens erklären, dass die Aufgaben der Zentralen Behörde nach den Artikeln 15 bis 21 in diesem Staat in dem nach seinem Recht zulässigen Umfang und unter Aufsicht seiner zuständigen Behörden auch von Organisationen oder Personen wahrgenommen werden können, welche

a) die von diesem Staat verlangten Voraussetzungen der Integrität, fachlichen Kompetenz,

Erfahrung und Verantwortlichkeit erfüllen und

b) nach ihren ethischen Grundsätzen und durch Ausbildung oder Erfahrung für die Arbeit auf dem Gebiet der internationalen Adoption qualifiziert sind.

(3) Ein Vertragsstaat, der die in Absatz 2 vorgesehene Erklärung abgibt, teilt dem Ständigen Büro der Haager Konferenz für Internationales Privatrecht regelmäßig die Namen und Anschriften dieser Organisationen und Personen mit.

(4) Ein Vertragsstaat kann gegenüber dem Verwahrer des Übereinkommens erklären, dass Adoptionen von Kindern, die ihren gewöhnlichen Aufenthalt in seinem Hoheitsgebiet haben, nur durchgeführt werden können, wenn die Aufgaben der Zentralen Behörden in Übereinstimmung mit Absatz 1 wahrgenommen werden.

(5) Ungeachtet jeder nach Absatz 2 abgegebenen Erklärung werden die in den Artikeln 15 und 16 vorgesehenen Berichte in jedem Fall unter der Verantwortung der Zentralen Behörde oder anderer Behörden oder Organisationen in Übereinstimmung mit Absatz 1 verfasst.

Kapitel V

Anerkennung und Wirkungen der Adoption

Artikel 23

(1) Eine Adoption wird in den anderen Vertragsstaaten kraft Gesetzes anerkannt, wenn die zuständige Behörde des Staates, in dem sie durchgeführt worden ist, bescheinigt, dass sie gemäß dem Übereinkommen zustande gekommen ist. Die Bescheinigung gibt an, wann und von wem die Zustimmungen nach Artikel 17 Buchstabe c erteilt worden sind.

(2) Jeder Vertragsstaat notifiziert dem Verwahrer des Übereinkommens bei der Unterzeichnung, der Ratifikation, der Annahme, der Genehmigung oder dem Beitritt Identität und Aufgaben der Behörde oder Behörden, die in diesem Staat für die Ausstellung der Bescheinigung zuständig sind. Er notifiziert ihm ferner jede Änderung in der Bezeichnung dieser Behörden.

Artikel 24

Die Anerkennung einer Adoption kann in einem Vertragsstaat nur versagt werden, wenn die Adoption seiner öffentlichen Ordnung offensichtlich widerspricht, wobei das Wohl des Kindes zu berücksichtigen ist.

Artikel 25

Jeder Vertragsstaat kann gegenüber dem Verwahrer des Übereinkommens erklären, dass er nicht verpflichtet ist, aufgrund des Übereinkommens Adoptionen anzuerkennen, die in Übereinstimmung mit einer nach Artikel 39 Absatz 2 geschlossenen Vereinbarung zustande gekommen sind.

Artikel 26

(1) Die Anerkennung einer Adoption umfasst die Anerkennung

a) des Eltern-Kind-Verhältnisses zwischen dem Kind und seinen Adoptiveltern;

b) der elterlichen Verantwortlichkeit der Adoptiveltern für das Kind;

c) der Beendigung des früheren Rechtsverhältnisses zwischen dem Kind und seiner Mutter und seinem Vater, wenn die Adoption dies in dem Vertragsstaat bewirkt, in dem sie durchgeführt worden ist.

(2) Bewirkt die Adoption die Beendigung des früheren Eltern-Kind-Verhältnisses, so genießt das Kind im Aufnahmestaat und in jedem anderen Vertragsstaat, in dem die Adoption anerkannt wird, Rechte entsprechend denen, die sich aus Adoptionen mit dieser Wirkung in jedem dieser Staaten ergeben.

(3) Die Absätze 1 und 2 lassen die Anwendung für das Kind günstigerer Bestimmungen unberührt, die in einem Vertragsstaat gelten, der die Adoption anerkennt.

Artikel 27

(1) Bewirkt eine im Heimatstaat durchgeführte Adoption nicht die Beendigung des früheren Eltern-Kind-Verhältnisses, so kann sie im Aufnahmestaat, der die Adoption nach dem Übereinkommen anerkennt, in eine Adoption mit einer derartigen Wirkung umgewandelt werden, wenn
a) das Recht des Aufnahmestaats dies gestattet und
b) die in Artikel 4 Buchstabe c und d vorgesehenen Zustimmungen zum Zweck einer solchen Adoption erteilt worden sind oder werden.
(2) Artikel 23 ist auf die Umwandlungsentscheidung anzuwenden.

Kapitel VI

Allgemeine Bestimmungen

Artikel 28

Das Übereinkommen steht Rechtsvorschriften des Heimatstaats nicht entgegen, nach denen die Adoption eines Kindes mit gewöhnlichem Aufenthalt in diesem Staat auch dort durchgeführt werden muss oder nach denen es untersagt ist, vor einer Adoption das Kind in einer Familie im Aufnahmestaat unterzubringen oder es in diesen Staat zu bringen.

Artikel 29

Zwischen den künftigen Adoptiveltern und den Eltern des Kindes oder jeder anderen Person, welche die Sorge für das Kind hat, darf kein Kontakt stattfinden, solange die Erfordernisse des Artikels 4 Buchstaben a bis c und des Artikels 5 Buchstabe a nicht erfüllt sind, es sei denn, die Adoption finde innerhalb einer Familie statt oder der Kontakt entspreche den von der zuständigen Behörde des Heimatstaats aufgestellten Bedingungen.

Artikel 30

(1) Die zuständigen Behörden eines Vertragsstaats sorgen dafür, dass die ihnen vorliegenden Angaben über die Herkunft des Kindes, insbesondere über die Identität seiner Eltern, sowie über die Krankheitsgeschichte des Kindes und seiner Familie aufbewahrt werden.
(2) Sie gewährleisten, dass das Kind oder sein Vertreter unter angemessener Anleitung Zugang zu diesen Angaben hat, soweit das Recht des betreffenden Staates dies zulässt.

Artikel 31

Unbeschadet des Artikels 30 werden die aufgrund des Übereinkommens gesammelten oder übermittelten personenbezogenen Daten, insbesondere die in den Artikeln 15 und 16 bezeichneten, nur für die Zwecke verwendet, für die sie gesammelt oder übermittelt worden sind.

Artikel 32

(1) Niemand darf aus einer Tätigkeit im Zusammenhang mit einer internationalen Adoption unstatthafte Vermögens- oder sonstige Vorteile erlangen.
(2) Nur Kosten und Auslagen, einschließlich angemessener Honorare an der Adoption beteiligter Personen, dürfen in Rechnung gestellt und gezahlt werden.
(3) Die Leiter, Verwaltungsmitglieder und Angestellten von Organisationen, die an einer Adoption beteiligt sind, dürfen keine im Verhältnis zu den geleisteten Diensten unangemessen hohe Vergütung erhalten.

Artikel 33

Eine zuständige Behörde, die feststellt, dass eine der Bestimmungen des Übereinkommens nicht beachtet worden ist oder missachtet zu werden droht, unterrichtet sofort die Zentrale Behörde ihres Staates. Diese Zentrale Behörde ist dafür verantwortlich, dass geeignete Maßnahmen getroffen werden.

Artikel 34

Wenn die zuständige Behörde des Bestimmungsstaats eines Schriftstücks darum ersucht, ist eine beglaubigte Übersetzung beizubringen. Sofern nichts anderes bestimmt ist, werden die Kosten der Übersetzung von den künftigen Adoptiveltern getragen.

Artikel 35

Die zuständigen Behörden der Vertragsstaaten handeln in Adoptionsverfahren mit der gebotenen Eile.

Artikel 36

Bestehen in einem Staat auf dem Gebiet der Adoption zwei oder mehr Rechtssysteme, die in verschiedenen Gebietseinheiten gelten, so ist
a) eine Verweisung auf den gewöhnlichen Aufenthalt in diesem Staat als Verweisung auf den gewöhnlichen Aufenthalt in einer Gebietseinheit dieses Staates zu verstehen;
b) eine Verweisung auf das Recht dieses Staates als Verweisung auf das in der betreffenden Gebietseinheit geltende Recht zu verstehen;
c) eine Verweisung auf die zuständigen Behörden oder die staatlichen Stellen dieses Staates als Verweisung auf solche zu verstehen, die befugt sind, in der betreffenden Gebietseinheit zu handeln;
d) eine Verweisung auf die zugelassenen Organisationen dieses Staates als Verweisung auf die in der betreffenden Gebietseinheit zugelassenen Organisationen zu verstehen.

Artikel 37

Bestehen in einem Staat auf dem Gebiet der Adoption zwei oder mehr Rechtssysteme, die für verschiedene Personengruppen gelten, so ist eine Verweisung auf das Recht dieses Staates als Verweisung auf das Rechtssystem zu verstehen, das sich aus dem Recht dieses Staates ergibt.

Artikel 38

Ein Staat, in dem verschiedene Gebietseinheiten ihre eigenen Rechtsvorschriften auf dem Gebiet der Adoption haben, ist nicht verpflichtet, das Übereinkommen anzuwenden, wenn ein Staat mit einheitlichem Rechtssystem dazu nicht verpflichtet wäre.
Artikel 39
(1) Das Übereinkommen lässt internationale Übereinkünfte unberührt, denen Vertragsstaaten als Vertragsparteien angehören und die Bestimmungen über die in dem Übereinkommen geregelten Angelegenheiten enthalten, sofern die durch eine solche Übereinkunft gebundenen Staaten keine gegenteilige Erklärung abgeben.
(2) Jeder Vertragsstaat kann mit einem oder mehreren anderen Vertragsstaaten Vereinbarungen zur erleichterten Anwendung des Übereinkommens in ihren gegenseitigen Beziehungen schließen. Diese Vereinbarungen können nur von den Bestimmungen der Artikel 14 bis 16 und 18 bis 21 abweichen. Die Staaten, die eine solche Vereinbarung geschlossen haben, übermitteln dem Verwahrer des Übereinkommens eine Abschrift.

Artikel 40

Vorbehalte zu dem Übereinkommen sind nicht zulässig.

Artikel 41

Das Übereinkommen ist in jedem Fall anzuwenden, in dem ein Antrag nach Artikel 14 eingegangen ist, nachdem das Übereinkommen im Aufnahmestaat und im Heimatstaat in Kraft getreten ist.

Artikel 42

Der Generalsekretär der Haager Konferenz für Internationales Privatrecht beruft in regelmäßigen Abständen eine Spezialkommission zur Prüfung der praktischen Durchführung des Übereinkommens ein.

Kapitel VII

Schlussbestimmungen

Artikel 43

(1) Das Übereinkommen liegt für die Staaten, die zur Zeit der Siebzehnten Tagung der Haager Konferenz für Internationales Privatrecht Mitglied der Konferenz waren, sowie für die anderen Staaten, die an dieser Tagung teilgenommen haben, zur Unterzeichnung auf.
(2) Es bedarf der Ratifikation, Annahme oder Genehmigung; die Ratifikations-, Annahme- oder Genehmigungsurkunden werden beim Ministerium für Auswärtige Angelegenheiten des Königreichs der Niederlande, dem Verwahrer des Übereinkommens, hinterlegt.

Artikel 44

(1) Jeder andere Staat kann dem Übereinkommen beitreten, nachdem es gemäß Artikel 46 Absatz 1 in Kraft getreten ist.
(2) Die Beitrittsurkunde wird beim Verwahrer hinterlegt.
(3)Der Beitritt wirkt nur in den Beziehungen zwischen dem beitretenden Staat und den Vertragsstaaten, die innerhalb von sechs Monaten nach Eingang der in Artikel 48 Buchstabe b vorgesehenen Notifikation keinen Einspruch gegen den Beitritt erhoben haben. Nach dem Beitritt kann ein solcher Einspruch auch von jedem Staat in dem Zeitpunkt erhoben werden, in dem er das Übereinkommen ratifiziert, annimmt oder genehmigt. Die Einsprüche werden dem Verwahrer notifiziert.

Artikel 45

(1) Ein Staat, der aus zwei oder mehr Gebietseinheiten besteht, in denen für die in dem Übereinkommen behandelten Angelegenheiten unterschiedliche Rechtssysteme gelten, kann bei der Unterzeichnung, der Ratifikation, der Annahme, der Genehmigung oder dem Beitritt erklären, dass das Übereinkommen auf alle seine Gebietseinheiten oder nur auf eine oder mehrere davon erstreckt wird; er kann diese Erklärung durch Abgabe einer neuen Erklärung jederzeit ändern.
(2) Jeder derartige Erklärung wird dem Verwahrer unter ausdrücklicher Bezeichnung der Gebietseinheiten notifiziert, auf die das Übereinkommen angewendet wird.
(3) Gibt ein Staat keine Erklärung nach diesem Artikel ab, so ist das Übereinkommen auf sein gesamtes Hoheitsgebiet anzuwenden.

Artikel 46

(1) Das Übereinkommen tritt am ersten Tag des Monats in Kraft, der auf einen Zeitabschnitt von drei Monaten nach der in Artikel 43 vorgesehenen Hinterlegung der dritten Ratifikations-, Annahme- oder Genehmigungsurkunde folgt.
(2) Danach tritt das Übereinkommen in Kraft.
a) für jeden Staat, der es später ratifiziert, annimmt oder genehmigt oder der ihm beitritt, am ersten Tag des Monats, der auf einen Zeitabschnitt von drei Monaten nach Hinterlegung seiner Ratifikations-, Annahme-, Genehmigungs- oder Beitrittsurkunde folgt;
b) für jede Gebietseinheit, auf die es nach Artikel 45 erstreckt worden ist, am ersten Tag des Monats, der auf einen Zeitabschnitt von drei Monaten nach der in jenem Artikel vorgesehenen Notifikation folgt.

Stichwortverzeichnis

Quellenangaben

1 (Howe in: Journal of Child Psychologie and Psychiatrie 38/1997, S. 401 – 411)

2 (GrozaV, Ryan SD. Pre – adoption stress and ist association with child behavior in domestic spezial needs and international adoptions, Psychoneuroendocrinology 2002; 27: 181 – 97)

3 (AZ 36515/97)

4 (Pediatrics, Vol- 109 No. 2, 2002 p. 341).

5 (Stacey und Biblarz 2001 ((How) Does the Sexual Orientation of Parents Matter?", American Sociological Review 66, n.2 (April 2001):159-83)

6 (40/1999)

7 (§ 1741 Abs. 2 BGB)

8 (Koran 33:4)

9 (Drucksache 11 / 5212 vom 27.7.90)

10 (Gesine Lange S. 59)

11 (Lücker Babel Auslandsadoption und Kinderrecht. Was geschieht mit den Verstoßenen? Freiburg 1991)

12 (Ein Kind um jeden Preis, Studie zum Adoptionskinderhandel S.5)

13 (Palandt v. § 854 Rnr.1)

14 (Nr. 2c Allgemeiner Teil der Begründung zum Regierungsentwurf eines Gesetzes zur Regelung von Rechtsfragen auf dem Gebiet der internationalen Adoption und zur Weiterentwicklung des Adoptionsvermittlungsrechts (Bundestags – Drucks. 14 / 6011, S. 15 – 33)

15 (Tröndle/ Fischer Strafgesetzbuch § 236 Rnr. 7)

16 (Welt am Sonntag 3.3.2002 'Sozialbetrug mit Scheinvätern')

17 (Artikel 19 Haager Übereinkommen)

18 (Textor in Sozial Arbeit 1992,41 S. 116 ff)

19 (White, Barbara J. The Effect of Perceptions of Social Support and Perceptions of Entitlement on Family Functioning in Deaf-Parented Adoptive Families. Ph.D. dissertation, Catholic University of America, 1999)

20 (Nachweise bei Klaus A. Schneewind in Oerter Montada Entwicklungspsychologie S. 159)

21 (Rutter, M. Psychosozial resilience and protective mechanisms. American Journal of Orthopsychiatry, 57, 316 – 331)

22(Dorsch Psychologisches Wörterbuch)

23 (Wiltrud Ott in Internationale Adoptionen Schulz Kirchner Verlag S.9)

24 (Napp – Peters 1978 Adoption. Das alleinstehende Kind und seine Familien)

25 (Astrid Doukkani-Bördner und Christoph Malter, Hindernisse und Chancen bei der Vermittlung traumatisierter, behinderter und älterer Kinder in Adoptionspflege, in Familie Partnerschaft Recht Heft 5 – 2001)

26 (§1741 Abs. 2 S. 1 BGB)

27 (Napp – Peters 1978 Adoption. Das allein stehende Kind und seine Familien)

28 (Textor in Sozial Arbeit 1992,41 S. 116 ff)

29 (§7 Abs. 3 AdVermiG).

30 (bejahend VG Hamburg vom 18.12.2001, 13 VG 2780/2001). Die Gesetzesänderung hat hier die nötige Klarheit gebracht.

31 (vgl. BVerwG, ZfJ 2000, 31, 35)

32 (§30 Abs. 5 S.1 BZRG)

33 (So-koloff Clinical Pediatrics 23, S. 565 – 570)

34 (Hoksbergen 1987 The Integration After Eight Years of 116 Thai Children in the Dutch Society).

35 (Kühl W. 1985 Wenn fremdländische Adoptivkinder erwachsen werden. Adoptionserfolg und psychosoziale Integration im Jugendalter. Osnabrück. terre des hommes)

36 (Suicide, psychiatric illness, ans social Maladjustment in intercountry adoptees in Sweden: a cohort study, Lancet 2002; 360; 443 – 48)

37 (SZ v. 20. August 2002, S. 12),

38 (Rushton A, Minnis H. Transracial family placements. J. Child Psychol Psychiatry 1997; 38: 147 – 59)39

39 (BrooksD. Barth RP. Adult transracial and inracial adoptees; effects of race, gender, adoptive family structure, and placement history on adjustment outcomes. American Journal of Orthopsychiatry 1999, 69; 87 – 99).

40 (Helmut Remscheid, Kinder – und Jugendpsychiatrie S. 251)

41 (Casler 1961, zitiert nach Gesine Lange Auslandsadoption S. 98)

42 (W. Kühl Wenn fremdländische Adoptivkinder erwachsen werden 1985)

43 (Proceedings of The National Academy of Science, Bd. 96)

44 (4 / 2002, S. 135)

45 (Gesine Lange Auslandsadoption S. 101)

46 (Weinwurm Eva Maria Mutter Kind Aktion bei asiatischen Kindern in deutschen Adoptivfamilien Frankfurt Main 1976).

47 (Hoksbergen R.A.C. and the Dutch research group on Romanian adopted children (1999). Adoptie van Roemeense kinderen. Utrecht: Utrecht University)

48 (Moore, Janette, and Fombonne, Eric. "Psychopathology in Adopted and Nonadopted Children: A Clinical Sample." American Journal of Orthopsychiatry v 69, n 3 (July 1999): 403-9)

49 (Thomas Armstrong in Phi Delta Kappan February 1996)

50 (Angold, Erkanli, Egger, Costello: Stimulant treatment for Children: A community perspective. J. Am. Acad. Child Adolesc. Psychiatry 2000 Aug; 39 (8): 975-984)

51 (Joan Lovett Kleine Wunder S. 27)

52 (Pharmazeutische Zeitung 2001/35)

53 (Hygienedatenblatt Stand 11/1999)

54 (Volume 101, Number 3, March 1998, pp 481 – 485)

55 (§ 11 Abs. 1 Nr. 1, Abs. 3 DVAuslG)

56 (§23 Abs. 1 Nr. 2 i.V.m. §17 Abs. 1 AuslG)

57 (BVerfGE 68, 176, 178)

58 (Bundestags Drucksache 14 / 6011, S. 15 – 33 Nr. 6 b)

59 (Artikel 22 und 23 des Einführungsgesetzes zum Bürgerlichen Gesetzbuche)

60 (Artikel 6 des Einführungsgesetzes zum Bürgerlichen Gesetzbuche)

61 (Klaus A. Schneewind in Oerter Montada Entwicklungspsychologie S. 156)

62 (Shapiro Skinulis Das SOS Elternbuch S. 16)

63 (Shapiro / Skinulis S. 15)

64 Textor in: Die unbekannten Eltern Zentralblatt für Jugendrecht 1990, 77 S. 10 – 14)

65 (Beschluss vom 6. Mai 1997 – 1 BvR 409/90) (Brodzinsky / Schechter / Brodzinsky 1986, Children´s knowledge of adoption: Developmental changes and implications for adjustment. In R.D. Ashmore/ D.M. Brodzinsky (Hrsg.) Thinking about family. Views of parents and children (S. 205 – 232) Hilldale: Erlbaum)

66 (Ausgabe vom 27.3.2000)

67 (Mitsch JuS 1992, 289).

68 (§ 32 StGB)

69 (Verhulst, F.C. Journal of the American Academy of Child and Adolescent Psychiatry 29; S. 94 – 103)

70 (Kühl, W. 1985 Wenn fremdländische Adoptivkinder erwachsen werden, Osnabrück)

71 (Textor Integration und Entwicklung von ausländischen Adoptivkindern in Adoption von Arm nach Reich, Wien 1993)

72 (Anderson G. 1986 The Adopting and Adopted Swedes and Their contemporary Society)

73 (Sokoloff, B. Five Year Follow-up of Vietnamese Refugee Children in the United states, Clinical Pediatrics 23. S. 565 – 570)

74 (Textor Inlandsadoption: Herkunft, Familienverhältnisse und Entwicklung der Adoptivkinder)

75 (nach Sozialgericht Düsseldorf S 4KR 154 / 99 ER)

76 (FG Berlin v. 3.1.1980 IV 323/79 EFG 1980, 237)

77 (BFHE 149, 245 = BStBl 87, 495, BFH, NV 96/39). Die Kosten können auch nicht als Krankheitskosten geltend gemacht werden (BFHE 149, 539 = BStBl II 87, 596)

78 (BFH NV 87, 710)

79 (Subdiv Endocrinology, PO box 2060, 3000 CB ROTTERDAM, Niederlande)

80 (Bert Hellinger, Haltet mich, dass ich am Leben bleibe S.6)

Impressum

Nachbemerkung

Wir bedanken uns bei allen, die uns mit Rat und Tat bei der Adoption unserer drei Kinder zur Seite gestanden haben und hoffen, durch diesen Ratgeber Erfahrungen und Wissen an andere weitergeben zu können.

Viele Anregungen entstanden aus den Rückmeldungen von Adoptivbewerbern und Adoptiveltern. Wir freuen uns, wenn Sie uns per Brief, Fax oder E – mail Ihre Gedanken zu diesem Ratgeber mitteilen und uns an Erfahrungen teilhaben lassen, die Sie vor, während und nach der Adoption Ihres Kindes gemacht haben.

Unsere Adresse:

Barbara Gillig – Riedle und Herbert Riedle
Armin – Knab Straße 1
97074 Würzburg
Fax: (0931) 4676509
E – Mail: info@adoptionsinfo.de

Verlag:

TiVan Verlag
Schadewitzstraße 29
97074 Würzburg
www.tivan.de

© TiVan Verlag, Würzburg

Alle Rechte, insbesondere das Recht zur Vervielfältigung und Verbreitung sowie der Übersetzung, vorbehalten. Kein Teil des Werkes darf in irgendeiner Form (durch Fotokopie, Datenübertragung oder ein anderes Verfahren) ohne schriftliche Genehmigung des Verlages reproduziert oder unter Verwendung elektronischer Systeme gespeichert, verarbeitet, vervielfältigt oder verbreitet werden.

Layout und Satz: Cordula Schaaf Grafik Design, München
Druck: Sellier Druck GmbH, Freising
Printed in Germany
ISBN 3-9808660-0-9